国家社会科学基金项目
"基于话语礼貌理论的日语敬语教学方略研究"
（11BYY118）

THE TEACHING STRATEGIES ON JAPANESE HONORIFICS

日语敬语教学方略研究

毋育新 / 著

图书在版编目(CIP)数据

日语敬语教学方略研究 / 毋育新著 . —北京：北京大学出版社，2019.10
ISBN 978-7-301-30828-8

Ⅰ.①日… Ⅱ.①毋… Ⅲ.①日语—敬语—教学研究 Ⅳ.①H364.3

中国版本图书馆 CIP 数据核字 (2019) 第 215111 号

书　　名	日语敬语教学方略研究 RIYU JINGYU JIAOXUE FANGLÜE YANJIU
著作责任者	毋育新　著
责任编辑	兰　婷
标准书号	ISBN 978-7-301-30828-8
出版发行	北京大学出版社
地　　址	北京市海淀区成府路 205 号　100871
网　　址	http://www.pup.cn　　新浪微博：@北京大学出版社
电子信箱	lanting371@163.com
电　　话	邮购部 010-62752015　发行部 010-62750672　编辑部 010-62759634
印　刷　者	北京虎彩文化传播有限公司
经　销　者	新华书店
	720 毫米 ×1020 毫米　16 开本　20.25 印张　310 千字 2019 年 10 月第 1 版　2019 年 10 月第 1 次印刷
定　　价	68.00 元

未经许可，不得以任何方式复制或抄袭本书之部分或全部内容。
版权所有，侵权必究
举报电话：010-62752024　电子信箱：fd@pup.pku.edu.cn
图书如有印装质量问题，请与出版部联系，电话：010-62756370

前　言

日本国立国语研究所教授　宇佐美まゆみ

　　值此毋育新的《日语敬语教学方略研究》一书交由北京大学出版社付梓之际，作为作者曾经的导师，我感到由衷的高兴。本书是作者国家社科基金项目的集大成之作，也是其5年前出版的学术专著《现代日语礼貌现象研究》（浙江工商大学出版社，2014年）的姊妹篇。5年前的专著重点在于中日语言之比较研究，时隔五年出版的本书则把重点聚焦于如何将礼貌策略理论引入日语敬语、待遇表现（得体表达方式）教学之中。

　　众所周知，以敬语为中心的日语待遇表现是汉语母语者学习日语的难点之一。但遗憾的是，在日语教学中，针对敬语、待遇表现的指导尚不充分。作者着眼于这一点，将礼貌策略理论及DP理论（话语礼貌理论）引入教学实践中，以求获得对敬语教学法的根本性改善。

　　DP理论是我本人提出的人际交往理论。作者以该理论为基础，对汉、日两种语言进行了对比，取得了诸多成果。2017年3月，我所供职的日本国立国语研究所举办了"首届日语自然会话语料库（BTSJ）国际研讨会"，作者作为海外特邀嘉宾围绕其相关研究成果做了报告。作者始终坚持"研究必须服务于日语教学"的信念，以实地调查、对比研究、习得研究为主的三位一体的形式展开研究，将成果应用于日语教学第一线，对敬语、待遇表现教学方略进行了长期卓有成效的探讨。本书中，作者将我本人提出的DP理论应用于语体转换教学中，取得了令人满意的效果。作为理论提出者，我感到无比欣慰。

　　本书以开发针对汉语母语者日语敬语学习的教学方法为中心，进行了如下的探索，取得了卓越的研究成果。

　　首先，作者通过问卷调查、敬语能力测试等方法，明晰了汉语母语者日语敬语学习的问题。他颠覆了"语法项目难于习得""人际关系不好把握"等学界的一般说法，独辟蹊径地从礼貌策略的视点出发，厘清了问题的关键在于汉语母语者所使用的礼貌策略和日语母语者所使用的礼貌策略大相径庭。

　　其次，在"如何将B&L礼貌策略理论及宇佐美的DP理论应用于敬语指导实

践中"这一本书探讨的关键问题上,作者不仅详细论述了具体做法,还设立实验组和比照组,进行了3次教学实践。通过实践取得的一系列数据证实了将如上两种理论应用于教学是有成效的。

最后,作者从教学法和教材两方面出发,提出了针对汉语母语者的敬语教学指导方略。其中,教学法以交际教学法为基础,主张重视语言功能。教材则强调引入礼貌策略概念,在练习问题的场景设定中多花心思。交际教学法虽不属于特别新的教学法,但是作者将礼貌策略理论和DP理论的概念嫁接到其中的做法,独具匠心。

综上所述,我认为作者在本书中的探索给中国的日语敬语教学界提供了革新性的指导方法,吹起一缕新风。希望本书的出版,能够促进中国乃至世界的日语教学实践中礼貌策略及DP理论的活用和发展,也衷心希望此书能够为更多的从事礼貌策略应用研究及日语教学法研究的学者提供有益的帮助。

2019年5月
于日本东京都立川市

本書の刊行によせて

この度、母育新氏の『日語敬語教学方略研究』（日本語敬語指導の方略に関する研究）が北京大学出版社より出されることになり、かつての指導教官として大変うれしく思います。本書は氏の国家社会科学基金科研プロジェクトの成果集大成です。また、五年前に出された『現代日語礼貌現象研究』（浙江工商大学出版社，2014年）の姉妹編ともいえる学術著書です。五年前のご著書はポライトネスにおける日中両言語の比較に焦点を当てたものであり、五年ぶりに出版された本書はポライトネス理論を取り入れた日本語の敬語・待遇表現指導に焦点を当てたものです。

敬語を中心とした待遇表現は、中国人日本語学習者にとって最も難しい日本語の学習項目のひとつであるとよく言われます。しかし、残念なことに、日本語教育の現場では、敬語・待遇表現に関する教育は十分とは言えません。母育新氏は、この点に着目し、ポライトネス理論及びＤＰ理論（ディスコース・ポライトネス理論）を教授内容に取り入れてその抜本的な教授方法を目指して研究を進めてきました。

ＤＰ理論は私が提唱した対人コミュニケーション論です。母育新氏はこの理論を比較の土台として日中対照研究に生かし、既に多くの成果を出しました。2017年３月にわたしの勤め先である国立国語研究所にて、「第１回ＢＴＳＪ日本語会話コーパス活用シンポジウム」を開催した際、発表者の一人としてその一連の成果を発表していただきました。「研究というものは、日本語教育に役立つべきである」という信念のもとに、氏は対照研究・習得研究・現場調査という三本柱を立て、これらの研究成果に基づいて、日本語教育の現場で敬語・待遇表現指導を精力的にやってきました。本書の中にあるように、宇佐美のＤＰ理論をスピーチレベル・シフトの指導に応用し、望ましい結果が得られたようです。理論の提唱者としてこれ以上うれしいことはありません。

本書では、中国人日本語学習者に適応した教授法の開発を中心に下記のようなアプローチを実践し、結果を得ています。

まずは、アンケート調査、敬語能力テストなどを通して敬語習得における中

国人学習者の問題点を突き止めたことです。これまでの学界の通説である「文法項目習得の難しさ」「対人関係把握の難しさ」などと違って、ポライトネスの視点から、学習者の使用するポライトネス・ストラテジーと母語話者の使用するストラテジーの間に隔たりがあることが問題点の所在であるとしました。

次に、如何にB&Lのポライトネス理論と宇佐美のＤＰ理論を敬語指導の実践に取り入れるか、その方法を提示してから、実験群と統制群を設置し、三回にわたって実践授業を行いました。一連の実践授業は、両理論を取り入れた指導の有効性を示唆しました。

最後に、指導法と教材の両面から中国人学習者を対象とした敬語指導の方略を提出しました。教授法では、コミュニカティブ・アプローチを基本に、言語機能の重視などを主張しています。教材では、ポライトネス概念の導入、練習問題の場面設定での工夫の必要性などを主張しています。コミュニカティブ・アプローチ自体は、それほど目新しいことではありませんが、そこに、ポライトネスやDP理論の概念を取り入れている点が、斬新な点と言えるでしょう。

上記のことによって、毋育新氏は中国の日本語教育現場に革新的な指導法を提供し、新風を吹かせたのではないかと思います。本書の出版が、中国のみならず、世界中の日本語教育の現場において、ポライトネス理論とＤＰ理論を利用した教授方法の開発に旋風を巻き起こすことを期待するとともに、多くの方々に読んでいただくことによって、ポライトネスの応用研究、日本語教授法の研究に寄与できることを願っています。

日本・国立国語研究所教授　宇佐美まゆみ
2019年5月吉日　東京立川市にて

本书主要缩略词一览

B&L：Brown, P. & Levinson, S.（布朗和莱文森）

DP理论：Discourse Politeness Theory（话语礼貌理论）

CL：Chinese Japanese Learners（中国日语学习者）

S①：Strategy①（超级礼貌策略①）

S②：Strategy②（超级礼貌策略②）

S③：Strategy③（超级礼貌策略③）

S④：Strategy④（超级礼貌策略④）

S⑤：Strategy⑤（超级礼貌策略⑤）

FTA：Face-Threatening Acts（面子威胁行为）

S：Speaker（说话者，说话人）

H：Hearer, Addressee（受话者，听话人）

P：Power（相对权势）

D：Social Distance（社会性距离）

c.i：conversational implicature（会话含义）

目　　录

第一章　绪　论 ……………………………………………………… 1
　　第1节　研究的目的、意义及方法 …………………………………… 1
　　第2节　重要术语辨析 ………………………………………………… 3

第二章　先行研究的梳理及问题所在 ………………………………… 8
　　第1节　有关礼貌现象的汉日对比研究综述 ………………………… 8
　　第2节　有关中国学习者日语敬语习得的研究综述 ………………… 23
　　第3节　有关日语敬语教学法的研究综述 …………………………… 28
　　第4节　中国学习者的问题所在 ……………………………………… 33

第三章　中国学习者日语敬语习得影响因素研究 …………………… 46
　　第1节　基于通径分析的日语敬语习得影响因素研究 ……………… 46
　　第2节　中国学习者第三者待遇表现习得相关问题 ………………… 56
　　第3节　中国学生日语敬语习得问题理论索据 ……………………… 61

第四章　礼貌策略理论及话语礼貌理论 ……………………………… 72
　　第1节　B&L的礼貌策略理论 ………………………………………… 72
　　第2节　话语礼貌理论（DP理论）…………………………………… 120

第五章　将礼貌策略理论及话语礼貌理论引入敬语教学的可能性研究 ……… 129
　　第1节　礼貌策略与日语教育 ………………………………………… 129
　　第2节　与日语教育相结合的中日礼貌策略对比研究 ……………… 132
　　第3节　礼貌策略视角下的跨文化交际与日本语教育 ……………… 136

第六章　日语敬语教学的新展开 ……………………………………… 141
　　第1节　将礼貌策略理论引入待遇表现教学的实证研究 …………… 141
　　第2节　礼貌策略理论指导下的日语语体教学：
　　　　　　以语体选择为对象 ………………………………………… 156

  第3节 话语礼貌理论指导下的日语语体教学：

      以语体转换为对象 …………………………………… 166

  第4节 对教学实践的综合考察 ……………………………… 184

第七章 结论及今后的课题 ……………………………………… 193

  第1节 如何将礼貌策略及话语礼貌理论引入日语教学 …… 193

  第2节 今后的课题 …………………………………………… 201

【附录1】 敬语习得情况调查 ………………………………… 204

【附录2】 简易日语能力测试 ………………………………… 208

【附录3】 敬语水平测试 ……………………………………… 210

【附录4】 第三者待遇表现测试 ……………………………… 218

【附录5】 语料转写符号范例 ………………………………… 221

【附录6】 实验组教材 ………………………………………… 223

【附录7】 理解程度测试 ……………………………………… 257

【附录8】 待遇表现能力测试 ………………………………… 259

【附录9】 练习题 ……………………………………………… 271

【附录10】 实验组问卷调查 …………………………………… 275

【附录11】 语体测试 …………………………………………… 277

【附录12】 语体选择教材 ……………………………………… 292

【附录13】 语体转换测试 ……………………………………… 301

【附录14】 语体转换教材 ……………………………………… 305

后 记 ………………………………………………………… 315

第一章 绪 论

第1节 研究的目的、意义及方法

1.1 引言

以敬语为核心的礼貌现象是人类交际行为中最普遍的现象之一，是顺利进行跨文化交际的"润滑油"。为诠释这一各国语言中存在的普遍现象，西方语言学界相继提出了一系列理论（如戈夫曼的"面子理论"，格赖斯的"合作原则"，利奇的"礼貌原则"等），但都未能圆满解释该现象。20世纪七八十年代，美国著名人类学学者布朗（Brown, P.）和莱文森（Levinson, S.）（以下简称B&L）研究对比了英语、泰米尔语、泽尔塔尔语等三十余种语言，提出了礼貌策略理论[①]（Universal Theory of Politeness），为该问题的解决指明了方向。进入21世纪后，日本著名语言学家宇佐美まゆみ（Usami Mayumi）提出了话语礼貌理论（Discourse Politeness Theory，以下简称DP理论。宇佐美まゆみ 2001、2002、2017，Usami Mayumi 2002），主张在话语（discourse）中动态地研究礼貌现象，较好地诠释了泛语言礼貌现象，进一步完善了礼貌现象研究的体系。Usami Mayumi（2002）的理论为不同语言中的礼貌现象的对比提供了一个客观的理论框架，开辟了一条新的研究途径。

日语敬语是困扰中国日语学习者（以下简称CL）的难点之一。究其原因，是因为敬语学习不仅要记忆动词变化等复杂的语法知识，还要认知说话人、受话人、话题人物三者间人际关系的远近。

B&L的礼貌策略理论对20世纪的礼貌现象研究贡献巨大是众所周知的事实，然而该理论并不是从语言教学的角度提出的理论，也存在着难以应用于语言教学实际的问题。为了填补这一空白，宇佐美的DP理论将礼貌策略理论与语言教学

---

① 也翻译为"礼貌模式理论""面子理论"等。因5种超级礼貌策略及四十余种子策略为该理论主要内容，故本书一律译为"礼貌策略理论"。

有机地结合起来,为语言教学开拓了新的道路。本研究拟借用DP理论,从崭新的维度重新审视日语敬语,找出其困扰中国日语学习者的根本原因所在,并将理论研究的成果引入日语课堂教学,从而提出新的日语敬语教学方略。

目前,日语学界针对敬语语法的研究很多,但针对敬语教学法的研究寥寥无几。据笔者管见,目前仅有从日语狭义敬语视角探索的张拓秀(1993)以及从语言交际视角探索的吴少华(2002)等,而针对具体的敬语教学法(非教学方法)的研究尚未出现。敬语教学方略研究是目前日语教学界的一个空白点,是非常有必要进行的。在中日跨文化交际中,如不能恰如其分地使用敬语,就不能很好地进行交流。

1.2 研究的目的及意义

语言既是交流对话的条件,也构成了中日相互理解的第一道障碍。因为会说对方的语言且能运用这种语言展开对话是一回事,而如何运用语言与对方建立关系,特别是良好的关系,那是另外一回事(韩毓海 2007)。话语礼貌理论的核心问题就是研究如何使用礼貌策略成功交往,建立和谐的人际关系。

近年来,随着中日两国间各种交流的不断深入,特别是旅游、商务、留学等人员往来的日益频繁,误解、摩擦等影响两国人民交流的负面因素不断出现。产生误解和摩擦的一个重要原因是人们在相互交往中对以敬语为核心的礼貌策略把握不当,而正确使用以敬语为核心的礼貌策略是进行跨文化交际的基础。

本书肇始于日语教学实践。在日语教学中,很多学生都不能很好地掌握日语的礼貌策略,原因在于他们不了解汉语礼貌策略和日语礼貌策略的异同点。具体表现为他们在使用母语时可以很好地驾驭以敬语为核心的礼貌策略,而一旦使用日语就不能驾驭礼貌策略,不能很好地进行交流,甚至容易产生误解、摩擦等严重影响跨文化交际的负面因素。因此,本研究具有以下两大意义:

① 本研究将对减少中日两国交流中的误解和摩擦,促进两国人民的交流产生重要影响。

② 本研究能迅速应用于日语教学,促进日语教育从重视语法向重视功能意念转变,并为中国的日语教育提供新的思路。

1.3 研究方法及技术路线图

文献梳理、问卷调查、语言测试、教学实践是本研究秉承的4项基本研究

方法。

　　文献梳理主要是整理汉日对比、二语习得（敬语习得）、敬语教学法等方面的先行研究，厘清CL敬语习得的难点所在，与此同时，辅以敬语习得问卷调查及敬语能力测试，进一步明晰CL的问题点。教学实践拟将礼貌策略理论及话语礼貌理论导入日语教学，以期解决CL的问题点，探讨新的教学方略。

　　为了便于读者理解，在此附上本研究的技术路线图（图1-1），以作参考。

第2节　重要术语辨析

2.1　敬语、待遇表现、礼貌策略

　　敬语、待遇表现[①]、礼貌策略是本书中反复出现的关键术语，也是易混淆术语。为了方便读者理解，进入研究前，我们首先对这三个术语进行辨析：

　　敬语、待遇表现、礼貌策略对应的日语分别是「敬語」、「待遇表現」、「ポライトネス」，是三个内涵和外延各不相同的概念，但三者又互有重叠之处，所以容易混淆。敬语和待遇表现着眼于语言形式及语言形式的礼貌程度，礼貌策略（ポライトネス）的着眼点主要为策略，即为实现语言功能意念而使用的方式、方法。

　　敬语的研究对象主要为"尊他语""自谦语""礼貌语"等表敬专用语言要素。待遇表现的研究对象则从表敬专用语言要素扩展到一般语言表达形式，甚至还包括詈骂语、尊大语（傲语）等负向敬语表达形式。因此，待遇表现是比敬语范畴更大的概念，敬语只是待遇表现的一部分。

　　礼貌策略是为实现"顾及他人"这一功能而采取的策略。为实现顾及，可以选择特定的语言表达形式，亦可选择语言表达形式以外的其他表达形式。如为避免和他人不一致而采取的疑似同意、善意的谎言；为让对方放松而采取的开玩笑等手段。

[①] 待遇表现，汉语翻译为"得体表达方式"，也译为"待遇表达"。本研究据刘金才（1998：1）直译为"待遇表现"。

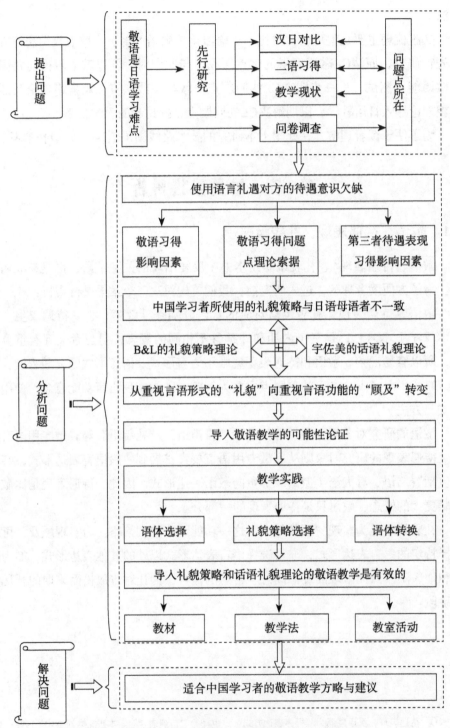

图1-1　本研究技术路线图

2.2 敬语、待遇表现、礼貌策略关系图

如果将交际行为看作一个过程来考虑，那么礼貌策略则是实现交际意图的阶段，即选择顾及对方积极面子的策略来拉近与对方的距离，还是选择顾及对方消极面子的策略来拉开与对方距离的阶段。待遇表现则是为实现礼貌策略而选择的具体表达形式。即通过敬语、一般语言表达形式，抑或是非言语行为来实现该策略的表达形式（图1-2）。

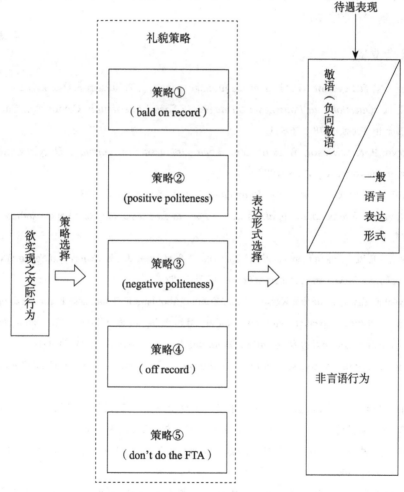

图1-2　敬语·待遇表现·礼貌策略关系图[①]

---

① 引自毋育新，《现代日语礼貌现象研究》，杭州：浙江工商大学出版社，2014年，第6页。

敬语和待遇表现，均重视语言形式的礼貌度，其焦点都在于以何种语言形式来实现言语行为。例如，学生让老师开窗户，可以使用「窓を開けていただけないでしょうか」等非常礼貌的语言形式。但是，从礼貌策略的角度来看，即便是语言形式非常礼貌，也不一定是恰当的行为。因为从FTA（面子威胁行为）的角度来考虑，让老师打开窗户的行为本身就违背了礼貌策略。

在汉语中，与日语「敬语」对应的术语是"敬语"或"敬谦辞"，与「待遇表现」对应的术语是"待遇表现"或"得体表达方式"，与「ポライトネス」对应的术语是"礼貌策略"。

主要参考文献

[1] Brown, P. & Levinson, S. "Universals in language usage: Politeness phenomena". In: Goody, E.N. ed. *Question and Politeness: Strategies in Social Interaction*. Cambridge: Cambridge University Press, 1978 : 56-311.

[2] Brown, P. & Levinson, S. *Politeness: Some Universals in Language Usage*. Cambridge: Cambridge University Press, 1987.

[3] Geoffrey N. Leech. *Principles of Pragmatics*. New York: Longman, 1983.

[4] Goffman, E. *Interactional Ritual: Essays on Face-to-face Behavior*. New York: Pantheon Books, 1967.

[5] Grice, H.P. "Logic and Conversation". In: Cole, P. & Morgan, J. eds. *Syntax and Semantics, Vol. 3: Speech Acts*. New York: Academic Press, 1975: 41-58.

[6] Miyaoka, Yayoi, Tamaoka, Katsuo &Wu, Yuxin. "Acquisition of Japanese honorific expressions by native Chinese speakers with low, middle and high Japanese abilities". *Hiroshima University of Economics, Journal of Humanities, Social and Natural Sciences*, 2003 (2): 1-16.

[7] Usami Mayumi. *Discourse Politeness in Japanese Conversation*. Tokyo: HituziSyobo Press, 2002.

[8] 宇佐美まゆみ．「談話のポライトネス―ポライトネスの談話理論構想―」．国立国語研究所．『談話のポライトネス』，東京：凡人社，2001：9―58．

[9] 宇佐美まゆみ．「ポライトネス理論の展開1～12」．『月刊言語』第31卷第1号～5号7号～13号，2002．

[10] 宇佐美まゆみ．「ディスコース・ポライトネス理論の新展開―「時間」「フェイス充足度」「フェイス均衡原理」という概念を中心に―」．漢日対比語言学研究会．『漢日語言対比論業』第8号，2017：125―139．

[11] ゴッフマン（著），広瀬英彦、安江孝司（訳）．『儀礼としての相互行為：対面行動

の言語学』，東京：法政大学出版局，1986．

[12] 佐治圭三．『外国人が間違えやすい日本語の表現の研究』，東京：ひつじ書房，1992．

[13] 張拓秀．「依頼表現の日中対照研究」．早稲田大学日本語教育センター．『講座日本語教育』第28分冊，1993：157-177．

[14] 宮岡弥生、玉岡賀津雄．「中国人日本語学習者の敬語習得」．日本語教育学会．『2000年日本語教育学会秋季大会』，2000：134-141．

[15] 大石初太郎、林四郎編著、沈宇澄、陈晓芬、应祥星注释．《日语敬语的使用方法》，上海：上海译文出版社，1986．

[16] 董将星．《实用敬语指导》，长春：吉林教育出版社，1987．

[17] 韩毓海．《中日思想交流的新时代：对话熟悉的陌生人》，《21世纪经济报道》2007年4月15日．

[18] 刘金才．《现代日语敬语用法》，北京：北京大学出版社，1992．

[19] 刘金才．《敬语》，北京：外语教学与研究出版社，1998．

[20] 吴少华．《以语言交际为中心的敬语教学法初探》，《外语教学》2002年第1期：80—83．

[21] 张国生．《日语敬语指南》，北京：北京出版社，1988．

[22] 赵庆尧．《日语敬语辨析》，北京：北京农业大学出版社，1993．

[23] 佐藤利行、李均洋、高永茂．《日语敬语新说》，北京：外语教学与研究出版社，2009．

第二章 先行研究的梳理及问题所在

第1节 有关礼貌现象的汉日对比研究综述

有关汉日对比研究的重要性，诸多先行研究（如于日平 2007[①]、秦礼君 2014[②]等）已经提及，本节不再赘述。本书考察的对象是近四十年来（1979年1月1日—2014年12月31日间）发表在国内主要学术期刊上的有关礼貌现象的汉日对比研究类论文。笔者2015年3月间多次登录中国知网，在文献全部分类页面下，以"全文"为检索范围，输入检索目标"敬语""待遇表现""礼貌现象"后，共获得礼貌现象类论文712篇。经手动筛选，共获得有关礼貌现象研究的汉日对比论文85篇。

1.1 论文

为便于考察，笔者将上述85篇论文分为方法论类、称谓对比类、言语形式对比类、言语行为对比类、非言语行为对比类、其他等6个类别进行评述（各类别论文数量见图2-1）。

[①] 于日平，《对比研究方法论的探讨——关于汉日语对比研究》，《日语学习与研究》2007年第1期：69—74。

[②] 秦礼君，《谈汉日语言比较研究的几个阶段》，《东北亚外语研究》2014年第3期：58—63。

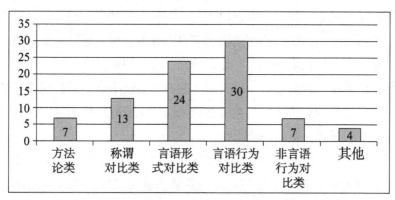

图2-1 各类别论文数量一览

1.1.1 方法论类论文

此类论文共有7篇，对汉日对比研究的历史、现状及方法论做了有益的探索。部分文献虽非直接论述礼貌现象，但其所述的研究方法对礼貌现象研究具有参考价值。就研究历史及现状进行探讨的有俞约法（1992）[①]、王顺洪（2003）[②]、秦礼君（2014）[③]、周筱娟（2013）[④]等。就方法论展开探讨的有于日平（2007）、盛文忠（2013）等。俞约法（1992）的《中国对比语言学一瞥》气势恢宏，内容丰富，是一篇不可多得的评述类论文。文章从1949年前开始介绍，对1949年后，特别是20世纪80年代的对比语言学研究现状进行了详细梳理，内容涉及德、俄、英、日、法等主要语种。就日语对比研究，俞约法指出其多属应用对比语言学及历史比较语言学范畴，并介绍了冯玉明、王宏、秦礼君、白继宗等学者的研究成果。文章建议在进行语言应用对比的同时要进行理论反思，加大语言对比理论研究的力度。王顺洪（2003）的《二十年来中国的汉日语言对比研究》一文，对20世纪八九十年代的汉日语言比较研究成果进行梳理、分析后认为研究存在"三多三少"现象。即：从结构形式表层谈的多，从语义语用深层谈的少；共时的平面对比多，历时的综合考察少；就语言谈语言的研究多，与心理、文化、社会等结合的研究少。甚至辛辣地指出，一些研究仅是对比描述了汉

---

① 俞约法，《中国对比语言学一瞥》，《外语研究》1992年第1期：1—10+16。
② 王顺洪，《二十年来中国的汉日语言对比研究》，《语言教学与研究》2003年第1期：72—79。
③ 秦礼君，《谈汉日语言比较研究的几个阶段》，《东北亚外语研究》2014年第3期：58—63。
④ 周筱娟，《基于中国知网的汉英日礼貌语言对比研究现状》，《江汉学术》2013年第1期：37—42。

语和日语的某些现象，算不上真正的研究。秦礼君（2014）的《谈汉日语言比较研究的几个阶段》认为汉日语言比较研究可以分为"萌动期""发展期""稳定期"三个阶段，并提出要加强历时比较研究；加大理论研究力度；加强不同语言理论框架下的系统比较等建议。周筱娟（2013）通过中国知网对汉英日礼貌语言对比研究现状进行调查后指出，英汉礼貌语言对比研究成果丰富，汉日礼貌语言对比研究则相对薄弱，值得深层次挖掘。

于日平（2007）[1]的《对比研究方法论的探讨——关于汉日语对比研究》提出了对比研究的两种典型模式：即侧重静态意义对比的模式和侧重动态功能变化的对比，提倡综合使用两种模式，找出对比双方的功能交叉点。盛文忠（2013）[2]的《日本关西学院大学于康教授访谈录》一文介绍了于康教授关于汉日语言对比的主要观点。即汉日语言对比研究的目的应该有两个：一个是从类型语言学角度出发，寻找应该普遍存在于语言中的基本模式，以贡献于语言学研究；一个是寻找语言习得的机制，以贡献于语言教学。而那些不能与上述研究目的挂钩，仅仅只是为了描述汉日表达异同的文章，实际上没有什么建设性的意义。此外，于康还指出语用对比研究在语言教学和语言学习中具有举足轻重的地位，该领域的研究同样需要有人认真地去拓荒。

1.1.2 称谓对比类论文

称谓对比类论文共有13篇。其中有5篇探讨夫妻、亲属称谓，3篇探讨人称代名词，5篇其他论文。

王冠华（2009）[3]的《中日大学生父母称呼的对比》通过较大规模的问卷调查，从绝对敬语和相对敬语的角度对比了大学生对父母的称呼。调查结果显示，面称时，"爸""お父さん"这样的传统称呼使用率最高；背称时，"父亲""父（ちち）"这样的称呼使用率高；面称父母时亲昵性称呼增多；日本大学生父母称呼的相对敬语倾向强于中国大学生。胡玲丽、邓娟娟（2009）[4]从数

---

[1] 于日平，《对比研究方法论的探讨——关于汉日语对比研究》，《日语学习与研究》2007年第1期：69—74。

[2] 盛文忠，《日本关西学院大学于康教授访谈录》，《华西语文学刊》2013年第2期：1—11+335。

[3] 王冠华，《中日大学生父母称呼的对比》，《日语学习与研究》2009年第4期：120—127。

[4] 胡玲丽、邓娟娟，《浅析汉日亲属称谓语的异同》，《湖北经济学院学报（人文社会科学版）》2009年第8期：120—121。

量、性别差异、长幼有序、敬谦称呼等4个方面探讨了汉日亲属称谓语的异同。

王维贞（2004）[1]通过问卷调查了夫妻间的面称，发现日语中夫妻称呼有不对称性，而汉语中呈现对称性；日语中存在"称呼的纵向变化"这一独特性。肖婷（2010）[2]、徐虹（2013）[3]、李美花（2009）[4]均探讨了夫妻称谓对比问题。肖婷（2010）并未直接调查，而是对中日相关先行研究进行梳理、对比后发现使用姓名系列时，中国夫妻对称呈现出对称性，日本夫妻对称显示出不对称性；中国夫妻使用配偶称呼词，而日本不使用等。徐虹（2013）就夫妻称谓中的面称与背称进行了对比，认为汉语称谓语长幼有序、上下有别的特点较明显，日语称谓语的基点取决于家中辈分最低、年纪最小的孩子。同时发现日语中有违反敬谦语构词和使用规则的称谓「奥さん」。李美花（2009）通过问卷调查对比了中日韩三国间的夫妻称呼，发现有很大的相似性，如随着添丁加口等家庭成员的变化称呼也随之发生变化。而最大的不同在于夫妻双方直接用名字称呼对方时，中国受到的限制最小，但在日、韩两国，丈夫可以直接称呼妻子，妻子称呼丈夫时要在其名字后加上敬语接尾词。

程放明、刘旭宝（2000）[5]、李淼（2006）[6]、纪微（2008）[7]、孙洁（2012）[8]、卢万才（2013）[9]均探讨了人际称谓语。程放明、刘旭宝（2000）文主要分析了社会人际关系称谓及人称指代称谓（"我"、「あなた様」等），认为在社会关系称谓方面，年轻化的称谓（如不称"叔叔"，称"哥哥"等）无论在中国还是日本都受到社会认同和欢迎；人称指代称谓方面的不同主要在于日

---

[1] 王维贞，《汉日夫妻间称呼的对比研究》，《外国语言文学》2004年第3期：18—20+37。

[2] 肖婷，《现代中日夫妻对称的对比研究》，《福建省外国语文学会2010年年会论文集》2010年：78—95。

[3] 徐虹，《中日夫妻称谓对比》，《兰州教育学院学报》2013年第4期：106—107+113。

[4] 李美花，《中日韩三国的夫妻间称呼对比》，《湖北广播电视大学学报》2009年第12期：86—87。

[5] 程放明、刘旭宝，《社会人际关系称谓及人称指代称谓的汉日对比》，《西南交通大学学报（社会科学版）》2000年第1期：76—80。

[6] 李淼，《社会称呼语的汉日对比》，《解放军外国语学院学报》2006年第2期：37—41。

[7] 纪微，《浅析现代汉日语言中敬语称呼语的异同》，《科技信息（学术研究）》2008年第21期：72—74。

[8] 孙洁，《中日礼貌用语比较（2）——敬称的构成及特征分析》，《科技资讯》2012年第29期：184—186。

[9] 卢万才，《汉日称呼语礼貌功能对比》，《东北亚外语研究》2013年第2期：52—57。

语有敬称、等称、蔑称等区分，而汉语已淡漠了这些区分。李淼（2006）主要对比了汉日称呼语的语用功能，认为中国人用语亲密，日本人则保持着一定的距离。社会称呼语的差异反映了汉日语中"自我"与"他人"的距离意识不同这一文化背景。纪微（2008）以称呼语为切入点，通过现象罗列，对比了汉日两种语言的敬语，认为汉语的称呼语承担着与日语敬语同等甚至高于敬语的重要功能。孙洁（2012）以敬称为焦点，探讨了中日间的区别，认为汉语的敬称具有"主观性""亲昵性"的特点，日语的敬称具有"客观性""郑重性"的特点。卢万才（2013）的《汉日称呼语礼貌功能对比》是一篇不可多得的力作。该文将称呼语分为"社会通称""亲属称呼""职务称呼""职业称呼""姓名称呼"五类，对其进行了详细的梳理和对比分析，认为汉语称呼语数量较日语丰富，使用上显示出丰富的礼貌功能；在使用规则方面，虚拟和夸张是汉语称呼语的显著特征，而日语则受到各种限制。

赵书慧（2010）[1]就「あなた」与"您""你"的差异性作了探讨，认为两者不对应，在各自语言中的使用频率差异很大，前者与"您""你"不同，不能随便使用。无独有偶，张婷婷（2009）[2]也就「あなた」与"您""你"进行了对比，认为日语口语很少使用「あなた」这样生硬的代词来表达，而往往使用一些具有内外之分的言辞以及敬语词汇或者授受关系句式来区分你我。刘娥云（2008）[3]从历时的视点对比了日中人称代名词的演变过程、使用频率等，指出日语的人称代名词系统反映了日本的「集団意識」，而汉语的人称代名词是中国重视个性化的产物。

1.1.3 言语形式对比类论文

该类论文共24篇，其中15篇关于敬语体系整体对比，6篇关于部分敬语现象对比，3篇关于礼貌现象对比。

在敬语现象对比的文章中，苏德昌（1981）[4]的《日汉敬语的比较与翻译》

---

[1] 赵书慧，《中日第二人称代名词的差异性——从「あなた」和"您""你"来看》，《黑龙江教育学院学报》2010年第9期：140—141。

[2] 张婷婷，《中日第二人称的对比研究——以「あなた」与"你"、"您"的对译状况为中心》，《科学信息》2009年第28期：551—552。

[3] 刘娥云，《日中人称代名詞の比較研究》，《语文学刊（高教·外文版）》2008年第6期：83—87。

[4] 苏德昌，《日汉敬语的比较与翻译》，《日语学习与研究》1981年第3期：15—21。

与罗国忠（1998）①的《现代中日敬语比较》影响最大，故而首先介绍。苏德昌（1981）从"翻译等价性"角度对比汉日语后提出，"从动作、行为、存在、性质、状态与它们所体现的主体这两方面看，中文的敬语集中或浓缩于主体（人称代词）方面，而日语的敬语则散见于这两方面"（苏德昌 1981：17）。罗国忠（1998）从称呼、人称代词、亲属名称、词汇等四个方面对比了中日敬语的异同，并进行了相关描述。此后，此类论文大多都采用了相似的研究方法。如韩慧（1999）②从人称代词、称谓、词汇、接头词四个方面对汉语和日语敬语做了比较，描述了其异同。曹春玲（2012）③从敬语分类、表达形式、使用范围和生活会话四个方面对汉日语敬语进行了比较，描述了其异同。值得注意的是，曹春玲（2012）给出了独自的汉语敬语分类（尊敬语、谦让语、雅语），但这种分类是"开放式"分类，缺乏客观性。牛莹莹（2005）④、杭菊（2010）⑤等也采用相似的手法，描述了汉日语敬语的异同。

张茹、金前文（2012）⑥的《汉日敬语的语用意识比较》一文，以解决因敬语体系不同而导致汉日两种语言无法互译这一问题为出发点，从上下关系、远近关系、恩惠授受关系三个角度对汉日敬语的语用意识进行对比分析，认为汉语敬语的使用场合和频率远远低于语态变化丰富的日语。刘佳（2008）⑦的《日汉敬语体系的比较——从语法表现和使用意识的角度》是一篇较好的论文。该文总结了汉语的敬语体系，即敬谦辞体系（尊词、谦辞、美称、婉辞、客套话），并和日语的敬语体系进行了对比，明晰了其异同，这是该文的最大贡献。其后又从敬语的概念、体系架构使用意识三个方面对汉日敬语体系进行了对比，发现汉日两种敬语体系在敬语的使用意识上存在很大的差异，这种差异比起死板的语法差异来说更容易造成使用上的错误。

---

① 罗国忠，《现代中日敬语比较》，《四川外语学院学报》1998年第2期：55—60。
② 韩慧，《中日语敬语的比较》，《广西师院学报》1999年第1期：70—72。
③ 曹春玲，《中日两国敬语的特点与异同比较》，《海南师范大学学报（社会科学版）》2012年第7期：97—102。
④ 牛莹莹，《中日敬语比较》，《丽水学院学报》2005年第4期：59—61。
⑤ 杭菊，《试析中日敬语系统特征的异同》，《无锡商业职业技术学院学报》2010年第1期：97—99+104。
⑥ 张茹、金前文，《汉日敬语的语用意识比较》，《湖北工业大学学报》2012年第3期：94—96。
⑦ 刘佳，《日汉敬语体系的比较——从语法表现和使用意识的角度》，《四川外语学院学报》2008年第1期：84—87。

有关部分敬语现象对比研究的有胡力加（2007）①的"谢谢的说法"、李晓英（2009）②的"商务敬语"、周宝玲（2011）③的"寒暄用语"、朱辉（2012）④的"道歉语"、张敏伶（2013）⑤的"自谦词汇"、黄晓君（2013）⑥的"委婉表达"等，这些文章均描述了具体敬语现象方面的不同，未能从理论方面深究，且文章短小，一般不足3000字，学术价值不高。

突破敬语的局限，从礼貌角度进行对比的有徐萍飞（2001）⑦、孙洁（2012）⑧、陈敏达（2012）⑨等。徐萍飞的《汉日礼貌表达法异同浅析》从问候语与告别语、致谢语与道歉语、称呼语三个方面对汉日语中的礼貌表达进行了比较，所采取的方法依然是描述性的，得出的结论为两者间有很大的差异。陈敏达试图借鉴语用学手法对中日礼貌用语进行对比，但遗憾的是，其与大多数先行研究一样，只是描述了表层语言形式的异同。与前面两篇不同的是，孙洁（2012）的《中日礼貌用语比较——语言表达差异分析》一文在探讨语言形式差异后从语言策略角度初步考察了语用差异，认为汉语礼貌用语体现了策略性、亲密性，日语更多体现的是郑重性。

1.1.4 言语行为对比类论文

涉及具体言语行为对比的论文共有30篇。其中请求行为7篇，道歉行为6篇，寒暄行为5篇，赞扬行为4篇，不满、拒绝行为各2篇，批评、劝诱、禁止、省略行为各1篇。

请求行为作为一种高频社交活动，是学术界关注的热点问题之一。英语学界张绍杰、王晓彤（1997）⑩的《"请求"言语行为的对比研究》开风气之先，

---

① 胡力加，《中日对比关于谢谢的说法》，《双语学习》2007年第10期：210—211。
② 李晓英，《中日ビジネス敬語の比較分析》，《黑龙江生态工程职业学院学报》2009年第6期：138—139。
③ 周宝玲，《中日寒暄用语的比较研究》，《大家》2011年第9期：152。
④ 朱辉，《中日道歉语的对比研究》，《剑南文学（经典教苑）》2012年第4期：98。
⑤ 张敏伶，《中日敬语的自谦词汇对比探析》，《中国校外教育》2013年第33期：117。
⑥ 黄晓君，《中日委婉表达对比研究》，《青年文学家》2013年第30期：112。
⑦ 徐萍飞，《汉日礼貌表达法异同浅析》，《浙江大学学报（人文社会科学版）》2001年第6期：143—148。
⑧ 孙洁，《中日礼貌用语比较——语言表达差异分析》，《科技创新导报》2012年第30期：253—256。
⑨ 陈敏达，《中日礼貌用语对比研究》，《林区教学》2012年第9期：69—70。
⑩ 张绍杰、王晓彤，《"请求"言语行为的对比研究》，《现代外语》1997年第3期：65—74。

用语用学的手法研究了汉语的请求行为。其后，从语用角度探讨请求行为的研究逐渐增多。笔者所收集的相关论文中，谢韫（2007）[①]、王静（2010）[②]、毋育新、郅永玮（2010）[③]、赵华敏（2012）[④]、王晓（2013）[⑤]均使用语用学手法进行了汉日对比研究。其中，王静（2010）使用了"语义公式"；赵华敏（2012）、王晓（2013）等使用了塞尔、山冈正纪的理论；谢韫（2007）、毋育新、郅永玮（2010）使用了Usami Mayumi（2002）倡导的话语礼貌理论。

王静（2010）进行较大规模问卷调查后使用语义公式（「意味公式」）剖析了汉日请求行为的结构，发现在语言策略使用方面，中国人倾向于使用直接方式，而日本人倾向于使用间接方式；中国人喜欢用"先行致歉"的表达方式，日本人更习惯使用歉意表达。赵华敏（2012）认为请求言语行为由"描述事件""可能要求""表示感情"三部分构成。其中，"表示感情"在汉语中属于附加成分，而在日语中属于必需成分。王晓（2013）认为邀约行为由"预告""邀请前的行为""描述事件""邀请""邀请后的行为"等五个展开方式构成，并对其语用策略进行比较，得出了汉语多使用积极礼貌策略，而日语多使用消极礼貌策略的结论。谢韫（2007）从话语礼貌理论"基本态"的视点，对主动要求对方提供个人信息行为的"基本态"进行了对比，指出了两者不同之处。毋育新、郅永玮（2010）同样利用话语礼貌理论，将请求行为分为"引起注意""寒暄""顾及"等13个"表述连锁链"，并据此界定出了请求行为的"基本态"，发现对日语学习者来说最大的问题在于不能正确把握"基本态"。

有关道歉行为的6篇论文中，崔信淑、李军（2012）[⑥]尝试从因果关系（解释原因）及时间（过去、现在、未来）的维度对道歉行为进行新的阐释，认为道

[①] 谢韫，《主动要求对方提供个人信息行为的汉日语比较——以分析陌生女性对话中与个人信息有关的对应结构为主》，《西南民族大学学报（人文社科版）》2007年第3期：219—225。

[②] 王静，《汉日"请求"言语行为的比较研究——语言环境对请求调控策略的影响》，《日语学习与研究》2010年第1期：56—63。

[③] 毋育新、郅永玮，《基于话语礼貌理论的日语请求行为研究》，《外语教学》2010年第4期：39—43。

[④] 赵华敏，《"请求"言语行为的汉日比较研究——以邮件和短信为例》，《日语教育与日本学》2012年第2辑：152—160。

[⑤] 王晓，《汉日语邀请信的语用特征分析》，《日语教育与日本学》2013年第3辑：39—50。

[⑥] 崔信淑、李军，《中日道歉言语行为对比——提出创新性分析框架解读说话人的语言表达》，《东北师大学报（哲学社会科学版）》2012年第1期：101—104。

歉时日本人将重点放在"现在",主要通过惯用道歉语言表达来实现,而中国人更重视"未来",道歉语的选择和双方的亲疏程度有密切关系,主要以惯用道歉语言表达和对事物的提及与说明来实现。徐灿(2007)[①]试图用B&L的礼貌策略理论来阐释道歉行为,但遗憾的是作者只是在文章起始部分有所提及而未能将其应用到具体分析中去,其结果是该论文的结论只停留在对言语形式异同的描述上。汪士忠(2013)[②]以"对不起"和「すみません」为例,探讨了中日大学生道歉策略的差异,认为日本大学生多使用「すみません」等言语行为,而中国大学生更倾向于使用非言语行为。许媛(2013)[③]以音声语为焦点,对比了中日道歉场景的非言语表达方式,发现两种语言都伴随有"音调变化"和"节奏断续"的非言语行为,但日语中该现象更加明显。谭爽等(2012)[④]及张婷(2012)[⑤]均着眼于从文化角度阐释言语形式的差别,缺乏客观性。徐晓娟、刘春梅(2011)[⑥]从表现形式和使用频率方面对汉日语中的附和表现做了对比。

有关寒暄行为的5篇论文中,以施晖(2003[⑦]、2008a[⑧]、2008b[⑨])的一系列研究最为突出。施晖以路上、公园、购物、外出就餐等场景中的「あいさつ」为考察对象,通过问卷调查和言语形式对比,认为日语具有使用失去或弱化原意的固定化表达(定型性)的特点,汉语具有伴随实际语义和表达形式的不固定(非

[①] 徐灿,《日汉道歉用语异同浅析》,《长江师范学院学报》2007年第6期:125—127。

[②] 汪士忠,《中日大学生道歉策略差异性探讨——以大学生上课迟到场合的"对不起"和"すみません"为例》,《语文学刊》2013年第21期:35—37。

[③] 许媛,《道歉场面的非语言表现的中日对照研究——以声音为中心》,《黑龙江生态工程职业学院学报》2013年第5期:158—160。

[④] 谭爽等,《中日言语行为对比研究——以道歉用语为对象》,《边疆经济与文化》2012年第12期:129—130。

[⑤] 张婷,《中日道歉言语行为的异同分析及其原因》,《文学教育(中)》2012年第4期:87。

[⑥] 徐晓娟、刘春梅,《附和表现的中日对比研究——以表现形式和使用频率为中心》,《剑南文学(经典教苑)》2011年第11期:113—114。

[⑦] 施晖,《中日两国"あいさつ"语言行动的比较研究——以大学生在"路上""公园"等2个场面为中心》,《日语学习与研究》2003年第2期:41—49。

[⑧] 施晖,《语言行为的汉日对比研究——以"购物、外出就餐"时的「あいさつ」为中心》,《日语学习与研究》2008年第1期:28—34。

[⑨] 施晖,《语言行为的汉日对比研究——以"路上"的あいさつ为中心》,《苏州大学学报(哲学社会科学版)》2008年第5期:85—88+97。

定型性)等特点。林彩虹(2011)[①]也对「あいさつ」进行了对比,得出了跟施晖相似的结论。

有关赞扬行为的论文共有4篇,分别从言外之意、"对人关系"、构成形式、文化背景方面做了探讨。齐珂(2011)[②]对电视访谈节目中的赞扬行为进行了对比,认为日语母语者善用言外之意衍生的间接赞扬方式,而汉语母语者更喜欢直接赞扬对方;日本的访谈节目主持人为顾及对方的消极面子刻意在双方间留有一定距离来赞扬;中国的主持人则重视赞扬的实际含义,通过直接夸赞来维护对方的积极面子。罗可(2012)[③]以电视剧为语料来源,从"对人关系"角度考察后发现,中日两国都重视上下级关系,上下级间常使用直接赞扬的表达方式,但在关系平等的情况下,日本常使用直接赞扬而中国常使用间接赞扬方式。万艳红(2011[④]、2012[⑤])以塞尔的言语行为理论为框架,分别考察了内容条件、准备条件、真诚条件、基本条件规则中的中日差异。

有关不满行为的2篇论文分别探讨了"网络差评"和"话题讨论中不同意表明方式"。张惠芳、顾心玉(2013)[⑥]以网购中的差评为语料,对网购不满行为进行了对比,发现汉日语在语篇内容、语篇构成、所遵循的礼貌原则三个方面均有较大差异。王云、李筱平(2013)[⑦]利用「意味公式」就话题讨论中的不同意表达方式进行了探讨,发现日本人倾向于使用"辅助部"来缓和不同意见的效力。谈话展开时,中国人倾向于使用"反对"先行型,日本人倾向于使用"同意"先行型方式。有关拒绝行为的2篇论文均讨论了拒绝策略。王静(2012)[⑧]

---

① 林彩虹,《中日日常招呼语对比研究——以见面的场景为中心》,《中国科教创新导刊》2011年第17期:80—81。

② 齐珂,《"赞扬表现"言外之意的中日对比研究——以访谈为考察对象》,《日语教学与日本研究》2011年:74—89。

③ 罗可,《浅析中日"赞扬"表现》,《吉林省教育学院学报(上旬)》2012年第10期:139—140。

④ 万艳红,《中日称赞言语行为构成对比分析》,《邢台职业技术学院学报》2011年第2期:89—91。

⑤ 万艳红,《汉日文化称赞语对比分析》,《邢台职业技术学院学报》2012年第2期:87—89。

⑥ 张惠芳、顾心玉,《"不满表达"的汉日对比研究——以"网络差评"为例》,《西安外国语大学学报》2013年第4期:41—44。

⑦ 王云、李筱平,《话题讨论中不同意表明的中日对照研究》,《长春理工大学学报(社会科学版)》2013年第5期:143—145。

⑧ 王静,《汉日拒绝策略理论与实证对比研究——以"请求—拒绝"会话结构为研究中心》,《日语学习与研究》2012年第5期:71—77。

利用DCT方式收集语料后采用语义公式进行分析,发现拒绝时中日两国人都大量使用模糊限制语,但在具体策略组合方面,日本人习惯使用消极礼貌策略,而中国人习惯使用积极礼貌策略与消极礼貌策略相结合的复杂策略组合。程晓萍(2014)[①]也探讨了拒绝策略,得出了和王静相似的结论,但文章缺乏第一手语料,分析方法不明确,大大影响了结论的可信度。

陈咪咪(2012)[②]通过影视语料调查了批评言语行为,结果表明中日两国在实施批评行为时均以间接批评为主。在直接批评时,中日两国人都以涉及人格评价的批评方式为主。李玉华(2014)[③]以电视剧中的劝诱行为为对象,对比了间接会话策略使用的异同。结果表明日语劝诱行为中间接策略的使用频率明显高于汉语。李晓博(2010)[④]以影视剧台词为语料考察了日语的「言いさし表現」和与之对应的汉语表达,发现日本人在生活中经常使用「言いさし表現」而中国人却不常使用,甚至存在如「ちょっと熱いですけど…」这类汉语无法表达的省略方式。

1.1.5 非言语行为对比类论文

我们知道,交际行为不仅包括言语行为,还包括非言语行为。非言语行为主要由音声语和体态语两部分构成。但是,对非言语行为的研究却远远落后于对言语行为的研究。我们也仅仅收集到7篇该类论文。这7篇论文既有对非言语行为整体进行的对比,也有对某一方面,如音声语和体态语(身势语、体态语)进行的对比。冯翰颖(2011)[⑤]、赵宁(2012)[⑥]、包金山(2013)[⑦]分别对中日非言语行为整体状况进行了描述与对比。冯翰颖(2011)总结出日本人的非言语行为具有"封闭、内向型"的特征,中国人的非言语行为具有"外向、开放型"的特

---

① 程晓萍,《论中日拒绝表达方式的异同》,《考试周刊》2014年第77期:27—28。
② 陈咪咪,《批评言语行为的中日对照研究——以电视剧为题材》,《福建省外国语文学会2012年会论文集》2012年:486—499。
③ 李玉华,《中日劝诱言语行为间接会话策略对比与日语教学》,《当代教育理论与实践》2014年第12期:108—109。
④ 李晓博,《日语「言いさし表現」和与之相对应的汉语表达》,《日语学习与研究》2010年第1期:38—44。
⑤ 冯翰颖,《中日非语言行为的比较研究》,《台州学院学报》2011年第2期:44—47。
⑥ 赵宁,《浅谈中日非语言交际差异》,《文学界(理论版)》2012年第8期:124—125。
⑦ 包金山,《中日非语言行为的对比分析》,《语文学刊(外语教育教学)》2013年第12期:12—14。

征。赵宁（2012）和包金山（2013）局限于现象描述，未能给出完整的结论。王瑞林（1994）①对身势语进行了探讨，对比了中日两国该方面的差异，并指出对日语专业学生进行身势语教育的必要性。关鑫（2013）②对手势语进行了探讨，认为中国手势语的有效性比日本低，日本的手势语更加丰富。侯巧红（2011）③对表情语、手势语等体态语进行了对比。遗憾的是以上3篇论文也仅限于现象描述，未能做更深入的探讨。

1.1.6 其他论文

此类论文共4篇，分别对委婉语、禁忌语、空间因素、语篇衔接机制等进行了探讨。王艳红（2008）④从避讳、避俗、礼貌和美化功能四方面对比了汉日委婉语的交际功能。邱倩（2013）⑤从姓名和称谓、生理缺陷和死亡、生理行为、数字和谐音等方面对汉日禁忌语进行了分类研究。冯君亚（2012）⑥对比了汉日语言话题化手段，认为汉语中句首一般是话题的必然位置，而日语中话题不一定在句首，运用物化标记是第一位的。张颖（2012）⑦以《孔乙己》为例，对语篇显性衔接机制进行了对比，指出日语语篇更多使用指示词和接续词这样的显性衔接机制，而汉语语篇多使用人称代词，汉语属高语境语篇。

1.2 学术专著

相较学术论文，学术专著的数量极少，笔者只收集到3部，且全部由博士论文修改而成。毋育新（2008）⑧的《日汉礼貌策略对比研究》以B&L（1978、

---

① 王瑞林，《旅游日语教学应当重视日本人的身势语及中日身势语的差异》，《旅游学刊》1994年第2期：47—50+62。

② 关鑫，《浅谈非语言文化交际——中日手势语的异同》，《现代妇女（下旬）》2013年第4期：97—98。

③ 侯巧红，《中日体态语的表现形式及其差异》，《广东技术师范学院学报（社会科学）》2011年第5期：103—104。

④ 王艳红，《浅析日汉委婉语的交际功能》，《科技信息（科学教研）》2008年第24期：210+176。

⑤ 邱倩，《日汉禁忌语的分类研究》，《现代语文（语言研究版）》2013年第6期：121—123。

⑥ 冯君亚，《汉日语言话题化手段对比》，《长江大学学报（社会科学版）》2012年第10期：105—106。

⑦ 张颖，《语篇显性衔接机制的汉日对比分析——以《孔乙己》为例》，《同济大学学报（社会科学版）》2012年第1期：99—104。

⑧ 毋育新，《日汉礼貌策略对比研究》，北京：中国社会科学出版社，2008年。

1987）的礼貌策略理论为框架，通过自然语料、小说语料及较大规模问卷调查等，系统考察了日汉两种语言中的礼貌现象，阐明了其异同点。在此基础上，重新审视了日语的敬语和待遇表现，提出了一整套适合中国学生的教学方法。另，该书于2009年获汉日对比语言学研究（协作）会颁发的"第一届汉日对比语言学著作奖"，说明学界对其有一定程度的认可。王源（2011）[①]的《人际交流中的中日道歉行为的比较研究》主要通过问卷调查在中日两国分别收集了近两百人的语料，使用「意味公式」对中日跨文化交际中道歉行为的相同点和不同点进行了分析和考察，解释了中日言语行为模式的共性和差异。通过采访调查并结合B&L礼貌策略理论，王源明确了在不同文化语境下，中日言语行为背后隐含的思维方式的差异。单文垠（2012）[②]的《关于道歉的日汉对比研究——以言语事件为视角》以独自的"言语事件"理论为框架，将道歉行为视为由会话参与者间若干话语行为构成的动态言语行为，从道歉的策略、道歉行为的事件对象、道歉行为参与者的情感态度三个维度进行了考察，揭示出道歉言语行为在日汉两种语中的异同。这3部著作中，毋育新对中日礼貌现象进行了整体对比，王源、单文垠均聚焦于"道歉"这一具体言语行为进行了对比。我们知道，除道歉外，还有请求、拒绝、反驳、致谢等许多具体言语行为，可供研究的余地很大，希望有更多的专著能涉及上述场景。

1.3 综合述评

1.3.1 语言表达形式异同的描述究竟有无意义？

在有关礼貌现象汉日对比类的85篇论文中，单纯描述汉日表达方式异同的文章达45篇，超过6成，占有相当大的比例。实际上这是目前国内礼貌现象研究的问题点之一。毋育新（2014：129）指出，重语言形式对比，轻语用（语言功能）对比是礼貌现象研究的不足之一，也印证了这一点。

那么，这种研究究竟有无意义呢？于康曾指出，"仅仅只是为了描述汉日表达上异同的文章，实际上没有什么建设性的意义"（盛文忠 2013：1）。不过，从日语教学的角度来看，笔者认为这类文章还是具有一定参考价值的。因为语言形式的讲授是教学的第一步，在此基础上才能谈及功能的对比，这也符合"近取

---

① 王源，《人际交流中的中日道歉行为的比较研究》，北京：学苑出版社，2011年。

② 单文垠，《关于道歉的日汉对比研究——以言语事件为视角》，北京：北京语言大学出版社，2012年。

诸身，远取诸物"的认知规律。日本礼貌现象研究界也曾有过类似争论，有人认为敬语关注的重点是语言形式的礼貌程度，不如关注语言功能的礼貌策略（「ポライトネス」）全面，只有后者才能从类型语言学角度研究出礼貌现象的共性，具有一定意义。对于此争论，宇佐美まゆみ（2002）指出，侧重于语言形式的敬语研究有其自身的价值，与侧重于功能的礼貌策略研究关注点不同，不能否认其价值。

当然，如果执拗于形式的区别而拒绝从类型语言学角度发现共性问题，那么其局限性更大。在礼貌现象研究史上，也曾有过类似现象。B&L（1978、1987）的礼貌策略理论发表之初，受到了很多批判，特别是来自东方国家学者的批判。如Matsumoto Yoshiko（1988、1989）等以日语存在敬体和简体之分的特殊性，也就是过分强调语言表层现象的不同而否定B&L理论的普遍性。但二十余年之后，当初反对礼貌策略的学者，如井出祥子也开始认同其具有的普遍性。所以，我们认为，语言形式的异同可以探讨，但语用功能的对比更要深究，唯有这样才能推动语言学与语言教育学的发展。

1.3.2 缺少"服务于语言教学研究的对比分析"及"以寻求语言的类型特征为目的的研究"

张麟声（2013）认为，对比分析可以分为"服务于语言教学研究的对比分析"和"服务于语言本体研究的对比分析"两大类。以此为标准的话，从形式上看，85篇论文中的绝大多数（81篇）属于后者，即"服务于语言本体研究的对比分析"，缺少"服务于语言教学研究的对比分析"。对比研究虽然可以揭示出两种语言间的差异，但明白差异并不意味着可以搞好语言教学。"光搞对比研究而不去观察学生的习得过程，跟教学活动自然而然地就是两张皮"（张麟声2011：Ⅳ）。关于如何将对比分析的结果应用于教学实践，张麟声（2010）提倡的"对比研究、偏误分析、验证调查"三位一体的「仮説検証型習得研究」值得借鉴，限于篇幅，此处不做赘述。

就"服务于语言本体研究的对比分析"来看，该类研究又可分为旨在"促进具体语言描写"和旨在"寻求语言的类型特征"两类（张麟声2013：18）。但从本质上看，真正以"寻求语言的类型特征"为目的的论文只有8篇，可谓凤毛麟角。大多数研究只是作者感性认识的总结，没有挖掘隐藏于形式背后的共性。这实际上反映出研究者欠缺相关的知识储备，不具备从理论高度对比汉日两种语言的能力。

1.3.3 把握学术前沿的能力亟待提高

我们知道，由于日语中有明显的敬语现象，所以早在19世纪末期，三桥要也等就已开始对敬语现象进行学术性探究。其后，有关敬语的研究成果层出不穷，但是这些研究基本上都集中于语言形式及其运用的层面。语用学传入日本之后，特别是Leech（1983）的礼貌原则和B&L（1978、1987）的礼貌策略学说被介绍到日本之后，从语言的功能和效果视角出发研究礼貌现象的学者越来越多。这种研究始于20世纪80年代，90年代渐入兴盛期，进入21世纪以后，各种成果层出不穷。特别是宇佐美まゆみ（Usami Mayumi 2001、2002）在继承B&L礼貌策略理论的基础上，提出了话语礼貌理论，该理论影响不断扩大，可以说代表了今后礼貌现象研究的一个新方向。在中国，有关西方礼貌现象研究的引介始于20世纪80年代的外语教育界。例如陈融（1986）介绍了B&L的礼貌策略；刘润清（1987）介绍了利奇的礼貌原则。90年代以后，祝畹瑾（1992），何自然、陈新仁（2004），赵华敏（2004），冉永平、张新红（2007），闫嵘（2011）等均在专著或论文中分别介绍了有关礼貌现象的诸家学说。

但遗憾的是，有关礼貌现象的汉日对比论文依旧停留在言语形式对比的层面。即便是一些论文中提到了Leech（1983）或B&L（1978、1987）的理论，也只是单纯介绍理论，而不将其应用于其后的分析中去，从而造成了理论和分析相脱节的"两张皮"现象。此外，即便是对这些语用学理论的介绍，也多为二手引用（「孫引き」），很少引用原典，不符合"以经说经"的学术传统。这些现象均说明研究者追踪、把握学术前沿的能力亟待提高。

1.4 结语

本节以中国知网所收集的学术期刊论文及学术专著为主要对象，对1979年以来发表在国内主要学术期刊上的有关礼貌现象类汉日对比研究的论文及学术专著做了简要综述。总体说来，以敬语为核心的礼貌现象类汉日对比研究论文呈现以下特点：

（1）成果数量不少，但水平良莠不齐；
（2）语言形式对比类论文数量多，语言功能（语用）对比类论文少；
（3）缺少以寻求语言的类型特征为目的的研究；
（4）研究者把握学术界前沿理论能力亟待加强。

第2节 有关中国学习者日语敬语习得的研究综述

本节考察的对象是近四十年来（1979年1月1日—2014年12月31日间）发表在国内主要学术期刊上的有关敬语习得的论文。我们采用与第1节相同的筛选方法，共获取论文16篇。

2.1 有关敬语习得难之原因探索

敬语，以及以敬语为主体的"待遇表现"（也称广义敬语）一直是困扰中国学生日语学习的难点之一（大石初太郎、林四郎 1986，董将星 1987，张国生 1988，刘金才 1992、1998，佐治圭三 1992，赵庆尧 1993，张拓秀 1993，宫冈弥生、玉冈贺津雄 2000，Miyaoka、Tamaoka & Wu 2003，卢万才 2008，毋育新、郅永玮2010，毋育新、玉冈贺津雄、宫冈弥生 2011，毋育新 2014，毋育新2015）。

大石初太郎、林四郎（1986：前言）[①]指出："如何按照上下关系、亲疏关系、场景等恰当地使用敬语，对日本人来说也不是容易事，对我国的日语学习者来说更是一大难点。"

张国生（1988：1）[②]指出："日语敬语复杂且不易习得。（对我国日语学习者来说）敬语是日语学习上的难点之一。"

董将星（1987：1）[③]在指出CL日语学习的问题——"日语敬语有复杂的语法体系和表达形式，不光是中国人，连日本人也不能很好地使用"之后，认为CL在敬语学习中应该注意如下四点：

① 避开尊他语和自谦语，自谦语和郑重语的混淆；
② 在家庭成员间或团体中使用称呼和敬语表达形式时，要遵从传统及习惯；
③ 根据人际关系及时间、地方、场景的不同而使用适当的敬语表达形式；
④ 不省略必要的敬语，排除双重敬语。

刘金才（1992：i）[④]站在日语教师的立场指出："据我所知，在我国的日语

---

① 大石初太郎、林四郎编著、沈宇澄、陈晓芬、应祥星注释，《日语敬语的使用方法》，上海：上海译文出版社，1986年。
② 张国生，《日语敬语指南》，北京：北京出版社，1988年。
③ 董将星，《实用敬语指导》，长春：吉林教育出版社，1987年。
④ 刘金才，《现代日语敬语用法》，北京：北京大学出版社，1992年。

学习者中，几乎毫无例外的有如下共同的体会。即，为日语敬语伤透脑筋。即使掌握了基础语法和相当数量的敬语词汇，也不可避免地在实际使用中会犯各种各样的错误。"究其原因，刘金才认为：①庞杂的语法体系及繁多的表达形式；②使用时往往需要根据时间、地点、场合、对象及人际关系的不同而变化，颇难正确把握和运用得当。

多年从事CL日语教育的佐治圭三（1992：121）[①]，从人际关系把握的视点，指出敬语难以习得问题的关键在于：

> こういった（敬語と授受表現の）問題が，中国人学習者にとっては一番むずかしいものであると認めてもよさそうである。敬語も，授受表現も，ともに対人関係の把握に関わる問題であり，日本語におけるそれが，中国語におけるそれと大きく隔たったところに主たる原因があるのであろうが，敬語と授受表現は，中国人学習者にとってだけむずかしいのではなく，たいていの外国人学習者にとっても同じようにむずかしいと言えるのではなかろうか。
>
> （『外国人が間違えやすい日本語の表現の研究』P121）

赵庆尧（1993：1）[②]指出，我们中国人学习日语时经常为敬语伤脑筋。对于具体的难点所在，赵庆尧认为：①对于不同的语体和不同的表现形式的理解；②在顾及受话人和话题中出现的第三者的基础上决定敬语形式。

关于敬语偏误，南不二男（1987：188）[③]认为可以分为以下四类：

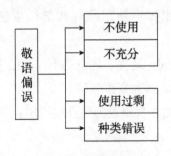

图2-2　敬语偏误种类

---

① 佐治圭三，『外国人が間違えやすい日本語の表現の研究』，東京：ひつじ書房，1992年。
② 赵庆尧，《日语敬语辨析》，北京：北京农业大学出版社，1993年。
③ 南不二男，『敬語』，東京：岩波書店，1987年。

第二章 先行研究的梳理及问题所在

"不使用"是指应该使用敬语却未使用。如应该使用"このつぎはいついらっしゃいますか",却使用了"このつぎはいつ来ますか"。

"不充分"是指使用了一些敬语,但未达到应有的礼貌程度。如应该使用"わたくしが御案内申し上げます",却只使用了"わたしが案内します"。

"使用过剩"是指"二重敬语"等过度使用的情况。如商场面包柜台的女性售货员对客人说"まだ熱いですから、よくお冷えになりましてから袋にお入れください"等。此处的"お冷えになる"属于二重敬语。

"种类错误"是指诸如应该使用尊他语却使用了自谦语等将敬语种类搞错的情况。如"お宅のつや子様がこちらに参っております"等错误。

毋育新(2008)[1]认为,对于中国学习者来说,敬语偏误主要集中在"不使用"及"不充分"两点上。

2.2 有关敬语教学法的探索

关于中国高校日语专业的敬语教学方法,张拓秀(1993)[2]认为:"(将敬语)作为一门课开设的大学没有一所。"就局限于以狭义敬语为中心的日语待遇表现教学,张拓秀进一步指出:"(所教内容)只是日语敬语的一部分,甚至可以说只覆盖了待遇表现的些许部分。大学教学中必须解决这种将敬语表达狭义化的问题。"

关于国内高校的待遇表现教学,刘金才(1998:2)[3]也指出:"在我国迄今为止的大学本科和普及性的日语教学中,有关'待遇表现'的教学,基本上是以敬语为中心进行的",也显示出与张拓秀相同的见解。

此外,案野香子(1999)[4]从教材的角度指出了敬语教学的问题所在。案野香子以在中国广泛使用的《新编日语(1—4)》(上海外语教育出版社,1993年)为例,从语法、词汇;态度、内容;"敬语"的说明三方面详述了其中的问题:

---

① 毋育新,《日汉礼貌策略对比研究》,北京:中国社会科学出版社,2008年。

② 張拓秀,「依頼表現の日中対照研究」,早稲田大学日本語教育センター,『講座日本語教育』第28分冊,1993:157—177.

③ 刘金才,《敬语》,北京:外语教学与研究出版社,1998年。

④ 案野香子,「中国の日本語教育における待遇表現の導入」,香港日本語教育研究会,『第四回国際日本語教育・日本研究シンポジウム予稿集』,1999年。

① 关于语法、词汇的问题。

从待遇表现的观点看，存在大量不自然的例句。譬如，对上司使用「今度の日曜日、何をするつもりですか」等等。

② 关于态度、内容的问题。

　　（例えば、「李さん」が「山崎さん」の部屋を初めて訪問したときの会話例の一部）

山崎：ええ、いつも掃除をしておきます。テーブルの上に花を飾っておきます。お湯を沸かしておいたり、お菓子を買ってきておいたりします。

李　：そうですか。棚の上に飾ってある写真は何ですか。

山崎：あれは私の家族の写真です。

李　：サイドボードの中に置いてあるグラスは中国のものですか。

山崎：はい、誕生日に友達からもらったものです。

李　：壁にはってあるのは中国地図ですね。

山崎：ええ、中国の地理を勉強するために貼ったんです。

这种询问别人房间的东西时，连一个附和语（「相槌」）也不使用，接连不断刨根问底的对话极不自然。（教材中）诸如此类的对话非常多。

③ 关于敬语的说明。

针对日语敬语的说明不够充分。如在给尊他语下定义时使用"表示尊敬心情的敬语"。这样简单的概念，根本不触及上下、亲疏等人际关系。

案野香子还指出，课本中的大部分会话只重视语法形式上的敬语、礼貌程度等外部特征，而欠缺从交际观点出发，从心理层面顾及对方的内容。

2.3　有关敬语习得的测试

宫冈弥生、玉冈贺津雄（2000）①以32名在日本留学的高级水平的中国学习者为对象，实施了狭义敬语测试（尊他语36问、自谦语24问，共计60问）。根据

---

① 宮岡弥生、玉岡賀津雄，「中国人日本語学習者の敬語習得」，日本語教育学会，『2000年日本語教育学会秋季大会』，2000：134—141。

测试结果，指出中国学习者的难点主要如下：

① CLは，動詞の活用や接尾辞添加などといった文法事項の習得は人間関係を把握しながら適切な敬語を選ぶことより難しい。

② 身内，自己敬語は，他者敬語と比べると，習得の度合いは低い。

③ その場に居合わせない第3者に対して謙譲語を用いる場合の言い方が習得しにくい。

宫冈弥生、玉冈贺津雄、毋育新（2004）[①]以119名CL为对象，进行了简易日语能力测试（50问）和敬语水平测试（尊他语36问、自谦语24问，共计60问）。通过对结果的统计分析（パス解析），明晰了下面4个因果关系：

① 日本語を学習した期間の長さは，文法および敬語習得に直接の因果関係を持たなかった。

② 尊敬表現能力の習得には，助詞および非活用語（副詞，連体詞）の習得が直接に影響していた。活用語（動詞，形容詞）の習得は助詞の習得を介して間接的な影響を示した。さらに，助詞のなかでも格助詞と副助詞が影響していた。

③ 謙譲表現能力の習得には，助詞の習得が直接に影響していた。非活用語および活用語は助詞の習得を介した間接的な影響であった。特に，接続助詞と副助詞の影響が強かった。

④ 非活用語と活用語の習得には相互の因果関係が見られなかった。

2.4 综合评述

纵观四十年来有关日语敬语习得的论文，我们发现有下列特点：

（1）主要就敬语难以习得的原因进行了探索，认为其原因或在于语法形式复杂，或在于人际关系等语用事项难以把握。

（2）教科书存在不足之处，影响了CL的敬语习得。

（3）多数研究停留在提出问题阶段，且这种问题也多为研究者本人的直觉或者推测，缺乏数据支撑。

---

① 宫冈弥生、玉冈賀津雄、毋育新，「中国語を母語とする日本語学習者の文法知識が敬語習得に及ぼす影響」，『広島経済大学研究論集』，2004（2）：35—46。

第3节 有关日语敬语教学法的研究综述

本节的考察对象是近四十年来（1979年1月1日—2014年12月31日间）发表在国内主要学术期刊上的有关敬语教学法的论文。我们采用与第1节相同的筛选方法，共获取论文31篇。

3.1 论文种类

依据论文内容，笔者将上述31篇论文分为新理论新方法类、案例教学法类、现状及对策类、语用探索类4个类别进行评述。（各类别论文数量见图2-3）

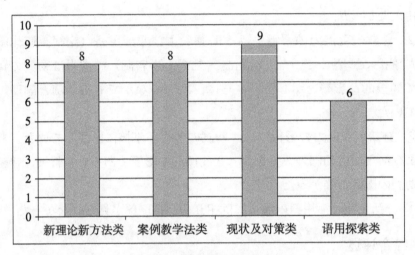

图2-3 各类别论文数量一览

3.1.1 新理论新方法类论文

此类论文共有8篇，对汉日对比研究的历史、现状及方法论做了有益的探索。部分文献虽非直接论述礼貌现象，但其所述的研究方法对礼貌现象研究具有参考价值。

吴少华（2002）[1]批评了以语法为中心的传统教学模式，提倡以语言交际为中心，建立以语言交际为中心的敬语教学方法，并简要给出了初、中、高各级别的操作方法，特别强调在中、高级阶段利用多媒体素材，强化具体场景中

---

[1] 吴少华，《以语言交际为中心的敬语教学法初探》，《外语教学》2002年第1期；80—83。

的敬语把握等。于娜、于天娇（2014）①以商务礼仪课堂中的敬语使用为例，探索了以协同学习理论为基础的新型教学方法，指出应该将课堂教学置于具体的商务情境，使用多模态教学模式。魏凤麟（2011）②以日剧《日本人不知道的日语》这一新题材为例，探讨了直观、深入地理解和学习敬语的新方法。封小芹（2012）③指出了当前敬语教学轻视"缓冲语"（模糊限制语）的现状，认为要重视这些对敬语起支撑和补充作用的缓冲语，并给出了教学中需要导入的36种常见缓冲语。

3.1.2 案例教学法类

此类论文是指探讨某一具体敬语项目教学方法的论文，共有8篇。任丽洁（2013）④就敬语动词的教学进行了探讨。她从5部电视剧中共收集到441个敬语用例，给出了14种动词形式的出现频率，发现出现频率最高的为"自谦语Ⅰ"动词、一般形"お（ご）－する"，提倡要根据出现频率有阶段、分轻重进行教学。周莉（2004）⑤以把握人际关系为中心，结合"politeness" "敬意表达"等概念，探讨了敬语教学的难点，提倡有计划、分阶段地对敬语进行系统教学。高娃（2010）⑥以"征求同意" "给予同意"为例，提出此类表达方式的教学不能只注意语言形式的礼貌程度，更要注意对"顾及"的指导。张敏伶、冯良珍（2002）⑦以文化为切入点，主张从文化对比的角度进行敬语教学。谭爽、张波、杨秋香（2007）⑧尝试通过渗透日本文化中的"内外" "上下"关系来进行

---

① 于娜、于天娇，《"协同学习理论"在商务日语教学中的尝试——以"日本商务礼仪"课程为例》，《青年与社会》2014年第10期：127—129。

② 魏凤麟，《日语敬语教学方法新探——以日剧〈日本人不知道的日语〉为例》，《兰州教育学院学报》2011年第6期：103—104+109。

③ 封小芹，《商务日语教学中以缓冲语为中心的商务礼仪教育》，《南昌教育学院学报》2012年第1期：143—144+146。

④ 任丽洁，《关于日语中敬语动词的教学探讨——基于日剧中敬语动词的定量调查》，《日语学习与研究》2013年第4期：56—62。

⑤ 周莉，《试论日语敬语表达在教学中的难点——以人际关系为中心》，《日语学习与研究》2004年增刊：22—25。

⑥ 高娃，《「请求表达」「许可表达」的特点及其指导方法》，《语文学刊（外语教育与教学）》2010年第12期：64—65。

⑦ 张敏伶、冯良珍，《中日敬语文化对比及日语教学》，《山西财经大学学报（高等教育版）》2002年第4期：36—37。

⑧ 谭爽、张波、杨秋香，《提高日语敬语教学效果方法研究——在语法学习中渗透日本文化的尝试》，《黑龙江教育学院学报》2007年第6期：155—156。

日语敬语教学。李春玲（2008）[①]则主张在对比日、汉两种语言敬语的基础上进行敬语教学。杨宁（2005）[②]和吴宦熙（2010）[③]均探讨了接触阶段的敬语教学问题。杨宁（2005）针对敬语教学中存在的"学生使用准确性差"等问题，提出"突出重点进行讲解""注重实际应用和启发式指导"等5种做法；吴宦熙（2010）在分析难点的基础上提出"从日本文化和日本人的敬语意识导入敬语概念"等3种做法。孙剑冰（2005）[④]聚焦宾馆日语教学中的敬语问题，提出导入日本化特征，加强基本概念教学等方法。许锦（2013）[⑤]针对学生在实践中对敬语无法应用自如的现状，建议从"自我表达""行为展开表达""媒介物"三方面展开实践教学。杨卫娥（2010）[⑥]建议通过多媒体教学系统（多模态）及课堂、课外实践等将日本文化审议会2007年新公布的敬语五分法的成果反映至教学中。

3.1.3 现状及对策类

现状及对策类论文一般都是先指出教学中的问题所在，然后提出相应的建议。此类文章共9篇。魏育芳（2009）[⑦]指出，目前的敬语教学中存在对敬语重视不足、导入突兀、练习多为机械练习等问题，建议通过增加背景知识、从初级阶段导入敬语、增加情景练习等方式来解决上述问题。刘占和（2010）[⑧]认为敬语教学的难点主要表现为：①体系复杂、表达形式繁多；②结合复杂人际关系下的敬语运用难，表敬程度把握难。提议通过教学与文化意识相结合的方式，以及

---

① 李春玲，《日汉敬语的比较与教学中的留意点》，《陕西教育（高教版）》2008年第6期：27+42。

② 杨宁，《浅谈基础阶段日语教学中的敬语教学》，《北京第二外国语学院学报》2005年第6期：33—38。

③ 吴宦熙，《基础阶段日语敬语的教学方法试探——以上海外教版〈新编日语〉第二册为例》，《科技信息》2010年第24期：417+420。

④ 孙剑冰，《浅谈宾馆日语教学中的敬语问题》，《三门峡职业技术学院学报》2005年第2期：53—54。

⑤ 许锦，《日语教学中敬语表现实践方法的探讨与研究》，《吉林省教育学院学报（下旬）》2013年第4期：23—24。

⑥ 杨卫娥，《日语教学中导入敬语新规文件》，《南昌教育学院学报》2010年第5期：151—152+154。

⑦ 魏育芳，《探讨日语敬语的教学现状与教学方法》，《陕西教育（高教版）》2009年第4期：88+110。

⑧ 刘占和，《日语敬语有效教学初探》，《湖北成人教育学院学报》2010年第4期：117—118。

利用多媒体手段，生动再现场景和人物关系等方法解决。张正军（1994）[①]建议对敬语进行分类，采用不同的教学方法，但并未给出具有操作性的方法。窦雪琴（2010）[②]指出目前敬语教学的最大问题在于将其集中在第二学年第二学期学习，很难得到系统化训练，建议通过认知、熟知、应用三个阶段进行学习。张晓宁（1995）[③]认为要搞好敬语教学首先要注意理解敬语的民族文化特征，其次要注重场景教学。王菁（1998）[④]主要探讨了动词和尊他语以及句型和尊他语的教学方法。李岩（1999）[⑤]认为只有正确掌握人际关系等多种因素，才能准确无误地使用敬语，并提出教学要在场景设计上下功夫、要早期导入敬语等建议。贺慧中（2012）[⑥]提出低年级阶段应采用传统的语法翻译教学法、高年级阶段应采用交际教学法。

3.1.4 语用探索类

传统教学方法中，一般将敬语教学归于语法教学，重视敬语语言形式的输入与产出。语用探索类论文是指突破语法的桎梏，将敬语置于礼貌现象（广义敬语）的框架中，从语用角度探索敬语教学的论文，共有6篇。邢黎（2014）[⑦]的《语用学视角下的日语"配慮表现"教学研究——以礼貌原则系列理论的应用为例》提倡通过引导学生注意汉、日语中均存在礼貌表达的事实，建立起包括敬语在内的得体表达使用意识，在认识FTA的基础上，引导学生选择并使用正确的礼貌策略。罗新梅（2013）[⑧]探讨了从"敬意表达"角度开展敬语教学的可能性，提出了教学的两个一般性准则：即①"行动展开表现"遵循决定权给对方，自己受益的原则；②分类掌握感谢、安慰、赠答等场景中常用的顾及表达方式。

---

① 张正军，《日语敬语教学法》，《云南高教研究》1994年第1期：47—52+7。

② 窦雪琴，《日语敬语教学的现状及对策》，《山西煤炭管理干部学院学报》2010年第4期：86—87。

③ 张晓宁，《浅谈日语敬语教学》，《外语与外语教学》1995年第2期：45—47。

④ 王菁，《浅谈日语敬语的教学》，《有色金属高教研究》1998年第6期：92—93。

⑤ 李岩，《浅谈初级日语会话指导方法》，《黑龙江农垦师专学报》1999年第3期：37—39。

⑥ 贺慧中，《以情景教学为中心的日语敬语教学法之初探》，《东方企业文化》2012年第7期：242。

⑦ 邢黎，《语用学视角下的日语"配慮表现"教学研究——以礼貌原则系列理论的应用为例》，《黑龙江教育（高教研究与评估）》2014年第4期：20—21。

⑧ 罗新梅，《〈NHK新编生活日语〉对敬意表达教学的启示》，《福建省外国语文学会2013年年会暨海峡两岸翻译学会研讨会论文集》2013年：424—435。

陈梦然（2005）[①]从跨文化交际的角度阐述了敬语、体态语的重要性。余贤锋（2007）[②]提倡在非语言交际教学中融入跨文化交际意识。吴立新（2010）[③]援引认知语言学中的"主观识解"概念，认为说话人借助客观表达形式来体现主观意志的表达为高水平的「待遇表現」。平静（2014）[④]认为敬语教学中应该导入"礼貌意识"，只有认识清楚两种语言在礼貌表达方面的异同点，才能掌握好敬语。

3.2 学术专著

探讨敬语教学法的学术专著少之又少。目前仅见毋育新（2008）的《日汉礼貌策略对比研究》一书。该书以B&L的礼貌策略为理论基础，在对日汉礼貌策略进行对比的基础上，探讨了将其结论导入待遇表现教学的可能性，并展开了3次教学实践。结论证明，导入礼貌策略有利于中国学生理解待遇表现的本质，对改善待遇表现教学大有裨益。

3.3 综合评述

纵观近四十年来有关敬语教学法的论文，我们发现有以下3个特点：

（1）论文数量总体偏少。近四十年来，发表在国内期刊上探讨敬语教学法的论文总共只有31篇，年均不足1篇。数量偏少，也反映出长期以来日语界"重语法研究，轻教学法研究"的现状。此外，有关教学法的论文大多发表于2000年以后。由此可知，国内日语界对敬语教学法的探讨刚刚起步。

（2）缺少从宏观方面探讨敬语教学法的论文。31篇论文中，只有贺慧中（2012）提出低年级阶段应采用传统的语法翻译教学法、高年级阶段应采用交际教学法，属于真正探讨具体教学法的论文，其余30篇均未涉及具体教学法，仅仅提出了课堂活动的建议，如"在对比的基础上进行教学""将敬语置于具体场景

[①] 陈梦然，《日语教学中的跨文化交际技能培养》，《浙江工业大学学报（社会科学版）》2005年第2期：208—212。

[②] 余贤锋，《日语教学中溶入跨文化交际意识的探讨》，《嘉兴学院学报》2007年第4期：88—90。

[③] 吴立新，《论日语表达的"自我投入式"——对专业日语教学法的探讨》，《日语学习与研究》2010年第6期：51—58。

[④] 平静，《日语教学中"礼貌意识"的导入》，《内蒙古师范大学学报（教育科学版）》2014年第7期：116—118。

中"等。严格地说，这些并不属于教学法，仅仅是教学建议。此类文章，多为感想类论文，缺乏客观性，学术价值不高。

（3）出现了从语用角度探索教学方略的萌芽。31篇论文中，有6篇从语用角度探索了开展敬语教学的可能性。虽然部分文章还较为幼稚，属于萌芽状态，但这种探索，尤其是从「配慮表现」和「敬意表现」角度出发的探索，摆脱了狭义敬语的桎梏，与语用研究的新成果合拍，反映出了日语界的新气象，值得肯定。

第4节 中国学习者的问题所在

前3节中，我们分别从对比研究、习得研究、教学法研究三个维度对近40年来以敬语为中心的待遇表现、礼貌现象研究进行了综述。结果显示，论文水平良莠不齐，多数研究缺乏数据支撑，仅停留在以研究者本人直觉推测为主的提出问题阶段，缺乏客观性。为了掌握第一手数据，明晰CL敬语习得的问题点，笔者进行了相关问卷调查。

4.1 中国学习者的敬语认识

为了搞清楚CL的问题点，笔者以CL为对象，于2011年9月—2013年7月，在国内6所高校，进行了有关敬语习得的问卷调查（参照附录1）。共发放问卷400份，回收有效问卷350份。

这6所大学分别是：

公办院校：西安交通大学、天津理工大学、西北大学、西安外国语大学

民办院校：西安培华学院、广东外语外贸大学南国商学院

在展示调查结果之前，我们先看一下通过调查逐渐明晰的CL对日语敬语的认识。

1. 多数学习者认为敬语是日语中最难习得的学习项目。

针对"日语学习中最难的是什么"这个问题，350名被试验者中的211名，也就是6成左右（60.3%）的被试选择了"敬语"。这个比率远远超过位列第2的"助词"（22.5%）及位列第3的"动词活用"（11.8%）（参照图2-4）。该结果为缺乏数据支撑的诸先行研究，如：董将星 1987，张国生 1988，刘金才 1992、1998，佐治圭三 1992，赵庆尧 1993，张拓秀 1993等提供了客观依据。另外，此

数据与毋育新（2008）调查的59.3%、吴宣熙（2010）调查的63%相近，这也印证了该数据的可信度。

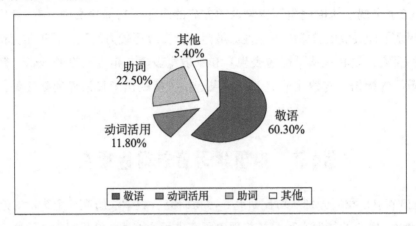

图2-4　日语学习中最难的是什么？

2. 敬语之所以难，不仅因为其形式复杂多样，更因为具体场景中的人际关系难以把握。

在询问日语敬语学习中最难的是什么这一问题的过程中，得到了"人际关系的把握""庞杂的词汇、语法体系""繁多的表达形式""课本讲解少""和母语差异大"等5种具有代表性的回答，详情如下（参照图2-5）：

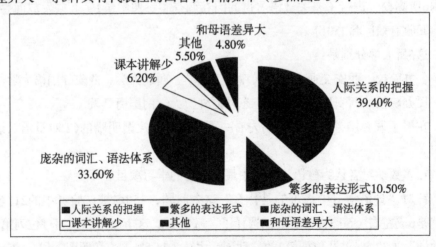

图2-5　敬语学习中最难把握的是什么？

① 人际关系的把握（138人，39.4%）；
② 庞杂的词汇、语法体系（118人，33.6%）；
③ 繁多的表达形式（37人，10.5%）；
④ 课本讲解少（22人，6.2%）；
⑤ 和母语差异大（17人，4.8%）；
⑥ 其他（尊他语、自谦语的区分、缺乏使用敬语的意识、练习少等）（19人，5.5%）。

上述理由中，① 人际关系的把握；② 庞杂的词汇、语法体系两项的比率均超过总量的3成，远远超过其他理由的比率。因而，我们可以认为这两个方面是CL觉得日语敬语难以习得的最主要的理由。

关于人际关系的把握，日本国内的研究也多有涉及。如佐治圭三（1992）曾指出，敬语对中国人之所以难，原因在于日本人的人际关系把握准则和中国人的人际关系把握准则有巨大差异。那么，人际关系的把握究竟是什么呢？毋育新（2008：16）指出其为"针对何人该采用何种程度的敬语"。南不二男（1987）更详细地列出了影响敬语选择的人际关系因素：a. 是否本人；b. 性别；c. 所属阶层、地位、立场及其他；d. 上下关系；e. 亲疏关系等。南不二男指出的这些条件，也或多或少地体现在汉语的敬语使用当中。可是，在何种场景，什么关系起着更强烈的作用这两点上，日语和汉语存在很大的差异。或许这就是敬语让中国学生感到困惑的原因所在吧。

4.2 问卷调查

4.2.1 调查目的
调查的目的是为了掌握CL敬语学习的实际情况。

4.2.2 被试
问卷调查的内容主要涉及狭义敬语及待遇表现的认识及理解问题。被试为西安交通大学，天津理工大学，西北大学，西安外国语大学，西安培华学院，广东外语外贸大学南国商学院等6所大学400名日语专业大二、大三、大四的学生。共发放问卷400份，有效回收350份。被试中，男性106名，女性244名。被试的平均年龄是20.54岁（SD=1.44），日语学习的平均时间为2.34年（SD=1.36）。

4.2.3 问卷的构成及调查方法
问卷由29道多项选择题及1道自由记述题构成。内容涉及学习者的敬语认

识、敬语习得、敬语使用、汉语的敬语、有关敬语的教材、教学方法等。调查在征得各校日语学科负责人同意的基础上,由任课教师利用上课时间组织实施并当场回收。

该调查问卷的信度系数 α 为0.6,属于信度系数相对较高的调查。

4.2.4 调查结果及讨论

对问卷结果进行统计分析后,我们发现了以下三大问题:

(1)敬语是引起中日跨文化交际障碍的因素之一。

通过调查得知,不能很好地使用敬语会影响CL和日语母语者的跨文化交际活动。在「敬語が分からないせいで日本人と話すとき困ったことがありますか?」这一问题中,有6成以上的CL认为,因为敬语习得不完全,和日语母语者交流时感到困难(参照表2-1)。

表2-1 是否因为敬语习得不完全,和日本人交流时感到困难　　单位:人(%)

选　项	经常会感觉到	时有感觉	不太有	完全没有	合计
回　答	62(17.71)	166(47.43)	105(30.00)	17(4.86)	350(100)

(2)CL对敬语的待遇表达功能缺乏认识。

针对"和日语母语者说话时,你会根据说话对象的不同而灵活改变语言表达形式吗?"这一问题,表示"经常改变"的只有不足两成的学习者。5成左右的被试回答"有时会改变",3成左右的被试回答"完全不改变"或者"不太改变"(详见图2-6)。从以上数字来看,被试缺乏通过改变语言表达形式来礼遇受话者的意识。

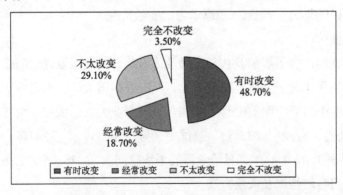

图2-6　你是否根据说话对象的不同而改变语言表达形式?

第二章 先行研究的梳理及问题所在

前文说过，敬语之所以难以习得的一个原因是日语与CL的母语，也就是汉语之间存在较大的差异。换言之，其实就是汉语的负向迁移，也就是母语的影响。如何使用语言来礼遇受话者，日语和汉语间存在很多差异。窪田富男（1990）认为日语母语者「敬語をいうものは幼い頃からかなり意識的に学習する」，故而逐渐掌握了使用语言来礼遇对方的意识。但是，针对CL的问卷调查结果显示，和日本人说话时，总是持有使用语言来礼遇对方意识的只有18.70%。南不二男（1987）认为，敬语可分为"日语型敬语"和"非日语型敬语"两大类，汉语属于后者。因此，CL对日语敬语所持有的待遇表达功能理解不足。关于这一点，我们在调查中发现其具体表现在以下两个方面：

① CL有将敬语的本质理解为"表达敬意的语言"之倾向

调查显示，53.65%的学习者认为敬语是"表达敬意的语言"。这实际上也体现出学生对敬语本质的理解。敬语的本质是什么？敬语和敬意到底是什么关系，这是敬语教学的一个基础问题。

从敬语的起源来看，敬语是表达敬意的语言这一点不容否认。但是，随着时间、社会形势的发展，现代日语敬语表达的并不是真正的敬意，而是一种社交礼仪上的敬意而已。关于这一点，辻村敏树（1977：47）曾经指出，现代敬语已经并非全是表达说话者敬意的语言，「敬語がすでに敬語の名に値せず、むしろ社交語とでも呼ぶべきものになっている」。宫地裕（1983：4）更加明确地指出，现代敬语与其说是一种「敬の言葉」，倒不如说是「礼の言葉」。可是，学习者还没充分认识到这一点的变化。汉语中存在只对自己所尊敬的人使用敬语的倾向，可能是出于这个原因，学习者将日语敬语主观臆断为表达敬意的语言了吧。

② CL在心理上对使用敬语有抵触感

本次调查是以结束敬语学习阶段①的中、高级学习者为对象实施的。在问卷"有无学过敬语"的选项中，91.30%的被试回答学过。尽管如此，针对"和不熟悉的日语母语者交流时，经常使用敬语吗？"这一问题（图2-7），回答"完全不使用"和"不太使用"的被试合计达到了40.28%。此处所说的敬语主要指尊他语和自谦语。关于礼貌语，我们下文再述。

---

① 所调查的6校培养方案中，敬语均是在初级下半学期到中级上半学期学习的。

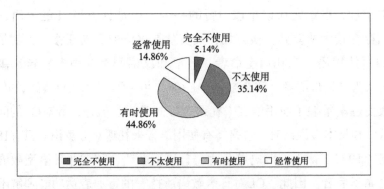

图2-7　和不熟悉的日语母语者交流时你是否经常使用敬语？

调查显示（图2-8），14.59%的CL认为敬语是"封建制的遗物"，敬语的大量使用是社会阶级观念、阶级差别仍然存在的证据。在被试的留言中，我们可以看到诸如"实际生活的很多场景并不需要敬语""对年长者或者上司的敬意不依赖语言也可以表达"等意见。此外，40.20%的CL甚至认为敬语对和日语母语者的交流没有帮助，36.50%的CL甚至和日语母语者交流时没有使用过敬语。从这些数据我们可以看出，部分学习者对使用敬语有抵触情绪，甚至可以说反感。此种抵触有时候甚至可能转化为极端行为。如原湖南大学日语外教案野香子在给笔者的信中介绍说有一名湖南大学日语专业学生因为反感敬语而要求转专业就是一例典型。

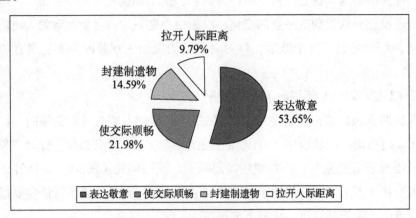

图2-8　你如何看待日语的敬语？

第二章 先行研究的梳理及问题所在

（3）无视语体（「です・ます体」和「だ体」）选择

使用日语交际时，依据人际关系，必须进行语体，也就是敬体（「です・ます体」）和简体（「だ体」）的选择。以亲疏关系为例，当和不太熟悉的人交际时使用敬体，当和熟悉的人交际时使用简体是一般原则。但是，正如先行研究指出的一样，大部分CL使用日语说话时，过多地使用敬体。本次调查也验证了这一点。也就是说，大部分被试都无视语体选择。

如图2-9所示，以和关系密切的同班同学交流为例，42.57%的被试竟然回答使用敬体。

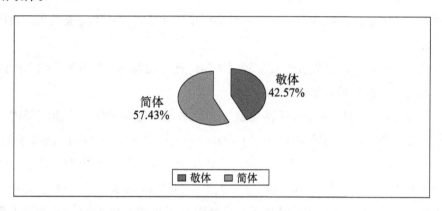

图2-9 和关系密切的同班同学交流时你经常使用什么语体？

此外，在回答"你是否能很好地使用简体"时，有50%的被试都回答不能很好地使用。其中，有96人给出了主要理由（图2-10），分别是：①先学的是敬

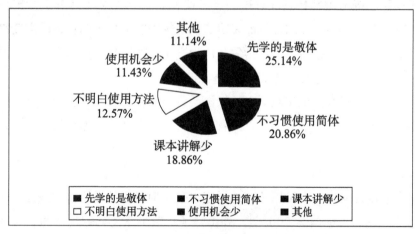

图2-10 不能很好使用简体的理由

体；②不习惯使用简体；③课本讲解少。理由①、②涉及教学法和课堂教学活动，理由③涉及教材编纂问题。以上理由显示出日语教学中有关敬语的教学确实存在不足。

4.3 问题发生的背景

从上文的调查可以看出，CL之所以不能很好地掌握敬语，是因为没有理解日语待遇表现的"待遇（礼遇对方）"功能，具体表现为：①使用母语时，能根据说话对象不同而改变语言使用方式，但一旦转换为目的语，就不会使用语言礼遇对方；②即便是能熟练使用狭义的敬语词汇、句型，也不见得能恰当地使用待遇表现。

结合二语习得及日语教学法，我们认为，这些问题的产生有如下两个原因：

4.3.1 汉语的负向迁移

有关二语习得中的母语迁移问题，先行研究多集中于词汇及语法形式迁移方面，有关语用迁移的研究较少，但Terence Odlin（1995）及Susan Gass & Larry Selinker（2011）都做了有益的探索。前者认为，包括话语在内的迁移在二语习得中常有发生，"礼貌（politeness）"及"一贯性（coherence）"是话语中最易发生迁移的项目；后者以英国游客和芬兰语母语者的英语对话、英语母语者和希伯来语母语者的英语对话为例，说明相较于语言形式，语用（交际策略）更难习得。

Terence Odlin（1995）还指出，有关礼貌及一贯性的负向迁移非常危险，极易引起误解，提醒教师特别注意这一点。ロッド・エリス（1996）指出，观察学习者后发现，有相当多的证据能表明"话语规则"由母语向目标语言迁移。他在考察要求、道歉、拒绝言语行为后，认为学生是按照自己母语中的社会语言学规则对这些言语行为进行表述的。

待遇表现，特别是狭义敬语上，汉语与日语间存在着较大差异。日语的狭义敬语相当于汉语中的"敬谦词"，两者功能一样，但在形式上有很大差异，主要如下：

（1）词汇层面的差异

日语的敬语从形态上可以清楚地界定出来，但汉语的敬语（敬谦词）几乎不受形态上的制约（彭国跃 2001）。井出祥子、彭国跃（1994）认为，几乎所有的汉语敬语（敬谦词）均属于「メタファー型」（隐喻型），是「言语形式で直

第二章 先行研究的梳理及问题所在

接伝えられるのではなく、概念的な意味を介して二次的に伝えられるものである」。如下例：

你口口声声为庄老师活着的，其实外边谁不知道有了你这<u>贤内助</u>才有了庄老师的成就。　　　　　　　　　　　　　　　　（《废都》）

根据井出祥子、彭国跃（1994）的解释，上句中的"贤内助"是承担敬意表达功能的部分。汉语中的"贤"具有"善良、有功德"这样的概念意义，但并非是敬语。也就是说，作为敬语词汇，该词并未完全符号化。汉语中，"贤"的反义词是"愚"，前者具有正向价值概念，后者具有负向价值概念。"贤"所具有的敬语功能是通过这样的概念派生出来的。

另一方面，除去「漢語敬語語彙」[①]，日语的狭义敬语基本分属于以下3类：
基于词汇形态的：如「おっしゃる／存じる」；
基于语法形态的：如「お（ご）～になる／お（ご）～する」；
基于前、后缀形态的：如「お（ご）～／～さま」。

以上各种日语形式作为敬语的功能已经完全符号化，无须通过某种概念（如贤愚、贵贱等）来体现，属「指標型」（标示型）的敬语（井出祥子、彭国跃1994）。

如上所示，在词汇层面，日语的敬语和汉语的敬谦词具有不同的形式。日语敬语是一种看得见的固定形式，而汉语则不受形式的制约。

（2）语体层面的差异

我们知道，使用日语进行交际时，必须从敬体和简体中选择一种使用，这是一种交际义务。可是，汉语中并不存在这种规定。彭国跃（2000）认为，汉语中并不存在如同日语一样的，完全脱离话题内容只单纯向受话者表示顾及的语体。苏德昌（1999）也认为「中国語には文体に相当するものがない。日本語は中国語よりも、話し手が聞き手に対する態度を顕にしている言語と言える」。

对于习惯汉语不需要选择语体的CL来说，学习日语时，受到汉语的这种负向迁移就容易执拗于只使用单一语体（一般是敬体）。因此，不难想象，要适应日语的表达习惯需要相当多的时间。

[①] 日语中诸如「貴社」、「豚児」这样的汉源敬语词汇与汉语的敬谦词构造完全相同，属于隐喻型。

如前所述，因为汉日两种语言存在表达形式上的区别，对于习惯汉语敬语表达形式的CL来说，要适应日语的敬语，广而言之，要适应日语待遇表现的形式需要花费相当长的时间。

因为汉日两种语言的敬语表达形式存在较大差异，正向迁移的难度加大，CL使用母语时所养成的利用语言来礼遇对方的意识也难以简单地正向迁移至日语。换言之，CL学习日语敬语时，不能活用已掌握的既有语用技能。

4.3.2 教学法问题

针对问卷中的"你是否听过待遇表现的术语名称"问题，76.10%的被试回答没听过。笔者对所调查高校的培养方案进行查阅后发现均未设置敬语或待遇表现相关课程。正如张拓秀（1993）和刘金才（1998）所指出的那样，中国的日语教学中，没有专门讲授待遇表现的课程，敬语也仅出现在精读课中，且一般只讲授狭义的敬语。

4.4 问题的解决方法

通过问卷调查，我们知晓了CL使用母语汉语进行交际时，具有使用语言来礼遇对方的待遇表现意识，可是一旦使用目的语日语进行跨文化交际时，不会使用语言来礼遇对方，也就是说，没有待遇表现意识。如何活用CL所具有的既有知识，换言之，如何抑制母语负向迁移，促进母语正向迁移对日语敬语习得来说至关重要。

笔者注意到前文涉及的B&L礼貌策略理论及其延长线上的DP理论中强调「人間の言語行動の普遍的のポライトネス現象を解釈する」这一观点，决定以上述语用学理论为框架，从新的角度来寻求解决问题的办法。使用上述理论的理由主要如下：

（1）礼貌策略理论及DP理论均为重视言语功能的理论。

CL的问题主要在语用层面，无论是敬语理论，还是待遇表现理论，均以言语形式的研究为重点，研究范围较为狭窄，难以回答语用层面的问题，特别是诸如"用日语进行交际时，为什么要根据交际对象的不同而改变语言使用方式？"等涉及语言策略选择的问题。而无论是礼貌策略理论还是DP理论，其研究范围都不限于敬语、待遇表现，是超越以上两者的包涵性理论。

（2）礼貌策略理论及DP理论能为汉日两种语言对比提供理论框架。

第1节中我们提到过汉日对比类先行研究缺乏"寻求语言的类型特征"的成

果。要寻求不同语言的类型学特征，需要一个客观、共通的理论框架，而研究泛语言礼貌现象的礼貌策略理论及话语礼貌理论正好为我们提供了这样一个客观、共通的理论框架。

（3）便于应用于日语教学实践。

无论是礼貌策略理论还是DP理论，均有理论性较强的公式作为支撑，这与只提出某几个原则的其他语言学理论，本质不同，便于量化，可以较为方便地应用于日语教学。此外，礼貌策略理论及DP理论以中国人熟悉的"面子（face）"为切入点，便于CL理解和掌握。

主要参考文献

[1] Beebe, L. M., Takahashi, T. & Uliss-Weltz, R. 1990, "Pragmatic transfer in ESL refusals". In Scarcella, R.C., Andersen, E. S. & Krashen, S. D. eds. *Developing Communicative Competence in a Second Language*. Rowley, MA: Newbury House Publishers, 1990: 55-73.

[2] Blum-Kulka & Shoshana. "You don't touch lettuce with your fingers: Parental politeness in family discourse". *Journal of Pragmatics*, 1990, 14(2): 259-288.

[3] Brown, P. & Levinson, S. "Universals in language usage: Politeness phenomena". In: Goody, E.N. Ed. *Question and Politeness: Strategies in Social Interaction*. Cambridge: Cambridge University Press, 1978: 56-311.

[4] Brown, P. & Levinson, S. *Politeness: Some Universals in Language Usage*. Cambridge: Cambridge University Press, 1987.

[5] Lakoff, R. "The Logic of Politeness or Minding Your P's and Q's". *Proceedings of the Ninth Regional Meeting of the Chicago Linguistic Society, Chicago,* 1973, 13-15 April, 292-305.

[6] Matsumoto Yoshiko. "Reexamination of the universality of face: Politeness phenomena in Japanese". *Journal of Pragmatics*, 1988, 12(4): 403-426.

[7] Matsumoto Yoshiko. "Politeness and conversational universals: Observations from Japanese". *Multilingual*, 1989, 8(2-3): 207-222.

[8] Terence Odlin . " The Celtic Languages". *Modern Language Journal*, 1995, 79(2): 277-278.

[9] Usami Mayumi. *Discourse Politeness in Japanese Conversation*. Tokyo: HituziSyobo Press, 2002.

[10] 案野香子．「中国の日本語教育における待遇表現の導入」．香港日本語教育研究会．『第四回国際日本語教育・日本研究シンポジウム予稿集』，1999．

[11] 井出祥子、彭国躍．「敬語表現のタイポロジー」．『月刊言語』，1994（9）：43—50．

[12] 宇佐美まゆみ.「談話のポライトネス―ポライトネスの談話理論構想―」. 国立国語研究所.『談話のポライトネス』, 東京: 凡人社, 2001: 9—58.

[13] 宇佐美まゆみ.「ポライトネス理論の展開1～12」.『月刊言語』第31巻第1号～5号7号～13号, 2002.

[14] 窪田富男.『敬語教育の基本問題（上・下）』, 東京: 国立国語研究所, 1990.

[15] 佐治圭三.『外国人が間違えやすい日本語の表現の研究』, 東京: ひつじ書房, 1992.

[16] 蘇徳昌.『日中の敬語表現』, 福岡: 中国書店, 1999.

[17] 張拓秀.「依頼表現の日中対照研究」. 早稲田大学日本語教育センター.『講座日本語教育』第28分冊, 1993: 157—177.

[18] 辻村敏樹.『日本語の敬語の構造と特色』, 東京: 岩波書店, 1977.

[19] 彭国跃.『近代中国語の敬語システム―「陰陽」文化認知モデム―』, 東京: 白帝社, 2000.

[20] 彭国跃.「現代中国語の敬語と呼称問題―社会体制、価値観とその関係―」.『人文学と情報処理』, 2001（32）: 115—117.

[21] 南不二男.『敬語』, 東京: 岩波書店, 1987.

[22] 三橋要也.「皇典講究所講演71・72号」（1892）. 北原保雄編.『論究日本語研究9 敬語』, 東京: 有精堂, 1978: 7-22.

[23] 宮岡弥生、玉岡賀津雄.「中国人日本語学習者の敬語習得」. 日本語教育学会.『2000年日本語教育学会秋季大会』, 2000: 134—141.

[24] 宮岡弥生、玉岡賀津雄、毋育新.「中国語を母語とする日本語学習者の文法知識が敬語習得に及ぼす影響」.『広島経済大学研究論集』, 2004（2）: 35—46.

[25] 宮地裕.「日本語の敬語在どうとらえるか」.『日本語学』, 東京: 明治書院, 1983.

[26] G・Nリーチ（著）, 池上嘉彦・河上誓作（訳）.『語用論』, 東京: 紀伊国屋書店, 1987.

[27] 陈融.《面子・留面子・丢面子——介绍Brown和Levinson的礼貌原则》.《外国语（上海外国语学院学报）》1986年第4期: 19—23+18.

[28] 大石初太郎、林四郎编著、沈宇澄、陈晓芬、应祥星注释.《日语敬语的使用方法》, 上海: 上海译文出版社, 1986.

[29] 董将星.《实用敬语指导》, 长春: 吉林教育出版社, 1987.

[30] 何自然、陈新仁.《当代语用学》, 北京: 外语教学与研究出版社, 2004.

[31] 刘金才.《敬语》, 北京: 外语教学与研究出版社, 1998.

[32] 刘金才.《现代日语敬语用法》, 北京: 北京大学出版社, 1992.

[33] 刘润清.《关于Leech的"礼貌原则"》.《外语教学与研究》1987年第2期: 42—

46+80.

[34] 卢万才.《现代日语敬语》，哈尔滨：黑龙江大学出版社，2010.

[35] 冉永平、张新红.《语用学纵横》，北京：高等教育出版社，2007.

[36] 盛文忠.《日本关西学院大学于康教授访谈录》.《华西语文学刊》2013年第2期：1—11+335.

[37] 毋育新.《将礼貌策略理论引入待遇表现教学的实证研究》.《日语学习与研究》2011年第4期：111—119.

[38] 毋育新.《日汉礼貌策略对比研究》，北京：中国社会科学出版社，2008.

[39] 毋育新.《日语敬语的有标记性与无标记性研究——以语体转换为对象》.《东北亚外语研究》2013年第1期：32—37.

[40] 毋育新.《现代日语礼貌现象研究》，杭州：浙江工商大学出版社，2014.

[41] 毋育新、玉冈贺津雄、宫冈弥生.《基于通径分析的日语敬语习得影响因素研究》.《外语教学》2011年第4期：36—40.

[42] 毋育新、郅永玮.《基于话语礼貌理论的日语请求行为研究》.《外语教学》2010年第4期：39—43.

[43] 闫嵘.《语言礼貌的认知与发展》，北京：中国社会科学出版社，2011.

[44] 张国生.《日语敬语指南》，北京：北京出版社，1988.

[45] 张麟声.《"对比研究·偏误分析·验证调查"三位一体研究模式的内蕴和实践》. 北京语言大学对外汉语研究中心、厦门大学中文系、厦门大学国家语言资源监测与研究中心教育教材语言分中心：福建省语言学会.《"国际汉语教学理念与模式创新"国际学术研讨会（第七届对外汉语教学国际研讨会）论文摘要集》2010年：81.

[46] 张麟声.《关于"服务于寻求语言类型学特征的对比研究"的几点构思》.《汉日语言对比研究论丛》2013年：16—26.

[47] 张麟声著，张佩霞译.《中国日语学习者常见误用分析》，北京：高等教育出版社，2011.

[48] 赵华敏.《礼貌与日语的反驳言语行为》.《日语研究》第2辑，北京：商务印书馆，2004：173—190.

[49] 赵庆尧.《日语敬语辨析》，北京：北京农业大学出版社，1993.

[50] 祝畹瑾.《社会语言学概论》，长沙：湖南教育出版社，1992.

第三章　中国学习者日语敬语习得影响因素研究

我们反复提到，敬语，以及以敬语为主体的礼貌现象习得是困扰CL的难点之一。究其原因，通览第二章我们就会发现，因为敬语学习不仅要记忆动词变化等复杂的语法知识，还要认知说话者、受话者、话题人物三者间人际关系的远近。部分有关CL敬语习得的先行研究表明，对人际关系把握等语用知识的习得要难于语法知识的习得（佐治圭三 1992，刘金才 1992，平林周祐、浜由美子 1988，毋育新 2000）。

20世纪50年代以来，从社会语言学角度出发，学界开始了对敬语语用功能的探索，敬语研究被置于日语"待遇表达"框架之中，称之为"正向待遇表达的专用语言要素"（大石初太郎 1983、南不二男 1987）。20世纪80年代以后，研究者受西方语用学研究成果，特别是B&L的礼貌策略理论及Leech（1983）的礼貌原则（Politeness Principle）的影响，从人类言语行为中共有的礼貌现象角度出发，将日语敬语研究提升到了"敬意表达方式"[①]（国语审议会 2000）、"有标记礼貌行为（marked politeness）"（宇佐美まゆみ 2001、2002）等高度，其语用功能及习得的研究得到了极大强化。本章中，我们将从语法、人际关系、语用策略三个角度出发，考察CL日语敬语习得的影响因素。

第1节　基于通径分析的日语敬语习得影响因素研究[②]

在教学实践中我们发现，敬语语法的习得仍然是一大难点。宫冈弥生、玉冈贺津雄（2000）针对中国留学生的小范围实证研究结果表明，无论是尊他语还是

---

① 日语原文为「敬意表現」。指人们在交际中基于相互尊重的理念，出于顾及对方及场景而区分使用的语言表达形式。它们是说话者在尊重对方的人格、立场的基础之上，从敬语、非敬语等各种表达方式中选择出的适合该具体交际场景的自我表达方式。（毋育新 2014：28）

② 本节内容为玉冈贺津雄、宫冈弥生和毋育新的共同成果。

自谦语，语法知识得分均低于语用知识得分。

认知语言学认为，课题处理能力（task handling）与语言资源（language resources）相互影响。交际中所必需的课题处理能力一般必须借助语言资源。语言资源包括"词汇知识""功能意念知识"及"语法知识"。语法知识在语言交际中占据中心地位（田中茂范、水野邦太郎 2006）。

本节延续以上旨趣，对中国学生进行简易日语能力测试和敬语水平测试，运用计量语言学（quantitative linguistics）手法，从日语的语言构造（一般语法知识）入手，构建通径模型，分析影响中国学生日语敬语习得的诸因素。

1.2 研究方法

1.2.1 样本

为了使样本具有代表性，我们抽取了在日语环境中学习的广岛大学中国留学生（32名）和在非日语环境中学习的西安外国语大学日语专业学生（87名）共119名，以他们为对象，进行了考查语法知识的"简易日语能力测试"和考察尊他语、自谦语习得的"敬语水平测试"。119名学生的平均年龄为23岁4个月（$\bar{x}$=23.25，SD=4.25）。

1.2.2 测试形式

测试由两部分构成。第一部分为简易日语能力测试（α=0.92[①]）（参照附录2），考查学习者的日语语法知识。第二部分为敬语水平测试（α=0.94）（参照附录3），考查学习者的敬语水平。试题详情如下（参见表3-1）：

简易日语能力测试由50道小题构成。其中包括：助词20道，活用语（动词、形容词、形容动词）20道，非活用语（副词、连体词）10道。50道小题均为填空题。如："鳥のように空（　）飛んでみたい"等，每小题1分。

敬语水平测试由80道小题构成，题型为判断正误。其中60道小题中的敬语使用有误，需要订正，如："（あなたが山田先生に言います）山田先生、駅までタクシーにお乗られになりますか"。该题中动词"乗る"的尊敬表达形式"お～になる"的接续有误，要求订正为"お乗りになりますか"。订正正确得2分，订正不完全得1分，订正错误得0分。另有20道小题敬语使用正确，作为干

[①] 克隆巴赫α系数。这是衡量试卷信度的指标，一般来说当α<0.35，表明该试卷信度低，应拒绝使用；0.5<α<0.7，表明该试卷信度中等，尚可接受；α>0.7，表明该试卷信度较高。

扰题分布于其中。

表3–1 测试详情一览表

出题意图	试题种类			试题数量	试题例	分值分布
简易日语能力测试	考查学生一般日语语法知识	活用语	助词	20	鳥のように空（　）飛んでみたい。	每小题1分，共50分
			动词	20	頭が痛（　）て、起きようにも起きられなかった。	
			形容词			
			形容动词			
		非活用语	副词	10	今日（　）そ彼に本当のことを話そう。	
			连体词			
敬语水平测试	考查学生日语敬语水平	订正错误	尊他语	30	（あなたが山田先生に尋ねます）山田先生、駅までタクシーにお乗られになりますか。	每小题2分，共120分
					（あなたが佐藤先生に言います）明日、山田先生がコンピューターを使われます。	
			自谦语	30	（あなたが山田先生に言います）私は昨日、山田先生からその本をいただき申しました。	
					（あなたが山田先生に言います）私の父は、いつも、コーヒーに砂糖を入れられます。	
		敬语使用正确的干扰题		20	（あなたが山田先生に言います）山田先生、どうぞご安心ください。	不计分

1.2.3 变量与分析模型

为了筛选不同变量，明确其与敬语习得的相关性，以利于构建通径分析模型，我们首先对简易日语能力测试成绩与敬语水平测试成绩进行了两者间的相关性分析。

我们计算出了全体被试的语法知识测试（50分满分）和敬语水平测试（120分满分）的皮尔逊相关系数。结果显示，两者间有很高的相关关系（$n=119$，$r=.74$，$p<.01$）。我们进行了一元线性回归分析，利用语法测试的结果预测敬语测试的结果，得到了"$Y=1.86X+3.70$"回归直线方程式。这表明，样本语法成绩

每提高1分，敬语成绩也随之平均增加1.86分。此外，通过拟和优度检验，还得到了$R^2=0.54$的较高判定系数（亦称贡献率）。这表明，单从语法测试的结果在相当程度上就可以预测敬语测试的结果，语法成绩高者敬语成绩也相应更高，语法能力和敬语能力相互呈正比关系。

我们将敬语细分为"尊他语"和"自谦语"，分别计算出其与语法得分的相关关系后发现，语法与尊他语（$r=.62$, $p<.01$）、语法与自谦语（$r=.70$, $p<.01$）均显示较强的相关关系。

此外，尊他语与自谦语间也显示出了较强的相关关系（$r=.58$, $p<.01$）。另外，语法中的助词与活用语间（$r=.80$, $p<.01$）、助词与非活用语间（$r=.74$, $p<.01$）、活用语与非活用语间（$r=.68$, $p<.01$）也存在较强的相关关系（参见表3-2）。

表3-2 语法知识、尊他语、自谦语、日语学习时间的相关系数、平均及标准偏差

变量	满分值	1	2	3	4	5	6
1 尊他语	72	—					
2 自谦语	48	0.581**	—				
3 语法合计	50	0.622**	0.696**	—			
4 语法—助词	20	0.584**	0.705**	0.960**	—		
5 语法—活用语	20	0.555**	0.604**	0.915**	0.798**	—	
6 语法—非活用语	10	0.577**	0.538**	0.830**	0.737**	0.677**	—
平均		47.53	27.34	38.08	13.65	16.30	8.01
标准偏差		13.48	10.72	8.47	4.45	3.07	1.67

注：$n=119$. *$p<.05$ **$p<.01$

结果显示：①助词、活用语、非活用语等语法知识与尊他语、自谦语之间存在较强正相关；②尊他语与自谦语之间存在较强正相关；③日语学习时间长短（月数）与尊他语、语法知识之间存在较弱正相关。故本研究确定出日语学习时间、语法知识（助词、活用语、非活用语）2个自变量；尊他语能力、自谦语能力2个因变量。我们拟对以上4个变量，进行因果关系的通径分析（path analysis）。要进行通径分析，首先得构建欲证明变量之间因果关系的模型。在本研究中，我们构建了如图3-1所示的通径模型。

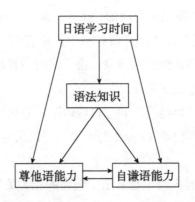

图3-1　日语学习时间与语法知识、尊他语、自谦语能力间的因果关系模型
注：箭头表示两变量间存在因果关系。

我们预测：①日语学习时间长短，直接影响语法知识、尊他语、自谦语的习得（日语学习时间越长，习得语法知识会越多）；②语法知识直接影响尊他语能力与自谦语能力的习得（习得语法知识越多，尊他语能力与自谦语能力也相应提高）；③因为尊他语和自谦语为敬语的两大构成部分，所以它们之间互为因果关系。

1.3　结果与分析

我们将测试结果录入统计软件SPSS，对各变量进行了因果关系的统计分析。

1.3.1　日语学习时间因素的通径分析

为了验证日语学习时间、语法知识（助词、活用语、非活用语）、尊他语能力、自谦语能力这4个变量间的因果关系，我们根据如图3-1所示的通径模型，进行了通径分析（图3-2）。

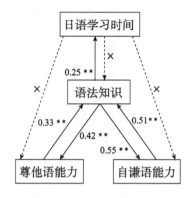

图3–2　日语学习时间与语法知识、尊他语、自谦语能力间因果关系的分析结果

注1：数值（通径系数β）是根据step-wise法多重回归分析得出的标准偏回归系数。
注2：通径系数检验使用的t值有意水准 ＊$p<.01$　＊＊$p<.001$。
注3：实线表示两变量间存在因果关系，虚线和"×"表示两变量间不存在因果关系。

由上图可知，语法知识、尊他语能力、自谦语能力3变量间如通径模型预测的一样存在因果关系。语法知识不仅直接影响尊他语能力（$\beta=.42$，$p<.001$），还直接影响自谦语能力（$\beta=.55$，$p<.001$）。反之，尊他语能力与自谦语能力也分别影响语法知识。

但是，与预测相反，日语学习时间与语法知识、尊他语能力、自谦语能力间未显示出任何因果关系。也就是说，日语学习时间长短并不能决定语法知识、尊他语能力和自谦语能力的习得程度。但是，语法知识与日语学习时间之间显示出了反向的因果关系（$\beta=.25$，$p<.01$）。即语法知识成绩高的学生一般日语学习时间也较长。

根据通径分析的结果，我们可以得出如下结论：语法知识直接影响敬语能力（尊他语能力、自谦语能力）的习得。但是日语学习时间的长短并不直接影响敬语能力的习得，也不影响语法知识的习得。一般人可能认为，日语学习时间越长，语法运用能力会越强，敬语表达能力也越高。但在教学实践中，我们也会遇到短时间就能将日语学得很好的学生以及长时间也学不好日语的学生。日语学习时间长短与语法知识掌握、敬语表达能力间并没有因果关系。

1.3.2　影响尊他语能力因素的通径分析

为了考察语法知识对尊他语能力的影响，我们建构了如图3-3所示的通径模型。通径分析使用以1%为有意标准的step-wise法的多重回归分析。具体做法

是：顺次以尊他语能力、助词习得、非活用语习得、活用语习得为自变量，其余的为因变量，进行多重回归分析。

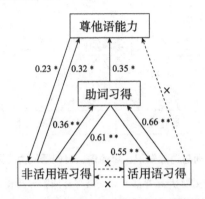

图3-3 影响尊他语能力习得因素的通径分析模型及结果

注1：数值（通径系数β）是根据step-wise法多重回归分析得出的标准偏回归系数。
注2：通径系数检验使用的t值有意水准＊p<.01 ＊＊p<.001。
注3：实线表示两变量间存在因果关系，虚线和"×"表示两变量间不存在因果关系。

分析结果表明，助词习得直接影响尊他语能力（β=.35，p<.01），非活用语习得对提高尊他语能力有促进作用（β=.32，p<.01）。反之，尊他语能力的提高也促进非活用语习得（β=.23，p<.01）。但是，活用语习得和尊他语能力之间没有发现任何因果关系。此外，助词习得不仅强烈影响非活用语习得（β=.61，p<.001），还影响活用语习得（β=.66，p<.001）。出乎预料的是，助词习得与非活用语、活用语习得间也存在着反向因果关系。即非活用语习得促进助词习得（β=.36，p<.01），活用语习得也促进助词习得（β=.55，p<.001）。

如上所述，我们可知尊他语能力受到非活用语习得和助词习得的影响。与此相对，非活用语习得和活用语习得之间没有因果关系。其原因在于学习非活用语只需记忆单词本身的形式，而学习活用语不仅要记忆单词本身的形式，还应记忆因后接单词不同而发生的活用变化形式。

1.3.3 影响自谦语能力因素的通径分析

和尊他语一样，为了从语法的下位尺度（助词、活用语、非活用语）检测其与自谦表现间的因果关系，我们替换自变量重复进行了以1%为置信区间的step-wise法的多重回归分析。通径模型如图3-4所示。

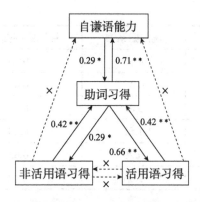

图3-4　影响自谦语能力习得因素的通径分析模型及结果

注1：数值（通径系数β）是根据step-wise法多重回归分析得出的标准偏回归系数。
注2：通径系数检验使用的t值有意水准＊p<0.01＊＊p<0.001。
注3：实线表示两变量间存在因果关系，虚线和"×"表示两变量间不存在因果关系。

通径分析的结果表明，助词习得对自谦语能力有很强的影响力（$β=.71$，$p<.001$）。换言之，助词掌握得好的学生，自谦语能力也较强。反之，自谦语能力越强，越能促进助词习得，这两者间的因果关系也得到了证明（$β=.29$，$p<.001$）。和预测相反，活用语与自谦语能力、非活用语与自谦语能力间没有发现直接的因果关系，活用语习得和非活用语习得间也未发现因果关系。此外，非活用语习得、活用语习得均和助词习得有因果关系，特别是活用语习得直接影响助词习得（$β=.42$，$p<.001$），其反向影响也很强（$β=.66$，$p<.001$）。

1.3.4　助词习得对尊他语能力、自谦语能力影响的多重回归分析

图3-3、图3-4的通径分析模型告知我们，助词习得不仅影响尊他语能力而且影响自谦语能力。下面我们专门针对助词进行分析。本研究遵循日本学校语法体系，将助词分为副助词、接续助词、终助词、格助词4类。为了探究究竟是何种助词影响尊他语能力与自谦语能力，我们对以上4种助词分别进行了预测尊他语能力与自谦语能力的多重回归分析。其结果如表3-3所示。

表3-3　由助词习得预测尊他语能力、自谦语能力的多重回归分析表

		偏回归系数	标准偏回归系数	F值
副助词	尊他语	2.53	0.28	6.62＊＊
	自谦语	2.05	0.28	8.70＊＊

（续表）

		偏回归系数	标准偏回归系数	F值
终助词	尊他语	4.65	0.26	6.90**
	自谦语	0.49	0.04	0.15
格助词	尊他语	0.83	0.09	0.58
	自谦语	1.52	0.20	3.86
接续助词	尊他语	0.20	0.02	0.06
	自谦语	1.96	0.29	11.81**

注1：$n=119$. *$p<.05$ **$p<.01$

注2：尊他语能力可决系数$R^2=.30$；自谦语能力可决系数$R^2=.45$

在尊他语中，有意度最高的预测变量为副助词（$\beta=.28$，$p<.01$），其次为终助词（$\beta=.26$，$p<.01$），而格助词（$\beta=.09$，n.s.）和接续助词（$\beta=.02$，n.s.）未能成为预测变量。这表明，助词中只有副助词和终助词的习得影响尊他语能力的习得。尊他语的多重回归分析显示了较高的可决系数（$R^2=.30$），表明助词习得强烈影响尊他语能力。

在自谦语中，有意度最高的预测变量是接续助词（$\beta=.29$，$p<.01$），其次是副助词（$\beta=.28$，$p<.01$），而格助词（$\beta=.20$，n.s.）和终助词（$\beta=.04$，n.s.）没有成为有意预测变量。自谦语的多重回归分析也显示了较高的可决系数（$R^2=.45$），表明助词习得强烈影响自谦语能力。

1.4 结论与探讨

本研究结果可以简述如下：

（1）日语学习时间长短与敬语水平间没有因果关系。

日语学习时间长短是衡量日语水平的指标之一，但日语学习时间和日语敬语水平间并无因果关联。虽然迄今为止的先行研究中尚无此方面的报告，但是关于日语发音习得的先行研究中有发音习得和学习时间长短并无相关关系的报告（小河原义朗 2001）。所以我们可以说，学习时间长，不代表敬语习得程度一定会高，这也从侧面印证了为什么敬语难于习得是困扰初、中、高级日语学习者的共同问题。

（2）日语能力（一般语法知识）与敬语水平间存在着因果关系。

这一点不仅在通径分析中得到体现，在日语能力测试和敬语水平测试的相关分析中也得到了充分印证。相关分析表明，日语能力与敬语水平之间存在较强正相关（$n=119$，$r=0.74$，$p<0.01$）。我们进行一元线性回归分析后，利用简易日语能力测试的结果预测敬语测试的结果，得到了"$Y=1.86X+3.70$"回归直线方程式。表明样本日语能力测试成绩每提高1分，敬语成绩也随之平均增加1.86分。因为日语能力测试主要考查的是学生的一般语法知识，所以可以说，一般语法知识每提高1分，敬语成绩也随之提高1.86分。此外，通过拟和优度检验，还得到了$R^2=0.54$的较高可决系数。这表明，在相当程度上单从日语能力测试的结果就可以预测出敬语测试的结果，一般语法知识成绩高者敬语成绩也高，语法知识和敬语能力互呈正相关关系。

我们知道，普通动词变为敬语动词所发生的活用变化的常见形式有3种：①添加助动词"～れる・られる"（尊他语）、②使用敬语句型"お～になる"（尊他语）、③使用敬语句型"お～する"（自谦语）。这3种变化均涉及助词及活用语知识，故助词、活用语等一般语法知识运用能力越强，敬语习得程度也越高。

（3）尊他语能力受到非活用语和助词习得的直接影响，但尊他语能力不影响助词习得。

为了更加详细地调查助词的影响程度，本节将助词细化为副助词、接续助词、终助词、格助词四类，进行了预测尊他语能力的多重回归分析。结果表明，副助词和终助词的习得影响尊他语能力。副助词接在单词之后具有附加单词意思的功能，如附加强调意思：「今年こそ受かるようにがんばる」；附加限定意思：「あの人にだけは会いたくない」等。这些副助词既具有副词的功能又有微妙地附加情态的功能。另外，终助词接在句子或短语之后，表达说话者的语气和态度，如劝诱时使用的「そろそろ行こうか」；强调、断定时使用的「ぼくだってできるさ」等，仍然是给原句附加了微妙的情态功能。所以我们可以认为，这些副助词、终助词和尊他语一样，既要反映出具体语境中特有的气氛又要微妙地表达出语意，它们属于同一知识类型范畴。

（4）自谦语能力受到助词习得的直接影响。

预测自谦语能力的多重回归分析表明，接续助词和副助词是直接影响其习得的重要变量。接续助词接在用言或者助动词之后，连接前后文，表示两者之间

的关系，如表示转折关系的「全力を尽くしたけど失敗に終わった」；表示假定关系的「慌てると失敗するぞ」等。这些接续助词仍然是给原句附加了微妙的情态功能。另外，副助词和副词一样，也具有附加强调、类推、限定等功能。先行研究表明，即便是对高级日语水平的中国学生来说，自谦语能力习得也很难（Miyaoka & Tamaoka 2001）。我们认为，这一现象是由这些附加微妙情态功能的接续助词、副助词等不易习得所致。

（5）活用语习得和非活用语习得间虽然没有因果关系，但两者与助词习得间互有因果关系，通过助词习得间接影响敬语习得。

先行研究（如：辻村敏树 1989，宫冈弥生、玉冈贺津雄、毋育新 2004等）表明，助词和词汇习得之间有很强的相关关系，在日语语法教学中占有非常重要的地位。本研究也验证了先行研究中将助词和敬语并列为日语学习难点的说法。助词往往都有复数义项，加之在某种程度上不使用助词也可以表达出语意，故而很多日语学习者感到助词繁琐，没有必要掌握，这可能是造成其难以习得的原因吧。从这一点来说，助词习得和敬语习得之间具有相似性。

第2节 中国学习者第三者待遇表现习得相关问题

具体交际场景中的人际关系难以把握是阻碍CL敬语习得的主要因素之一。辻村敏树（1992）指出："（对外国人来说）敬语，广泛来说，待遇表现的难度不光是在于语言本身的变化，而是在于必须要根据人际关系恰当地区分使用这一点。"佐治圭三（1992）也从人际关系的角度出发，阐明其原因为"中日两国语言在对人际关系的把握方法上存在差异"。毋育新（2000）基于针对学习者的问卷调查指出，缺乏对待遇表现功能的认识以及对于人际关系把握方法的理解不足是待遇表现难以习得的原因。综合以上先行研究可知，对人际关系把握的认识不足使学习者感到待遇表现很难掌握。

对于具体人际关系的把握，毋育新（2000）提出，比起只有学生和老师参与的简单会话场景，将老师子女等作为话题人物加入其中的复杂场景中的人际关系把握会更难。而且，宫冈弥生、玉冈贺津雄（2000）也指出，掌握对不在场的第三者使用自谦语的说话方式较为困难。总之，以上观点都揭示出了第三者待遇表现用法方面的难度问题。鉴于此，本节试图对学习者在第三者待遇表现方面存在的问题及解决策略进行深入探讨。

2.1 第三者待遇表现的定义

从施以待遇的对象方面考虑，日语的待遇表现可分为只对受话人使用的"受话人待遇表现"和只对话题中出现的人物使用的"第三者待遇表现"。本书对第三者待遇表现的定义如下：

所谓第三者待遇表现，是指说话人基于对自己和话题中出现的第三者的人际关系的认识，将其用语言形式表达出来的（一种待遇表现）。

第三者待遇表现在待遇表现体系中的位置如图3-5所示：

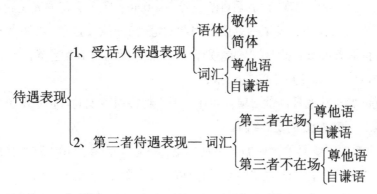

图3-5　待遇表现中第三者待遇表现的位置

2.2 中国日语教育现场的测试调查

为了把握CL学习待遇表现（包含第三者待遇表现）的实际情况，笔者分别于2012年9月和12月，在日语教学一线进行了两次实地调查。在此，我们将对实地调查的情况进行阐述。

2.2.1 调查对象

以西安外国语大学日语专业的中级学习者19名（平均学习时间为2.05年，$SD=0.83$）、高级学习者15名（平均学习时间为3.53年，$SD=0.94$），共计34名日语学习者为对象展开调查。

2.2.2 调查的基本步骤

调查以待遇表现测试及问卷调查的方式进行。待遇表现测试进行了2次（2012年9月和12月），问卷调查进行了1次（2012年9月）。

2.2.2.1 第1次测试及其结果

第1次待遇表现测试是参照该教育机构的学习者在初级阶段使用的主教

材——《中日交流标准日本语》（人民教育出版社、光村图书出版，1988）的难易度制定的。测试共由68道题目构成，第三者待遇表现的题目共7道（参照附录4中①—⑤题）。除第三者待遇表现之外，还有语法题23道，语体选择题23道，称呼问题7道，敬语词汇选择题8道。

另外，所有测试题均要求被试从已给出的4个选项中选出正确答案（即最合适的表达）。该测试的信度系数为0.75，属于较高信度。

第1次测试的结果，除去第三者待遇表现之外的61道题目的平均正确率是0.58，而第三者待遇表现的7道题目的正确率是0.46，第三者待遇表现题目的低正确率显示出第三者待遇表现的难度。因此，笔者进行了t检验，发现其他61道题和第三者待遇表现7道题两样本的差别在5%置信区间有显著性差异。

双侧检验：$t(66)=2.02$, $p<0.05$

由此可见与其他日语学习项目相比，第三者待遇表现的习得难度更大。

2.2.2.2　第2次测试及其结果

第2次测试主要是检测判断区别使用语体的能力，共由70道题目构成。测试题目中，有关第三者待遇表现的题目有5道（参照附录4中的⑥—⑩题）。除此之外，还有34道有关亲疏关系的题目，18道上下级关系的题目，6道恩惠、人情关系的题目及其他方面的7道题目。

同上一次测试一样，所有的问题都是从已给出的4个选项中选出一个正确答案（最合适的表达）。本次测试的信度系数为0.76，仍维持了较高水平。

第2次测试是在第一次测试结束后的两个月进行的。其结果是，除去第三者待遇表现之外的65道题目的平均正确率为0.71，而第三者待遇表现的5道题目的正确率为0.5。t检验的结果表明，其他65道题和第三者待遇表现5道题两样本的差别在5%的置信区间有显著性差异。

双侧检验：$t(68)=2.19$, $p<0.05$

本次测试的结果也印证了第三者待遇表现的习得难度较大。

2.2.3　问卷调查的结果

问卷调查是针对待遇表现学习感想进行的。其结果表明，57.14%的学习者在人际关系的判断上感到困难。其中，30%的学习者表示由于判断人际关系过于复杂，"害怕"使用待遇表现。由于第三者待遇表现是与复杂人际关系紧密联系的待遇表现，所以学习者感到使用困难也就不难理解了。

2.3 第三者待遇表现的使用规则和学习者问题点的表现

2.3.1 第三者待遇表现的使用规则

关于第三者待遇表现的使用规则，蒲谷宏、川口义一、坂本惠（1998）指出，应对和受话人有关的话题人物（例如，客户是受话人时，客户公司的董事长等）或与说话人、受话人两者都有关系的话题人物（如受话人是自己同事时，自己公司的董事长等）使用「敬語表現」。可从内外关系角度，将本规则简要归纳如下：

（1）受话人属"外部"时，要顾及受话人领域的人。

（2）受话人属"内部"时，要顾及位属说话人和受话人之上的人。

在此利用上述规则分析2.2中所采用的待遇表现测试中的第三者待遇表现（参照附录4）。问题①②③⑥⑩（共7个题目，问题①和②各自分别包含2个题目），属于受话人和说话人是外部关系的情况（以下称外部场景）。问题④⑤⑦⑧⑨（共5个题目），是说话人、受话人属内部关系的情况（以下称内部场景）。

在外部场景中，除去和孩子进行对话的问题③（与孩子进行的对话原则上使用零待遇表现），对属于受话人领域内的人物用尊他语，对属自己领域内的人物用自谦语。如此体现出对受话人一方的人物的照顾。这也可以说与规则（1）是一致（相符）的。

另一方面，内部场景中，问题④⑧⑨中，对说话人和受话人两者地位之"上"的人物使用尊他语。问题⑦中，虽然话题中出现的第三者是说话人的同事，但由于属受话人—学生的身份之上，所以对于该第三者的动作使用尊他语。问题⑤中，不仅说话人和受话人是同等的好朋友，话题中出现的第三者也是同样的亲密关系，因此，可以对他使用无所拘泥的"那家伙真棒"的说法。我们认为，这也大致符合上面提到的规则。

2.3.2 学习者问题点的显现及其考察

两次测试共计有12道第三者待遇表现的问题。在此分场景考察学习者的问题点。

（1）内外场景（ウチ・ソト場面）中，外部场景题目的正确率偏向高低两个极端。

外部场景题目的正确率偏向高低两极。正确率是表示难度高低的重要指标。

高正确率代表该题目的难度较低,即易习得;低正确率代表该题目的难度较高,即难习得。

a)在外部场景中,第三者是老师、课长等地位高的人物时,表现出较高正确率。问题①的第1问、问题②的第1问及问题⑩属于这种情况,平均正确率为0.71。尤其是问题①的第1问,"熟悉的老师"作为第三者,其正确率比较高,达到0.85。以上数字表明这些问题容易习得。对此,毋育新(2000)指出,中日文化的共通之处是其原因。

b)在外部场景中,第三者是内部人员时,表现出较低的正确率。问题①的第2问,问题②的第2问属此类情况。也就是说,这是面向外部人员,如何对待和自己身处同一集团的内部人员的问题,平均正确率为0.35。尤其是向其他公司的人说自己公司的上司时应该直呼其名的问题②的第2问,正确率只有0.21。以上数字表明这样的问题难以掌握。"内外"意识是日本人独有的,在中国几乎找不到同样的思维方式(毋育新 1999)。例如,在中国,即使是将与自己同属一个集团的地位高的人介绍给外部人员时,对地位高的人也使用尊称。笔者认为,这样的文化差异,应该是导致学习者较难掌握第三者待遇表现的原因之一。

c)和孩子对话的情景正确率较低。问题③是30多岁的成年人和孩子进行会话,孩子的父亲是第三者的情景。该情景的正确率是0.41。类似情景,由于是站在孩子的立场说话,因此一般对第三者采取"中立对待"(ニュートラル待遇)。从测试之后进行的问卷调查我们得知,出现较低通过率的原因在于学习者之前没有遇到过类似的情境,处理此类问题的经验不足。

(2)内外场景中,内部场景的题目正确率普遍较低。

在内部场景的5个问题当中,有4个问题(问题④⑤⑦⑧)的正确率低于0.41。出现第三者的地位比受话人、说话人都高的情况,以及和受话人、说话人地位平等的情况时,其通过率都较低。通过以上分析可知,内部场景的习得难度较大。除学习者不习惯日本人的"内外"意识之外,教育教学方面的处理方式也是原因之一。在中国日语教育一线,从外部场景使用的「です・ます体」开始日语学习,一般在初级阶段以「です・ます体」为主,随着向中、高级学习阶段的推进,使用书面用语「である体」。因此,学习者欠缺对内部场景中各种人际关系的理解,也无法得心应手地使用待遇表现。

以上从待遇表现测试的通过率出发,指出了学习者在第三者待遇表现习得中的问题。对于日语学习者来说,说话人和受话人属外部关系时;第三者和说话人

同属一方时；和孩子说话时；说话人和受话人在内部关系场景中对第三者进行待遇时可以说是比较困难的。

以上场景中的人际关系都不是单一的，而是说话人、受话人和第三者的要素互相牵扯的复杂关系。本节开头引用的辻村敏树（1992）和佐治圭三（1992）所述"感到待遇表现难以习得的原因在于人际关系的把握"这一观点，在此得到了印证。

2.4　调查过程中的问题反思

由于本次研究是通过两次调查得出的结果，因此，我们认为这在一定程度上能够反映学习者的问题点。然而，由于本次研究题目数量偏少，因此仍有不少待改进之处。

（1）应对在说话现场的第三者进行考察。

本次调查设计的12个问题，均为第三者不在会话现场的情况。然而由于在现代日语当中，出现了对不在场的第三者实行"中立对待"的变化（毋育新1999），因此，笔者认为不能将第三者在场的情况分离开来研究。

（2）应增加对第三者使用自谦语的场景。

本次考察只有一个对第三者使用自谦语的场面。因此，没能对先行研究中指出的"如何对不在场的第三者使用自谦语是学习者的困难点"这一观点进行考察。

第3节　中国学生日语敬语习得问题理论索据

3.1　引言

本章第1节中我们提到，敬语以及以敬语为主体的待遇表现之所以难以习得，究其原因，综合先行研究主要有两种说法：一种认为动词活用变化等复杂的语法形式难以习得（宫冈弥生、玉冈贺津雄2000，毋育新、玉冈贺津雄、宫冈弥生2011）；一种认为涉及说话人、受话人、话题人物三者间的复杂人际关系难以认知和把握（佐治圭三1992、毋育新2000）。前者即"语法形式难以习得说"，后者即"人际关系难以把握说"。这两种学说均源自教学实践的观察与总结，有一定的说服力，但缺乏交际策略（communicative strategy）、二语习得等

方面的理论依据与支撑。本节拟以B&L（1987）提出的礼貌策略理论为依据，分析日语专业学生敬语学习的难点所在，厘清学界争论，以期为日语敬语教学提供新的思路与方法。

3.2 研究方法

3.2.1 研究假设

B&L（1987：69）认为无论何种语言，交际时人们一般使用五种超级礼貌策略（详见后文3.3.1）。当然，无论日语母语者还是汉语母语者都是遵循这五种礼貌策略进行交际的（毋育新 2008：183）。但先行研究也表明，日语母语者和汉语母语者在礼貌策略使用上存在较大差异。如同样是请求行为，日语母语者多使用消极礼貌策略而汉语母语者却多使用积极礼貌策略等（谢韫 2000、毋育新 2008）。同样，二语习得中，学习者所使用的目的语礼貌策略与本族语者所使用的礼貌策略间也有较大差异甚至相左（Susan Gass & Larry Selinker 2011）。故本节建立以下研究假设：

假设：使用日语进行交际时，中国学生所使用的礼貌策略与日语母语者所使用的礼貌策略完全不一致。

3.2.2 针对中国学生的问卷调查

2012年3月，笔者分别选取西安地区不同类型的四所高校（西安交通大学、西北大学、西安外国语大学、西安工程大学）日语专业在校生230人，进行了有关敬语习得的问卷调查。被试平均年龄为20.94岁（SD=1.42），日语学习时间平均为2.31年（SD=1.35）。问卷从敬语的使用、语体选择、语言区分使用等角度就有关敬语的内容进行了详尽调查。其结果表明，学生存在如下问题：

（1）普遍存在无视语体选择的倾向。

日语中存在敬体（です・ます体）和简体（だ体）两种语体，交际时必须根据受话对象、场景等选择一种使用。调查中我们发现只有不到两成的学生进行语体选择，大多数学生总是使用单一语体，也就是敬体。此外，50%以上的学生回答不能很好地使用简体。

（2）缺乏通过语言礼遇别人的意识，不考虑对方的感受，直来直去。

针对"和日本人说话时，你是否会根据受话对象的不同而进行语气、词汇等选择？"的问题，只有不到两成（18.7%）的被试回答会经常进行选择，48.7%的被试回答"有时选择"，32.6%的被试回答"完全不选择"或者"不太进行选

择"。从以上数字可以看出，中国学生缺乏通过语言礼遇说话对象的意识。但是，通过调查我们也发现，使用汉语时，超过四分之三（76.8%）的学生会根据受话对象的不同而进行语气、词汇等说话方式的选择。也就是说，使用母语时，学生能够无意识地改变语言方式礼遇对方，而一旦使用日语，则不会通过语言礼遇对方。

以上问题（1）和（2）显示出中国学生普遍存在无视人际关系，不管对谁都使用敬体，且有直来直去表达（内容）的倾向。究其原因，中介语语用研究认为，这主要是因为学习者缺乏把正确的语言形式与语用意图联系起来的能力。（Susan Gass & Larry Selinker 2011：249）

3.3 礼貌策略理论视阙下的中国学生敬语习得

3.3.1 礼貌策略理论

B&L（1987：62）认为礼貌就是顾及面子需求的行为。这种面子可分为"积极面子"（positive face：所有人内心都具有的，希望得到别人赞同、理解的欲求）和"消极面子"（negative face：作为一个独立的社会成员所具有的，不希望被他人打扰的欲求）两种。B&L认为人类的交际是一种伴随着威胁上述两种面子的行为，称之为FTA（Face-threatening Acts，面子威胁行为）。这种威胁面子大小的程度（Wx）由公式（$Wx=D(S,H)+P(H,S)+Rx$）（B&L 1987：76）算出。B&L还认为，为了顺利地进行交际，必须纠正FTA。为了达到这一目的，按照威胁面子的程度，由小到大，人们一般使用以下5种超级礼貌策略来纠正（B&L 1987：69）。

策略①（以下简称S①）：不使用补救策略，直言不讳。

策略②（以下简称S②）：使用积极礼貌策略（顾及对方的积极面子）。

策略③（以下简称S③）：使用消极礼貌策略（顾及对方的消极面子）。

策略④（以下简称S④）：非公开实施面子威胁行为（使用暗示等间接表达方式）。

策略⑤（以下简称S⑤）：不实施面子威胁行为。

比如，请别人关窗户这个言语行为，使用以上五种超级礼貌策略可以分别表述如下：

S①：（母亲对孩子）窓を閉めなさい。

S②：（对同学）窓を閉めてくれない？

S③：（对熟人）すみませんが、窓を閉めてもらえますか。

S④：（对学长）少し寒くはありませんか。

S⑤：（对老师）什么都不说。

3.3.2 从礼貌策略理论看学生的问题点

前文指出日语有简体和敬体之分。使用日语进行交际时，必须进行语体选择。换言之，同一内容既可以使用简体表述，也可以使用敬体表述。结合礼貌策略理论，我们认为，从理论上来说，B&L所指出的5种超级礼貌策略也存在简体和敬体两种形式。如进行请求时，既可以使用简体"ちょっとそのペン貸してもらえる？"，也可以使用敬体"ちょっとそのペン貸してもらえますか"。如此，B&L所言的5种超级礼貌策略可以归纳为表3-4。上半部分为简体表述的各礼貌策略，下半部分为敬体表述的各礼貌策略。

表3-4 礼貌策略与语体选择一览表

	S① 例：（反驳）	S② 例：（表扬）	S③ 例：（请求）	S④ 例：（拒绝）
简体表述	違うよ。 A	日本語、上手になったね。 B	その辞書、ちょっと貸してもらえる？ C	その日はちょっと用があって… D
敬体表述	違いますよ。 E	日本語、上手になりましたね。 F	その辞書、ちょっと貸してもらえますか。 G	その日はちょっと用がありまして… H

（注：因为策略⑤不实施面子威胁行为，故本节不讨论）

3.2中我们曾指出，敬语习得中，学生存在的一个问题是无视语体选择，只使用单一的敬体。从礼貌策略的观点来看，学生不习惯使用简体表述的策略，也就是说，学生较少使用表3-5上半部分（A、B、C、D部分）。

学生存在的另一个问题是缺乏通过语言礼遇别人的意识，不考虑对方的感受，直来直去。从礼貌策略来看，学生不使用补救对方面子的策略，直言不讳。

也就是说不使用S②、S③、S④等，只使用S①。换言之，学生不会使用表3-5下半部分的F、G、H处各礼貌策略。

综上所述，我们可以看出中国学生多使用敬体表述的礼貌策略①（不使用补救策略，直言不讳）。换言之，学生只使用表3-5中E处（无阴影部分）的礼貌策略。

表3–5　中国学生的礼貌策略使用与语体选择一览表

	S①	S②	S③	S④
简体表述	例：（反驳） 違うよ。 A	例：（表扬） 日本語、上手になったね。 B	例：（请求） その辞書、ちょっと貸してもらえる？ C	例：（拒绝） その日はちょっと用があって… D
敬体表述	例：（反驳） 違いますよ。 E	例：（表扬） 日本語、上手になりましたね。 F	例：（请求） その辞書、ちょっと貸してもらえますか。 G	例：（拒绝） その日はちょっと用がありまして… H

3.4　针对日语母语者的DCT调查

为了搞清楚日语母语者交际中礼貌策略使用的实际情况，我们于2011年10月—2012年3月以随机选取的280名日本人（平均年龄32.9岁，$SD= 14.57$）为对象，进行了有关礼貌策略使用情况的语篇完成测试（Discourse-Completion Test）调查。该测试的信度系数是0.75。

测试包括请求、催促、反驳等日常生活中常见的51个场景，每个场景都以书面形式给出一小段对话，随后是空格，要求被试在空格处填入表示请求、催促、反驳等的话语。

调查结束后，选定3名有B&L理论背景知识的日语母语者充当"信度裁判员"，让3人判断被试填入空格处的话语分别属于何种礼貌策略。如3人意见不一，由3人讨论后形成统一意见。51个场景中使用的礼貌策略分类结果如下（表3-6）：

表3-6 51个场景中的礼貌策略使用情况

S①	S②	S③	S④	S⑤
13场景	7场景	22场景	3场景	6场景

在此基础上，我们又调查了以上各场景中的语体使用情况，得到以下结果（表3-7）：

表3-7 51个场景中的语体使用情况

	S①		S②		S③		S④		S⑤
13场景	简体13次（100%）	7场景	简体1次（14.3%）	22场景	简体4次（18.1%）	3场景	简体0次（0%）	6场景	无语体选择问题
	敬体0次（0%）		敬体6次（85.7%）		敬体18次（81.82%）		敬体3次（100%）		

从表3-7可以看出，日语母语者使用策略①时一般不选择敬体，在使用策略④时通常会避开简体。也就是说，日语母语者一般回避使用下表中（表3-8）D、E部分所示的策略。

表3-8 日语母语者回避使用的策略

	S①	S②	S③	S④
简体表述	例：（反驳）違うよ。 A	例：（表扬）日本語、上手になったね。 B	例：（请求）その辞書、ちょっと貸してもらえる？ C	例：（拒绝）その日はちょっと用があって… D
敬体表述	例：（反驳）違いますよ。 E	例：（表扬）日本語、上手になりましたね。 F	例：（请求）その辞書、ちょっと貸してもらえますか。 G	例：（拒绝）その日はちょっと用がありまして… H

3.5 从礼貌策略理论看学生问题点所在

我们将表3-8和表3-5进行对比就会发现，中国学生常用的礼貌策略（敬体表述的策略①）恰恰是日语母语者所回避的策略（表3-9中E部分）。

表3-9 中国学生习惯使用的礼貌策略

	S① 例：（反驳） 违うよ。	S② 例：（表扬） 日本語、上手になったね。	S③ 例：（请求） その辞書、ちょっと貸してもらえる？	S④ 例：（拒绝） その日はちょっと用があって…
简体表述	A	B	C	D
敬体表述	S① 例：（反驳） 違いますよ。 E	S② 例：（表扬） 日本語、上手になりましたね。 F	S③ 例：（请求） その辞書、ちょっと貸してもらえますか。 G	S④ 例：（拒绝） その日はちょっと用がありまして… H

综上，从礼貌策略角度我们发现日语专业学生敬语习得中存在以下问题：
（1）使用日语交际时，日语母语者一般使用5种礼貌策略而日语学习者却只使用一种特定的礼貌策略；（2）日语学习者常用的礼貌策略恰恰是日语母语者经常回避的策略（敬体表述的策略①）。

因此，前文3.2.1中的研究假设得到验证。即：使用日语进行交际时，中国学生所使用的礼貌策略与日语母语者所使用的礼貌策略完全不一致。

3.6 结论及探讨

我们认为，CL难以掌握日语敬语的根本原因既不是先行研究中所言的人际关系难以把握说，也不是语言形式难以习得说，而在于中国学生礼貌策略使用单一，他们所使用的敬体表述的策略①恰恰是日语母语者所回避的策略。

为什么会发生这种情况呢？Susan Gass & Larry Selinker（2011：248）的研究可以很好地回答这个问题。Susan Gass & Larry Selinker以英国游客和芬兰语母语者的英语对话、英语母语者和希伯来语母语者的英语对话为例说明粗鲁、无礼等本族语者所回避的语言策略往往会被语言学习者所使用，这是因为相较于语言形式，语用（交际策略）更难以习得。

不论是日语还是汉语，交际时都需要使用礼貌策略。中国学生在使用母语时，能无意识地使用礼貌策略，可是一旦使用日语，学生的注意力往往就集中在如何将语言形式转化为日语之上，不能自如地使用各种礼貌策略，这种情况下很容易发生交际失误和误解。因此，我们认为，应该对学生进行如下指导：

（1）使用礼貌策略理论解释日语语体。

迄今为止，教学中一般认为，敬体就是礼貌的说法，简体就是随意的说法。但是，因为"敬体"术语含有"礼貌的"等正面意思，"简体"术语中含有"简单随便"等负面意思，所以日语学习者容易把敬体理解为正面的语体，简体理解为负面的语体。因此，教学中进行敬语指导时，有必要从礼貌策略的视点重新诠释语体：

敬体是对交际对方"不希望被介入、不希望被打扰"需求的顾及；简体是对对方"希望被认可、希望受到欢迎"需求的顾及。敬体是说话人顾及与受话人距离的消极礼貌策略。简体是说话人顾及与受话人亲密性的积极礼貌策略。敬体和简体是不同的礼貌策略，只要语境使用恰当，都是得体表达方式。

（2）应该依据礼貌策略理论，从广义视点看日本人的言语行为。

日语教学中一般从初级下、中级上开始导入敬语，但过分重视由尊他语、自谦语、礼貌语构成的狭义敬语。其实，狭义敬语只是礼貌策略的一部分（大多都属于策略③），进行敬语指导时，需要将狭义敬语置于礼貌策略理论的框架中进行认识，对狭义敬语以外的语体选择、交际策略等也应从中级阶段开始逐步导入。

（3）实现由重视语言形式的"礼貌"向重视语言功能的"顾及"转变。

毋育新（1999：170）指出，迄今为止的敬语教学中，重视对词汇、词形变化等语法项目的指导，忽视对语言功能的指导（如礼貌策略的选择等）。其结果是学习者即便是能正确使用敬语词汇、正确进行词形变化等，也未必能正确使用得体的礼貌策略。因此，日语教学应该从重视语言形式指导向重视语言功能指导转型。

（4）对比中日两种语言，把握其不同之处。

礼貌策略与文化紧密相关，中日文化存在差异，故礼貌策略使用上也存在差异。教学中有必要将这种差异告诉学生。例如：请求场景中，日本人多喜欢用策略③而中国人却喜欢使用策略②。赞誉场景中，日本人和中国人都多用策略②，但日本人赞扬时夸张程度更大。

3.7 结语

本节从理论上给出了中国学生难以习得敬语的原因，厘清了学界多年来关于语言形式习得说与人际关系把握说的争论，指出礼貌策略的误用是其根本原因，

并提出了相应的教学指导方略。今后应在进一步分析礼貌和文化间关系的基础上通过实践进一步验证教学方略的可行性。

主要参考文献

[1] Brown, P. & Levinson, S. *Politeness: Some Universals in Language Usage*. Cambridge: Cambridge University Press, 1987.

[2] Geoffrey N. Leech. *Principles of Pragmatics*. New York: Longman, 1983.

[3] Miyaoka, Yayoi. & Tamaoka, Katsuo. "Use of Japanese honorific expressions by native Chinese speakers". *Psychologia*, 2001, 44(3): 209-222.

[4] Miyaoka, Yayoi., Tamaoka, Katsuo. & Wu, Yuxin. "Acquisition of Japanese honorific expressions by native Chinese speakers with low, middle and high Japanese abilities. Hiroshima University of Economics". *Journal of Humanities, Social and Natural Sciences*, 2003(2): 1-16.

[5] Usami Mayumi. *Discourse Politeness in Japanese Conversation*. Tokyo: HituziSyobo Press, 2002.

[6] 有馬哲、石村貞夫．『多変量解析のはなし』，東京：東京書籍，1999.

[7] 井出祥子．「国際社会の中の敬意表現」．『日本語学』，2001（4）：4—13.

[8] 宇佐美まゆみ．「談話レベルから見た"politeness"："politeness theory"の普遍理論確立のために」．『ことば』，1993（14）：20—29.

[9] 宇佐美まゆみ．「ポライトネス理論から見た＜敬意表現＞―どこが根本的に異なるか」．『月刊言語』，2001（12）：18—25.

[10] 宇佐美まゆみ．「ポライトネス理論の展開1～12」．『月刊言語』第31巻第1号～5号7号～13号，2002.

[11] 大石初太郎．『現代敬語研究』，東京：筑摩書房，1983.

[12] 荻野綱男、金東俊、梅田博之、羅聖淑、盧顕松．「日本語と韓国語の聞き手に対する敬語用法の比較対照」．『朝鮮学報』，1990（136）：1—51.

[13] 蒲谷宏、川口義一、坂本恵．『敬語表現』，東京：大修館書店，1998.

[14] 菊地康人．『敬語』，東京：講談社学術文庫，1997.

[15] 国語審議会．『現代社会における敬意表現』，東京：文化庁，2000.

[16] 小河原義朗．「外国人日本語学習者の日本語発音不安尺度作成試み：タイ人学生の場合」．『世界の日本語教育』，2001（11）：39—53.

[17] 佐治圭三．『外国人が間違えやすい日本語の表現の研究』，東京：ひつじ書房，1992.

[18] 阪本俊生．「現代の社会関係と敬語の可能性―ブラウンとレビンソンのポライトネス論を手がかりに」．『月刊言語』，2001（12）：34—41.

[19] 陣内正敬．「談話における敬意表現の社会的多様性―「道教え談話」に見られる年齢差・地域差」．国立国語研究所．『談話のポライトネス』，東京：凡人社，2001：123—129．

[20] 謝韞．『依頼行為の日中対照研究』，東京：東京外国大学大学院修士論文，2000．

[21] 菅民郎．『多変量統計分析』，東京：現代数学社，1999．

[22] 杉戸清樹．「待遇表現行動の枠組み」．国立国語研究所．『談話のポライトネス』，東京：凡人社，2001：99—109．

[23] 田中茂範、水野邦太郎．「英語コミュニケーション能力を養成する言語リソースの研究」．『認知言語学的観点を生かした日本語教授法・教材開発研究～1年次報告書～』，東京：お茶の水大学，2006：6—13．

[24] 滝浦真人．「＜敬意＞の綻び―敬語論とポライトネスと「敬意表現」」．『月刊言語』，2001（12）：26—33．

[25] 張拓秀．「依頼表現の日中対照研究」．早稲田大学日本語教育センター．『講座日本語教育』第28分冊，1993：157—177．

[26] 辻村敏樹．「待遇表現（特に敬語）と日本語教育」．『日本語教育』，1989（69）：1—10．

[27] 辻村敏樹．『敬語論考』，東京：明治書院，1992．

[28] 橋元良明．「配慮と効率―ポライトネス理論とグライスの接点」．『月刊言語』，2001（12）：44—51．

[29] 平林周祐、浜由美子．『外国人のための日本語例文シリーズ10・敬語』，東京：荒竹出版，1988．

[30] 毋育新．「待遇表現の習得における中国人学習者の問題点と教科書が与える影響．日本語教育学会．『平成11年度日本語教育学会秋季大会予稿集』，1999：165—170．

[31] 毋育新．「待遇表現の習得における中国人学習者の問題点と教科書が与える影響およびその改善策」．『麗澤大学大学院言語教育研究科年報』，2000（2）：33—44．

[32] 南不二男．『敬語』，東京：岩波書店，1987．

[33] 宮岡弥生、玉岡賀津雄、浮田三郎．「外国人が用いた待遇表現に対する中国地方在住の日本人の評価」．『日本語教育』，1999（12）：40—48．

[34] 宮岡弥生、玉岡賀津雄．「待遇表現の適切性判断における地域差、世代差および男女差の影響」．『読書科学』，2000（2）：172，63—72．

[35] 宮岡弥生、玉岡賀津雄、毋育新．「中国語を母語とする日本語学習者の文法知識が敬語習得に及ぼす影響」．『広島経済大学研究論集』，2004（2）：35—46．

[36] ロッド・エリス（著），牧野高吉（訳）．『第二言語習得の基礎』，東京：ニューカレントインターナショナル，1988．

[37] ロッド・エリス（著），金子朝子（訳）．『第二言語習得序説―学習者言語の研究

——』，東京：研究社，1996.

[38] Susan Gass［美］，Larry Selinker［英］（著），赵杨（译）.《第二语言习得（第3版）》，北京：北京大学出版社，2011.

[39] 大石初太郎、林四郎编著，沈宇澄、陈晓芬、应祥星注释.《日语敬语的使用方法》，上海：上海译文出版社，1986.

[40] 董将星.《实用敬语指导》，长春：吉林教育出版社，1987.

[41] 贾平凹.《废都》，北京：北京出版社，1993.

[42] 刘金才.《敬语》，北京：外语教学与研究出版社，1998.

[43] 刘金才.《现代日语敬语用法》，北京：北京大学出版社，1992.

[44] 卢万才.《现代日语敬语》，哈尔滨：黑龙江大学出版社，2010.

[45] 毋育新.《现代日语礼貌现象研究》，杭州：浙江工商大学出版社，2014.

[46] 毋育新.《日语敬语的有标记性与无标记性研究——以语体转换问对象》.《东北亚外语研究》2013年第1期：32—37.

[47] 毋育新、玉冈贺津雄、宫冈弥生.《基于通径分析的日语敬语习得影响因素研究》.《外语教学》2011年第4期：36—40.

[48] 毋育新、郅永玮.《基于话语礼貌理论的日语请求行为研究》.《外语教学》2010年第4期：39—42.

[49] 张国生.《日语敬语指南》，北京：北京出版社，1988.

[50] 赵庆尧.《日语敬语辨析》，北京：北京农业大学出版社，1993.

[51] 佐藤利行、李均洋、高永茂.《日语敬语新说》，北京：外语教学与研究出版社，2009.

第四章　礼貌策略理论及话语礼貌理论

首先，我们需要对术语进行界定。虽然汉语中也有"礼貌""策略"，但没有"礼貌策略"这样的术语。礼貌策略是语用学中的概念，源于西方社会，《朗曼现代英语词典》（第三版）将其释义为：

> 根据你所处的社会场景，在顾及对方需求及感情的基础上所采取的得体行为或者表达方式。①

毋育新（2008：31）认为，礼貌策略有三层意思。即：
（1）对他人的顾及；
（2）注重对方的感受；
（3）对社会习惯的遵守。

礼貌策略研究起源于格赖斯（Grice H. P. 1975）1967年在哈佛大学的演讲，经过莱可夫（Lakoff R. 1973）和戈夫曼（Goffman E. 1967）的探索性研究，出现了以利奇（Geoffrey N. Leech 1983）的礼貌原则（Politeness Principle）、布朗和莱文森（Brown, P. & Levinson, S. 1978、1987）的礼貌策略理论（Universal Theory of Politeness）为代表的集大成者。尤其是B&L的礼貌策论理论及宇佐美的话语礼貌理论（DP理论），有力地推动了近四十年来各国语言的礼貌现象研究，在上述研究中影响最大，故本章主要介绍上述两理论。

第1节　B&L的礼貌策略理论

1.1　B&L的礼貌策略理论概况

B&L的礼貌策略理论是20世纪礼貌现象研究的代表性理论之一。该理论初稿

---

① 英文原文为："Polite behaving or speaking in a way that is correct for the social situation you are in, and careful to consider other people's needs and feelings."

第四章　礼貌策略理论及话语礼貌理论

发表于1978年，修订后的单行本发表于1987年。礼貌策略理论对礼貌现象研究领域的几乎所有理论性、分析性的研究都产生过影响。

可能大多数读者都不知道，其实，B&L并非语言学家，而是人类学者。礼貌策略理论也是二人在进行人类学田野调查时"偶然"发现的。

B&L的理论肇始于语用学中的"面子"概念。他们认同面子的重要性，认为交际中之所以经常违反格赖斯的"合作原则"①，是出于对面子的顾及。B&L在戈夫曼的面子行为理论②基础上，考察了英语、泽尔塔尔语（墨西哥的少数民族语言）、泰米尔语（印度的少数民族语言）等多种语言后总结出了各语言中共同存在的礼貌策略。

B&L研究礼貌策略的契机之一仍然是格赖斯的合作原则。B&L认为谈话时违反该原则的"强有力的，具有渗透力的动机之一"（B&L 1987：95）是因为要顾及对方的面子。

在B&L理论构建过程中，法国社会学者爱弥尔·涂尔干的学说功不可没。爱弥尔·涂尔干（1999）认为，对神圣物的态度可以用礼仪（rites）来表示。礼仪分为两种，一种是为了使圣洁性不受玷污而将其与俗物隔离开的"消极礼仪"，另外一种是以保持圣洁性为前提，在一定的特殊条件下可以接近其的"积极礼仪"。B&L从这里得到启示，将戈夫曼主张的面子分为积极面子（positive face）和消极面子（negative face）两种，定义如下（B&L 1987：62）：

> positive face: the want of every member that his wants be desirable to at least some others. （积极面子：所有的人都具有的，自己的欲求至少对其他一些人来说也是同样受欢迎的欲求。）

> negative face: the want of every "competent adult member" that his actions be unimpeded by others. （消极面子：作为一个独立的社会成员所具有的，不希望被他人所打扰的欲求。）

---

① 格赖斯认为，在语言交际中，会话双方都有相互合作、求得交际成功的愿望，并为促成积极的语言交际而做出努力。格赖斯又用称之为"谈话准则（maxims of conversation）"的4项准则来细分其理论。具体如下：①量的准则（maxim of quantity）：传达必要的信息，不说多余的话；②质的准则（maxim of quality）：不说错误或者是没有根据的话；③关联准则（maxim of relation）：不说跟话题无关的话；④方式准则（maxim of manner）：要明确、简洁、有序地说，不要模糊不清。

② The theory of face-work。该理论认为面子是"自我主张的、正的社会价值"，人们在进行交际时，要通过讲求礼仪（ritual）来保全自己和其他会话参加者的面子。

B&L认为人类的交际行为是一种伴随着威胁上述两种面子的行为，称之为FTA（Face-threatening Acts，面子威胁行为）。这种威胁面子大小的程度（Wx，面子威胁度）取决于以下三个因素（1987：76）：

$Wx=D(S, H)+P(H, S)+Rx$

Wx：面子威胁度，是行为（x）威胁对方面子大小的程度。

$D(S, H)$：说话者（Speaker）和受话者（Hearer）之间的"社会性距离（Social Distance）"。

$P(H, S)$：受话者（Hearer）相对于说话者（Speaker）所拥有的"相对权势（Power）"。

Rx：特定的文化中，某行为（x）"给予对方的心理负担程度"的绝对意义上的顺序（absolute ranking of imposition）。

也就是说，面子威胁行为FTA的大小（面子威胁度）等于"社会性距离""相对权势"、行为x的"给予对方的心理负担程度"三者之和。

为了顺利地进行交际，必须纠正面子威胁行为。为了达到这一目的，他们认为，按照FTA程度，由小到大，人们一般使用以下5种礼貌策略（参见图4-1）：

策略①：不使用补救策略，直来直去；
策略②：使用积极礼貌策略（顾及对方的积极面子）；
策略③：使用消极礼貌策略（顾及对方的消极面子）；
策略④：非公开实施面子威胁行为（使用暗示等间接表达方式）；
策略⑤：不实施面子威胁行为。

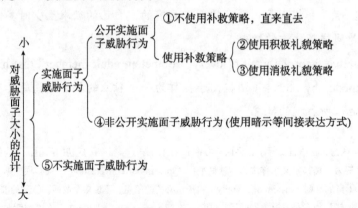

图4-1 礼貌策略选择状况示意图[①]

---

① Brown, P. & Levinson, S.（1987：60），笔者据英文译出，略有变更。

其中策略①经常用于不存在面子威胁或某些紧急状况之下。策略②的积极礼貌策略则用于威胁面子相对较小的情况下，通过满足说话者积极面子的方式来达到和对方圆满沟通的目的。策略③的消极礼貌策略用于威胁面子相对较大的情况下，通过满足对方消极面子的方式来达到和对方圆满沟通的目的。策略④也是属于纠正程度较强的策略，说话者通过暗示等方式来避免威胁对方的面子。策略⑤是补救程度最强的策略，为了不威胁对方的面子，说话者放弃交谈。另外，B&L还具体给出了策略②的15个子策略，策略③的10个子策略及策略④的15个子策略，这也是该理论的一大特点。

1.2 5种超级礼貌策略及其子策略

1.2.1 超级礼貌策略①：bald on record（直来直去）

B&L（1987：94—95）把不使用补救策略，直来直去的说法称为"bald on record"，将其作为第一种超级礼貌策略。这种策略实际上是严格遵循格赖斯合作原则的体现。我们知道，合作原则重视会话效率，礼貌是违反合作原则而产生的。所以策略①中体现不出说话者的顾及意识，一般多使用于想高效进行交际的场景。B&L（1987：95—96）将其分为"不顾及FTA的场合"和"顾及FTA的场合"两类。

1. 不顾及FTA的场合。

a）最大效率传递信息。发生紧急状况时，传递信息成为首要任务，此时，就要使用无须补偿FTA。例：

　　（1）地震了！

　　（2）Help！（试和非紧急情况下的说法"Please help me, if you would be so kind"相比较。）

b）没有必要顾及面子。因说话者与受话者间权势相差较大，说话者不担心受话者的报复或不合作。例：

　　（3）（嘲笑小孩时）Cry. Get angry.（使劲儿哭，使劲儿闹。）

c）行使给受话者带来利益的FTA。例：

（4）Your wig is askew, let me fix for you.（你假发没戴好，我帮你整理好。）

2. 顾及FTA的场合。在欢迎、分别、建议等场景中，说话者察觉到受话者有可能会踏足自己领域时，主动表明不介意，以便受话者能踏足其领域。

（5）（建议场景）Come in, don't hesitate, I'm not busy.（进来吧，别犹豫，我不忙。）

1.2.2　超级礼貌策略②：积极礼貌策略

积极礼貌策略是对受话者积极面子的顾及行为，B&L解释其核心内容是：

...the appreciation of alter's wants in general or to the expression of similarity between ego's and alter's wants（B&L 1987：101）.

（认可对方的一般欲求，或者是表明自己和对方欲求的相似点）

也就是说，积极礼貌策略的关键是尊重对方的人格，通过对知识和欲求的共有来确认"我们是朋友"这一意识。如省略姓氏称呼对方就是强调"朋友意识"，属于积极礼貌策略。同样，开玩笑、称赞等也是积极礼貌策略。日常生活中，这些策略常见于家人、朋友间的会话。当然，与家人、朋友以外的人群交际时也经常使用积极礼貌策略，而且人们经常使用一些"不诚实的要素"（B&L 1987：101—102）来强调对对方的赞扬、和对方有共同兴趣等。无疑，这么做是期望向对方传递对其积极面子的尊重。

积极礼貌策略是B&L理论中较为难以理解的部分，原因是该策略中包含的诸多子策略与日常生活中汉语所说的"礼貌"抑或是日语所说的「丁寧さ」不尽相同，有的甚至相去甚远。为此，我们有必要回顾一下原典中的记述。B&L的积极礼貌策略可以概括如下（B&L 1987：101—103）：

（1）积极礼貌策略是顾及受话者的积极面子，减轻FTA。说话者通过向受话者传递"你所想的和我所想的是一致的"之信息，满足受话者"想被理解、被

赞扬"的积极面子。这是该策略成立的基础。

（2）积极礼貌策略的表达方式同与关系亲密者（intimates）说话时所使用的表达方式相类似。二者的区别在于积极礼貌策略通过"夸张性"使用强调亲密感的表达方式，达到满足对方积极面子的目的。

（3）积极礼貌策略不仅有减轻FTA的功能，从总体上来说，它还是一种"社会润滑油（social accelerator）"。说话者通过使用积极礼貌策略可以达到向对方传递想拉近双方距离的目的。

从上述3点可以看出，积极礼貌策略的核心内容是：关心、理解对方的个性，以双方拥有共同的需求和背景知识为前提，强化和对方的亲密关系。

B&L给出了积极礼貌策略的15种子策略。这15种子策略可以分为以下三类（B&L 1987：102）：

（1）强调说话者和受话者处于同一立场（分别为下文的①—⑧）。

（2）表达出说话者和受话者是合作者（分别为下文的⑨—⑭）。

（3）满足受话者的欲求（下文的⑮）。

B&L给出的积极礼貌策略的15个子策略，可用图示如图4-2：

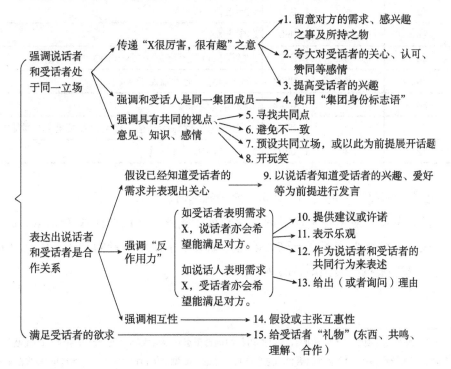

图4-2 积极礼貌策略子策略一览图

15种子策略具体内容如下:

①留意对方的需求、感兴趣之事及所持之物。

该子策略的关键词是"注意"(notice,「気づき」),其包含两个侧面:(i)当受话者的需求、外观、所有物等发生变化时要注意到这些;(ii)如对方有失态行为等也要注意到,要通过开玩笑等给对方台阶下。如对方理发后称赞对方发型好看、感冒流鼻涕时递纸巾给对方就属于该种子策略。我们看一组自然语料[①]的例子:

(6)(初次见面的两人。当相互知道对方是大四学生后,谈到了就职问题,就属于「気づき」。)

ライン番号	発話文終了	話者	発話内容
23	/	UF04	/少し間/え、4年生、ということは,,
24	*	UF03	はい。
25	*	UF04	就職なさるんですか?。
26	/	UF03	えーと,,
27	*	UF04	進学とか。
28	*	UF03	大学院に行こうと思って<一いいます>{<}。
29	*	UF04	<あー>{>}、そうなんですね。
30	*	UF03	どうなさる…=。
31	*	UF04	=いや、もう就職活動を、終えたって感じですね。
32	*	UF03	あ、<じゃあ>{<}【【。

②夸大对受话者的关心、认可、赞同等感情。

提高声音、使用夸张性语调、重音等。此外,使用韵律法(prosodic)、修饰成分进行夸张等都属于该子策略。如英语中使用重音的例子(B&L 1987:104)。我们看两组自然语料的例子:

---

① 如无特殊说明,本章中的日语自然语料均选自东京外国语大学宇佐美研究室发行的《基于BTS的多语言口语语料库》,汉语自然语料均选自作者自建的《小型汉语口语语料库》。语料转写规范请参照附录5。

（7）（当UF03知道UF04已经找到工作后，赞扬UF04（第41行）。）

ライン番号	発話文終了	話者	発話内容
35	*	UF04	<でも>{>}結局、そう4月に、一番はじめに内定もらった会社に、行くことにしたっていう…。
36	*	UF04	もうあたしバカだなーって>{<}。
37	*	UF03	<え>{>}、何でですか<笑いながら>。
38	/	UF04	2ヶ月以上も，，
39	*	UF03	ああ、<そういう意味>{<}<笑いながら>。
40	*	UF04	<無駄に就職>{>}活動してしまったなー、と思って。
41	*	UF03	でも、<u>4月の終わりに内定って、すっごい、それは優秀なんじゃないんですか?</u>=。
42	*	UF03	=なんか、みんな、（あー）今でももらえないってく友達がけっこう…>{<}。

（8）（下段语料中，UF05用一连串的「すごい」「うまい」等来表达自己的赞扬之情。）

ライン番号	発話文終了	話者	発話内容
182	*	UF05	<彼は>{>}、すごい、<u>すごい勤勉家だから</u>。
183	*	UF06	そう、すごいの。
184	/	UF05	<u>中国語もすごいし</u>，，
185	*	UF06	うん。
186	/	UF05	<u>発音もうまいし</u>，，
187	*	UF06	うん。
188	*	UF05	かなり尊敬してる…。

③提高受话者的兴趣。

该子策略的关键在于如何提高受话者对话题的兴趣，说话者通过趣味横生或者是夸张性的表达方式来表明说话者和受话者属于同一立场。B&L给出了三种方法（1987：106—107）：a）生动现在时（vivid present）；b）直接引语（directly

quoted speech); c) 附加疑问 (tag question)。

a) 生动现在时(用现在时描述过去发生的事情)。下文中画线部分本应该用过去式却有意使用现在时。

（9）Yesterday night I went to that shop. I <u>buy</u> some things from him. He's all right, <u>isn't</u> he? He <u>speaks</u> nicely. Today I heard that he's dead and gone and I was very surprised.

b) 直接引语。如不说"老师让我们一定要多背单词"，而说：

（10）"一定要多背单词啊。"老师这么说。

c) 附加疑问。如：

（11）明天不上课，不是吗？

我们再看一组自然语料的例子：

（12）语料第79行中的「じゃん」就属于附加疑问。

ライン番号	発話文終了	話者	発話内容
72	/	IF02	ほんとにだって、自分が何やりたいかなんて決まってるほうがすごいうらやましいし，
73	*	IF01	あー。
74	*	IF02	珍しいことだと思うけどな。
75	*	IF01	うん。
76	*	IF02	しかも不況だよ、今。
77	*	IF01	だよね。
78	*	IF02	そんなさ、やりたいことだけやれる時代じゃないんだよ、今。
79	*	IF02	だからみんな、色々受けてんじゃん。
80	*	IF01	ほんとだよ。

第四章 礼貌策略理论及话语礼貌理论

④使用"集团身份标志语"①。

通过使用朋友间才使用的称呼、方言、俚语、省略语等以表明说话者和受话者具有同一集团身份标志，向对方传递自己是同一集团成员的信息，实际上等于表明和对方拥有同一背景。B&L（1987：107—112）给出了4种方法：

a）使用称呼语。在有"T/V形式"的语言中，使用非敬称的T形式称呼别人，表示亲近。对于亲近的人略去姓而直呼其名或者是使用"Mac，mate，buddy，pal，honey，dear，Mom，brother，sister，sweetheart，guys，fellas"等称呼。如：

（13）（看见占好的座位被陌生人占了后说）
　　　　Here mate, I was keeping that seat for a friend of mine...
　　　　（老弟，这个座位是我给朋友占的……）

b）使用集团内语言或者是方言。在讲复数语言的集团中，从一种语言或方言转变为别的语言或方言的"语码转换"（code-switching）、"双言"（diglossia）②即属于此。

（14）（如两学生初次见面，当知道他们都是东京外国语大学的学生后，使用了"集团内语言"。就是第22行中的「イタ語」和第23行中的「スペ語」，分别指「イタリア語学科」和「スペイン語学科」。）

ライン番号	発話文終了	話者	発話内容
12	*	UF22	あっ、じゃ学部4年?。
13	*	UF21	3年生<です>{<}。
14	*	UF22	<あっ>{>}、3年生。

---

① 是英文"in-group identity markers"的译文，指使用具有同一集团身份的标志称呼语、方言等。（B&L 1987：107）

② 指并存于同一语言社区、用途各不相同的语言变体，通常其中一种被视为高层次变体，具有文言文的特征，另一种则为口语体的低层次变体。高层次变体用于正式场合和书面语，低层次变体用于口头交谈。高层次变体多用于政府机关、大众媒体、教育部门、宗教团体等。低层次变体常见于家庭成员或朋友之间的交谈，也被高身份者用以对低身份者发布指示等。

(续)

ライン番号	発話文終了	話者	発話内容
15	*	UF21	はい。
16	*	UF21	あ、そっかそっか。
17	*	UF22	うーん、ねえ…。［つぶやくように］
18	*	UF21	えっ、ここの学生のひ、方です、か?=。
19		UF22	=あ、はい。
20	*	UF22	はい、私学部4年生です。
21	*	UF21	あっ、えっ、何科ですか?。
22	*	UF22	イタ科です。
23	*	UF21	あっ、私スペ科なん<ですよ>{<}。
24	*	UF22	<あ>{>}、近い<2人で笑い>。
25	*	UF22	近いかも。
26	*	UF22	ええ、そうなんだ=。

c) 使用俚语（slang）或隐语（jargon）。

(15)（买烟时）有没有"中华"？

d) 使用缩略语。如：

(16)（网络语）OIC=Oh, I see.

⑤寻找共同点。

意即说话者寻找与受话者间的共同之处。B&L（1987：112）给出了以下两种方法：

a) 为了让说话者和受话者处于相同的立场，选择双方均能接受的安全话题，避免两者的对立。如谈论天气、抱怨官员头脑僵化等。

b) 说话者重复受话者话语的一部分也是双方处于相同立场的标志。如会话时积极使用填充词（如"嗯、啊"等）、对方说"John went to London this weekend"时，重复"To London"等，用此方法来表明自己和对方感情上的一致。

(17)（UF04不知道UF03研究的作家的名字，猜了一句「水俣病」，UF03马上说该作家住在水俣市，就属于寻找共同点。）

ライン番号	発話文終了	話者	発話内容
94	/	UF03	あの、えーと、今、哲学とか、現代思想のゼミにいるんですけど，，
95	*	UF04	はい。
96	*	UF03	日本の、戦後の思想で、えーと、卒論に、「文筆家名」ってご存じですか?。
97	*	UF04	あ、すいません。
98	*	UF04	知らないです<笑いながら>。
99	*	UF03	あ、全然、そんな、超有名な人じゃないんですよ=。<笑いながら>
100	*	UF04	<はい>{<}。
101	/	UF03	=<なんか>{>}、えと、水俣病の，，
102	*	UF04	はい。
103	/	UF03	えと、彼女水俣に住んでいる人で，，
104	*	UF04	<ええ>{<}。
105	/	UF03	<水俣>{>}病の、何て言うんですかね、患者さんたちを、うーんと、モデルにはしてると思うんですけど、ただ、聞き書きという形ではなくて小説、私小説という形で書いている人で，，
106	*	UF04	はい。
107	/	UF03	その人の作品を中心に、何て言うんですかね、あの、思想的に<笑い>、とかそんな（<笑い>）難しいことはできないんですけど，，
108	*	UF04	はい。

⑥避免不一致。

不明确反对对方的意见，而是疑似同意般地说话。如对"That's where you live, Florida"的话语并不指出其错误，而是使用"That's where I was born"等半同意的方式。其他还包含社交场合无关紧要的谎言、模糊限制语（hedge）等。

B&L（1987：114—117）指出有下列4种方法：a）形式上同意（token agreement）；b）疑似同意（pseudo-agreement）；c）善意的谎言（white lies）；d）意见的模糊化（hedging opinions）。

a）形式上同意。做出同意的假象。如：

（18）A：Can you hear me?
　　　B：Barely.

b）疑似同意。表面上同意。英语中常使用表示结论的"then"等。比如，实际上没有约定却好像已经约定好了一样说：

（19）I'll meet you in front of the theater just before 8'o, then.

c）善意的谎言。说话者必须表达某种意见时，为了不侵害受话者的积极面子而选择撒谎。如B&L（1987：166）指出泽尔塔尔语中有这样的例子：

（20）A：能不能借一下你的收音机？
　　　B：哦，不行。因为电池没电了。

上例中，说话者和受话者都知道电池没电并非实情，但重要的是这种拒绝方式不是粗鲁的拒绝，保住了受话者的面子。（B&L 1987：166）

d）意见的模糊化。在陈述意见时，使用极端性的副词会增加危险性。为了避免这样的情况，经常使自己的意见模糊化，以此来减轻提出建议、批评、意见等时的FTA。如：

（21）（UF02请UF01教自己英语，UF01没有答应，劝对方去语言学校学习（第26行）。）

ライン番号	発話文終了	話者	発話内容
23	*	UF02	でも忙しいですよ<ねー>{<}。
24	*	UF01	<いえ>{>}いえ、あたしで良ければ<笑いながら>。
25	*	UF02	え、ほんとですか?。
26	*	UF01	<笑い>でも、学校とか、語学学校みたい、「語学学校名」みたいなとこに行ってみたほうがいいかもしれないですよ。
27	*	UF01	やっぱ、ネイティブに触れると違いますよ。
28	*	UF02	や、そんなじゃなくていいんです=。
29	*	UF01	<いえいえ>{<}<笑い>。

⑦假设和受话者具有同一背景（common ground），或以此为前提展开话题。

使用譬如在进行FTA之前聊一些和正题无关的闲话、站在受话者立场推进话题（如区分使用come/go）等方法，表明说话者和受话者处于同一立场。如牙医对患者说"Now，have we taken our medicine?"时使用"we"来询问就是典型的例子。

原典中，B&L（1987：117—124）给出了a）闲谈、聊天；b）视点的转移；c）前提的操作等3种方法：

a）闲谈、聊天。在进入正式话题之前，说话者通过与主题无关的闲谈、聊天等，表现出和受话者的友情以及对受话者的关心，以此来减轻FTA。

b）视点的转移。通过使说话者和受话者的视点靠近或者使其一致的方法来实现积极礼貌策略。主要有以下3种类型：

ⅰ）把视点从说话者切换到受话者。说话时仿佛受话者变成了说话者，或者是与说话者持有同等知识一样，以此来表现出说话者和受话者拥有同一背景。如：

（22）（对初次见面的人说）I had a really hard time learning to drive, didn't I？
（为了拿驾照我真的是花费了很多时间，不是吗？）

ⅱ）时间的切换。用"生动现在时"的手法，即使用现在时态来描绘过去发

生的事情（参照③a）。

ⅲ）场所的切换。例如在既能使用远指代词也能使用近指代词的场景中，用近指代词"here""this"代替远指代词"there""that"。与"受话者的范围"相比，用"说话者的范围"来表示出共感度。或者是使用移动性动词（如"come""go"等）时，使用视点在受话者位置上的词汇。如母亲喊孩子吃饭，孩子回答时，使用"I am coming"比"I am going"更加得体。

c）前提的操作。所谓的"前提"是预先假设（presuppose）的意思。说话者假设其与受话者都如此认为，说话者通过巧妙地操作前提来达到减轻对受话者积极面子侵害的目的。

ⅰ）对受话者欲求、态度的前提知识。这是指在预测会得到肯定回答时的疑问句中，说话者提及受话者的欲求、性格、喜好等。例如：

（23）（劝诱场景）不来点儿饮料吗？
（24）（初次见面杂谈场景。当UF02谈到《三国演义》时说了句"男生不都喜欢吗？"（第469行）就属于该策略。）

ライン番号	発話文終了	話者	発話内容
464	*	UF02	<でも>{>}あたし、中国文学は、どうしても好きになれないん<だけど>{<}。
465	*	UF01	<うーん>{>}、読んだことないです。
466	*	UF02	あ、もう授業<笑い>。[チャイムが鳴る]
467	*	UF02	『三国志』とか（あー）、好きな…。
468	*	UF01	うーん。
469	*	UF02	男の子好きじゃ<ないですか>{<}。
470	*	UF01	<うんうんうん>{>}。
471	/	UF02	うちの兄弟とか、みんな『三国志』とか,,
472	*	UF01	うーん。
473	*	UF02	読んで。
474	*	UF01	<笑い>。

ⅱ）以受话者与说话者具有共同的价值观为前提。在"善—恶""美—

丑""有趣—无聊"等这些标准比较相对化的尺度判断中,说话者表明和受话者有相同的标准。例如,以"脸庞越小越美"的价值观为前提,说话者对受话者说"你脸真瘦啊",就属于积极礼貌策略。

ⅲ)以说话者和受话者关系亲密为前提。对不太熟悉的人使用诸如"Mac,mate,buddy"等亲密的称呼方式,以此来减轻FTA。(参照策略④中例子)

ⅳ)以受话者的知识为前提,假设受话者使用"集团内语码(in-group codes)"(语言、方言、集团语、地方话)。如在中国,最近年轻人中间流行的"亲"就属于此类。如:

（25）（篮球赛海报）亲,求围观。

⑧开玩笑。

通过开玩笑表示说话者和受话者持有可以互相理解的价值观。因为玩笑能活跃气氛,所以开玩笑是基本的积极礼貌策略手段,能最大限度地抑制请求别人做某事时产生的FTA(B&L 1987:124)。如,说话者想借受话者的新车时,故意说成例(26),以此来缓解借车所产生的FTA。

（26）How about lending me this old heap of junk?
　　　（能不能借我一下你那头破驴?）
（27）（初次见面的两人的自我介绍场景。UF04自我介绍时说了句
　　　"对不起,太老了"(第15行)就属于开玩笑。)

ライン番号	発話文終了	話者	発話内容
1	＊	UF04	こんにちは。
2	＊	UF03	こんにちは<笑い>。
3	＊	UF04	<はじめまして>{<}=。
4	＊	UF03	<はじめまして>{>}<笑いながら>。
5	＊	UF04	=よろ<しくお願いします>{<}。
6	＊	UF03	<よろしくお願い>{>}します<笑いながら>。
7	＊	UF04	「大学名1」大生の方'かた'ですよね?。
8	＊	UF03	あ、はいそうです。

(续)

ライン番号	発話文終了	話者	発話内容
9	*	UF04	えーと＜笑い＞…。
10	*	UF03	えーと…＜笑い＞。
11	*	UF04	あ、じゃあ私から（は）、すいません、よろしいですか?。
12	*	UF03	あ、はい。
13	*	UF04	「学科名1」、4年の、「UF04フルネーム」と申します。
14	*	UF03	あ。
15	*	UF04	すいません、老けてて。
16	*	UF03	え、そんなことはないです＜笑いながら＞。
17	*	UF04	＜笑い＞年齢もそれなりにいってるんで、＜はい＞{＜}。[はき捨てるような言い方で]
18	*	UF03	＜いや＞{＞}いや＜笑いながら＞。
19	*	UF03	えと、「学科名2」4年の「UF03フルネーム」と申します。
20	*	UF04	はい。
21	*	UF03	よろしく＜お願いします＞{＜}。
22	*	UF04	＜お願いします＞{＞}。

⑨假设已经知道受话者的需求并表现出关心。

以说话者知道受话者的兴趣、爱好等为前提进行发言。说话者通过提供或者暗示受话者的欲求、喜悦（willingness）等，实现说话者的意图（B&L 1987：125），如例（28）。

（28）（CNF9知道CNF10搬家需要人帮忙，就说了句"那到时候有人帮你搬吗？"见第19行）

行数	语句终了	说话人	说话内容
15	*	CNF9	恩,唉,你这屋里把东西都整理好,你要搬家吗?
16	*	CNF10	对啊,我明天就搬走了。
17	*	CNF9	啊,你要换,住哪啊?
18	*	CNF10	去学校那边儿住,那边儿近不是,方便。
19	*	CNF9	哦,行行,那到时候有人帮你搬吗?
20	*	CNF10	没呢,就是没说,你明天有空?
21	*	CNF9	我明天有呢有呢。
22	*	CNF10	啊,那你要是有空的话,能不能帮我搬一下啊?
23	*	CNF9	行行行,哎呀,你都给我教电脑的这个了,这个一定没问题,明天有时间呢。
24	*	CNF10	嗯嗯,太感谢了,太感谢了!
25	*	CNF9	嗯,没事儿没事儿。
26	*	CNF10	嗯,行。

⑩提供建议或许诺。

为了缓和FTA的潜在威胁,说话者以自己知道受话者的欲求为前提,通过向对方提出建议、许诺等来表明自己的合作态度。这些是以满足受话者的积极面子为目的的,不一定要诚实。如即便是形式上的,说话者表明自己会帮忙,或是承诺"I'll drop by sometime next week(我会下周某个时候去)"等,以此来满足受话者的积极面子。

(29)(CNF04得知CNF03还没吃饭后主动提出"待会儿咱一块去吃饭吧"(第53行)。)

行数	语句终了	说话人	说话内容
52	*	CNF03	欸,你吃饭了没?
53	*	CNF04	我没吃!待会儿咱一块去吃饭吧,你看现在都8点多了,天又不好,天气预报说要大降温呢,我还害怕回去遇到下雪天呢。
54	*	CNF03	前两天不是看那个天气预报嘛,然后我们那边的温度最高都是16度啊,还是那边比较暖和一点。
55	*	CNF03	就是,前两天晴了,这两天天又这样了,哎,你看这个天气嘛。

⑪表示乐观。

此处的乐观表示说话者乐观，即：说话者认为，对于自己的欲求，受话者也是期待着的，会帮助自己实现。换言之，说话者认为受话者理所当然地会与自己合作。如请对方帮自己拿快递可以如例（30）一样表述，这样表达的前提是基于说话者和受话者是互相合作的关系而进行的。

（30）（请求场景。）

行数	语句终了	说话人	说话内容
95	*	CNF05	我明天下午回来得晚，可是我有个快递想让你帮我取一下。
96	*	CNF06	快递？嗯，这个事吗，我可能会去图书馆吧。
97	*	CNF05	那你要不早点回来吧，然后就顺便帮我把快递取一下吧。
98	*	CNF06	这事你让我好好想想。
99	*	CNF05	这你还想？你赶紧想好告诉我吧。
100	*	CNF06	行吧。
101	*	CNF05	你看嘛，你去图书馆然后早点去早点回来，回来正好顺手帮我取下多好呀。

⑫作为说话者和受话者的共同行为来表述。

使用包含说话者和受话者双方的表达方式，强调双方是合作者，以此来达到纠正FTA的目的，如英语中使用"we"来代替"you"或"me"。英语中的"Let's…"是一个典型的例子。如不说"I want to have a cookie"而说"Let's have a cookie"，以此表达出说话者和受话者是共同行为的合作者。例（31）中，当老师（JTM01）建议学生（JSF01）论文中首先要界定"现代"的范畴时，用了「そこを解決しなければならないですね」的说法，通过句中的「ね」表明仿佛该问题是老师和学生共同的问题一样。

（31）（论文指导场景。）

ライン番号	話者	発話内容
240	JTM01	だから、あのーそのいろいろと話は広がってしまうんですけど（うーん）、結局こうまとまらないっ（うん）ていうか（ええ）どういう方向に進んだらいいのかっていうのに（うん）迷ってしまって（うん）、<そうですね>{<}。
241	JTM01	<あのー>{>}えっとね、要するに通事論と共時論、バリエーションを考えるか考えないかというのがいうのが問題だと思うんですよ。
242	JTM01	で、あのーまっ現在って言った時に、戦後を現在、現代を戦後60年間っていうのは、それはそもそもおかしい。
243	JTM01	あのー自分の修士論文振り返ると、あのー絶対に10年、あのー5年のあの単位でも変動があるはずだから。
244	JTM01	で、そこを解決しなければならないですね、まず。
245	JSF01	じゃあ、今日、共時論ということで、という場合にはもっと（はい）狭い時間を、を、今っと言う事で（はい）やるっていうことですね。

⑬给出（或者询问）理由。

即给出行使FTA的理由，表示FTA也是受话者所期待的。说话者通过表述自己为什么会拥有某种欲求而将受话者纳入行为共同体中。说话者通过陈述自己认为可以得到受话者谅解的理由，以受话者或许亦赞同此理由为前提，取得受话者对说话者行使FTA的理解。例如，室内太寒冷，说话者请受话者关窗户时说"Please close the door. Wind is coming."就是该子策略的典型例子。此外，英语中有诸如"Why not lend me your cottage for the weekend!"的表达方式，看似询问理由实则为请求的惯用句，这也是一种积极礼貌策略。这是以说话者、受话者互为合作者为前提，推断出对方没有理由拒绝该请求而实施的言语行为。B&L（1987：128）给出的例子为"why not..."、"why don't we..."等。如：

（32）Why don't we go to the seashore.（为什么我们不去海边呢？）
（33）（论文指导场景。当老师（JTM01）要求学生（JSM02）做散

点图时,学生通过给出理由「それを作っても(はい)、その論文、そのまま論文にはならないですけど」婉拒了老师的提议。)

ライン番号	話者	発話内容
394	JTM01	ま、あの、作って、散布図は作ってみてください。
395	JSM02	はい。
396	JTM01	それで、それで(はい)、あのー、えーと、あの、ここの調査票の意図がちゃんと通じたかどうかが分かるはず。
397	JSM02	はい。
398	JSM02	その置き換え率と、(はい)認識率を組み合わせたこの散布図で<分かるはず…>{<}。
399	JTM01	<はいはいはい>{>}はいはい。
400	JSM02	読み取れるという###。
401	JTM01	理想的には,,
402	JSM02	はい。
403	JTM01	はい、そうなるはず。
404	JSM02	はい。
405	JSM02	でー、そのー、問題は、これー、それを作っても(はい)、その論文、そのまま論文にはならないですけど、ただ、あ、読み、きちんと読み取ればその結果を書いていけば何か見えてきたものがあって【。
406	JTM01	】】論文にならないってどういう意味?。

⑭假设或主张互惠性。

给出权利或义务为双方共有之物的证据,说明说话者和受话者之间有合作关系(B&L 1987:129)。也就是说,以说话者和受话者是合作者为前提进行FTA,通过表明双方具有互相合作的权力或习惯来缓和因借贷、批判、不满等产生的FTA。如例(34)中,JFR05许诺如果对方帮助自己做调查的话就请对方吃饭(第45行)。

第四章 礼貌策略理论及话语礼貌理论

（34）（请求场景。）

ライン番号	発話文終了	話者	発話内容
41	*	JFR05	あーあーあー（うん）、別にいいけど（うん）、で、今度なに飯食う時とかでいいの?、それ。
42	*	JFC05	あー、そう、別に時間は取らせない、全然。
43	*	JFR05	あっ、そうなんだ?。
44	*	JFC05	うん。
45	*	JFR05	別に、今度、またどうせ近いうちに、飯でも食うぜ。
46	*	JFC05	そうだね。
47	*	JFR05	いいよ、別に、その時、録音、録音すんでしょ。
48	*	JFC05	あ、はい、そうです。
49	*	JFR05	あ、いいよ、いいよ（うん）、それは。
50	*	JFC05	じゃ、お願いします。
51	*	JFR05	はーい=。

⑮给受话者"礼物"（东西、共鸣、理解、合作）。

B&L（1987：129）指出，这是典型的通过满足受话者的希望来缓和FTA的积极礼貌策略，所谓的给受话者以"礼物"，不仅仅指物质方面，还包括希望被喜欢、赞扬、牵挂、理解等精神方面。如例（35）中通过赞扬对方去韩国留学之事（第40行），满足了受话者的积极面子。

（35）（闲聊场景。）

ライン番号	発話文終了	話者	発話内容
36	*	UF08	1年、学部、入って、で、3年の夏から1年韓国にいたんでー。
37	*	UF07	あー、そうなんですかー。
38	*	UF07	それは、大学へ行ってらし…=。
39	*	UF08	=はい。
40	*	UF07	すばらしい<2人笑い>。

(续)

ライン番号	発話文終了	話者	発話内容
41	/	UF08	いやー、交換、ここの、交換留学で,,
42	*	UF07	えー。
43	*	UF08	行って、んでちょうど1年行って、帰ってきたんでー。
44	*	UF07	あー。
45	*	UF08	うーん。
46	*	UF07	あー、なるほど。

1.2.3 消极礼貌策略

消极礼貌策略是顾及受话者消极面子的策略，在原典中，B&L（1987：129）认为，消极礼貌策略是对受话者的消极面子，也就是对于受话者不希望妨害自己行动自由及干扰自己行为的需求给予的补偿行为。B&L（1987：129—130）的消极礼貌策略可以概括如下：

1）消极礼貌策略是表达敬意的核心，消极礼貌策略相当于爱弥尔·涂尔干所言的消极礼仪，也就是回避的礼仪。

2）消极礼貌策略能减轻FTA给对方带来的负担。消极礼貌策略常见于西欧文化，是西欧文化中减轻FTA时最管用的方法之一。

3）消极礼貌策略是拉开社会距离的最有效方法，想与受话者保持距离时使用该策略。

B&L还给出了消极礼貌策略的10种子策略。这10种子策略可以分为五类（B&L 1987：131）：

（一）直接表述（下文中的①）。

（二）不使用假定或断定的方法（下文中的②）。

（三）不强制受话者（下文中的③④⑤）。

（四）让受话者明白说话者没有侵害自己的意图（下文中的⑥⑦⑧⑨）。

（五）减轻由受话者的消极面子衍生的其他需求（下文中的⑩）。

B&L给出的消极礼貌策略的10个子策略如图4-3所示。

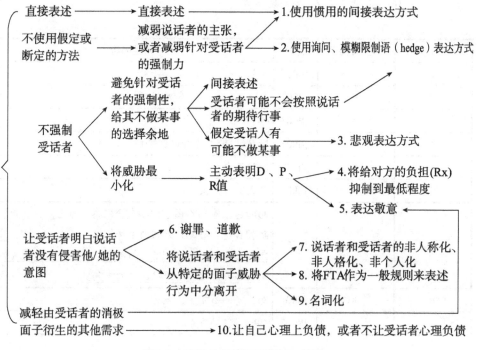

图4-3 消极礼貌策略子策略一览图

10种子策略的具体内容如下：

①使用惯用的间接表达方式。

惯用的间接表达方式（conventional indirectness）的一个典型例子是"Can you pass me the salt?"（你能给我递一下盐瓶吗？）。一般情况下，这并非询问对方是否具有"递盐瓶"的能力，而是表达"请给我递一下盐瓶"的意思，也就是表达请求行为。这种表达方式没有请求句或命令句那样的强制力，可以起到保全受话者消极面子的作用。所以说，惯用的间接表达方式是直接表达和间接表达相妥协的产物，其所指的并不是话语字面意思而是隐藏在字里行间的意思。B&L（1987：132—142）进一步指出，奥斯汀、塞尔所言的间接言语行为就是一种惯用化间接表达方式。如：例（36）中的第7行的「またなんか15分、「JFR07 あだ名」と（うん）喋んなくちゃいけないんだけど、大丈夫？」（必须和**（你）交谈15分钟，可以吗？），并非询问对方是否具有这种能力，而是一种请求行为。

(36)(请求别人帮忙做调查。)

ライン番号	発話文終了	話者	発話内容
1	*	JMR07	もしもし。
2	*	JMC07	あ、もしもし、今大丈夫？=。
3	*	JMC07	=話せるちょっと？。
4	*	JMR07	は？。[聞こえない様子]
5	*	JMC07	話せる今？。
6	*	JMR07	今大丈夫だよ。
7	*	JMC07	あのさ、俺ある留学生の友達にさ（うん）、また言語調査を（うん）頼まれちゃって（うん）、で、<u>またなんか15分</u>、「JFR07あだ名」と（うん）喋んなくちゃいけないんだけど、<u>大丈夫？</u>。
8	*	JMR07	あ、いいっすよ、全然。
9	*	JMC07	〈軽く笑い〉うん。

②使用询问、模糊限制语（hedge）表达方式。

B&L（1987：145）所言的"模糊限制语（hedge）"指的是修饰谓语部分或是名词句表示程度的小品词（particle）、单词、惯用句等。模糊限制语的作用有"加强"和"减弱"两种。后者更为常见，通过使用疑问或者模糊限制语（hedge）的方式，加强或减弱说话者的主张或者减弱针对受话者的强制力。如使用"I hate to have to say this, but..."来弱化陈述的（强势性）、使用附加疑问的方式"Take this out, will you?"来缓和针对受话者的命令语气等。我们看一下自然语料中的日语例句。例（37）中第66行的「一応」就是日语中典型的模糊限制语，类似的还有「ね」、「ちょっと」等。

(37)(初次见面场景。)

ライン番号	発話文終了	話者	発話内容
63	/	UF13	専攻は、中国語で,
64	*	UF14	はい。
65	*	UF13	何をやってらっしゃるんですか?。

（续）

ライン番号	発話文終了	話者	発話内容
66	/	UF14	一応、文法なんですけど，，
67	*	UF13	文法。
68	/	UF14	まだ、基礎から、もう一度っていう感じで<笑いながら>，
69	*	UF13	ふーん。

③悲观表达方式。

此策略的主要功能是减轻受话者的负担。通过表明受话者可能不会按照说话者的期待行事这一悲观性的预测，使受话者易于拒绝。如为了避免针对受话者的强制性，不使用直接命令，而是使用诸如"could you do sth"等假定法或者是如"I don't imagine there'd be any chance of you..."一样，直接表达出说话者的悲观态度。B&L（1987：163）指出经常使用以下3种方式：a）言及否定可能性的表达方式；b）使用假定；c）表明可能性低的语言。如：

（38）You couldn't possibly/by any chance lend me your lawnmower.（否定可能）

（你不可能把你的新割草机借给我吧。）

（39）Come that we might eat.（使用假定）

（如果可能的话来吃饭吧。）

（40）You don't have any manila envelopes, do you by any chance?（表明可能性低）

（你手头没有马尼拉纸信封吧？）

我们再看自然语料中的日语例子。例（41）中12行的「やってもらえないかな」就属于"否定可能"表达方式。类似的例子日语中还有「おねがいできませんでしょうか」等。

（41）（请求别人帮忙做调查。）

ライン番号	発話文終了	話者	発話内容
7	*	JMR04	こんにちは、こんにちは。
8	*	JMC04	あんと、今大丈夫?。
9	*	JMR04	大丈夫だよ。
10	*	JMC04	あのね（うん）、俺の留学生の友達がさ（うん）、今ね、言語調査に協力してくれる人をね、募集してるの。
11	*	JMR04	おおー、はい<はいはい>{<}。
12	*	JMC04	<でね、「JMR04名」君、>{>}もし時間あったら、やってもらえないかなっと思ってさ。
13	*	JMR04	あ、いいよ。
14	*	JMC04	あっ、大丈夫?。
15	*	JMR04	うん。

④将给予对方的负担（Rx）抑制到最低程度。

这是主动表明 Rx，即给予对方的心理负担不是很大，从而减轻FTA，间接达到向受话者表示敬意的目的。英语中经常使用诸如 just，a tiny bit of，a sip，a drop，a smidgen，a little，a bit 表示"一些、一点儿、少许"等意思的词汇。日语中常使用「ちょっと」、「少し」、「たぶん」等。如例（42）中第70行的「たぶん」就是将给予对方的心理负担抑制到了最小。

（42）（拒绝场景。）

ライン番号	発話文終了	話者	発話内容
61	/	JBI08	あのですね、（うん）国立国語研究所とかいうところで,,
62	*	JOK13	うん。
63	/	JBI08	やる言語調査に,,
64	*	JOK13	うん。

（续）

ライン番号	発話文終了	話者	発話内容
65	/	JBI08	あのー、参加する予定だったんですけど、（うんうん）こう協力者として??,,
66	*	JOK13	うんうん。
67	*	JBI08	ちょっと急に行けなくなっちゃって、代わりに（うん）行ける人探してるんですよ。
68	/	JOK13	あーーーー、あ、ちょっと待ってね、今、あ、あたしちょっと、明日ね、そうなんだよね、新宿に、で（はい）コンタクトを<買いに行かなきゃいけないから>{<},,
69	*	JBI08	<あーーー>{>}。
70	*	JOK13	たぶん難しいんだけど。
71	*	JBI08	あ、そうですか。
72	*	JOK13	ちょっと待ってて、聞いてみる。

⑤表达敬意。

B&L（1987：178—187）在原典中使用了近10页的篇幅，对该子策略做了详细阐述。B&L认为敬意（deference）表达有两种形式：一种是抬高受话者，即尊他（deferential）；一种是压低说话者，即自谦（humiliative），很多有敬语体系的语言都有实现这两种形式的方法。B&L认为以敬语形式显现出来的表敬现象是社会因素影响语言构造的最典型事例，敬语（honorifics）是话题参与者之间，或者是参与者和交际场景中作为话题登场的人、事物之间相对社会地位直接语法编码化的（产物）。

作为表达敬意的重要手段，B&L在原典中提到了包括日语、爪哇语、韩语等在内的很多语言中的敬语，并言及日语的敬意表达体系非常发达。此外，B&L还提及音声语、体态语等非言语行为也可以表达敬意。由于敬语是本书讨论重点，我们在此只看自然语料中的一个自谦语例子（例43，第9行）。

（43）（初次见面。）

ライン番号	発話文終了	話者	発話内容
7	*	UF14	あ、はじめましてー〈笑いながら〉。
8	*	UF13	はじめましてー〈笑いながら〉。
9	*	UF14	あ、（えー）お顔はおか、お見かけしたことあったんですけどー、あの、私〈笑い〉、中国語専攻の「UF14姓」です。
10	*	UF13	よろしく〈お願いします〉{<}。
11	*	UF14	<よろしくお願い>{>}します。

⑥谢罪、道歉。

主要是通过对侵害受话者消极面子之事致歉来达到减轻FTA程度的目的。B&L（1987：187—190）指出，该策略主要有"承认侵害行为""表明自己是不得已的""给出理由""请求原谅"等四种方式。如例（44）—（47）。例（48）为自然语料，第35行就是"请求原谅"的道歉方式。

（44）I'm sure you must be very busy, but...（承认侵害行为）
（45）I normally wouldn't ask you this, but...（表明不得已）
（46）I can think of nobody else who could...（给出理由）
（47）Excuse me, but...（请求原谅）
（48）（请求场景。）

ライン番号	発話文終了	話者	発話内容
35	*	JFC05	あと、ちょ、ちょっと、ちょっとすんません〈軽く笑う〉。
36	*	JFR05	〈笑い〉。
37	*	JFC05	なんかさ、あの「大学名」大で、言語調査をしてる人がいて（うん）、それに協力して、ほしいんだけど、/少し長めの間／〈大丈夫かな?〉{<}。[↓]
38	*	JFR05	<うーん>{>}、うん。
39	*	JFR05	何?、それ、どんなことしてるの?。
40	*	JFC05	あ、なんかね、と、友人との雑談を録音、したいんだって。

⑦说话者和受话者的非人称化、非人格化、非个人化。

这是一种表明说话者自身并非有意侵害受话者面子的子策略。经常使用非人称化、非个人化、代词的复数化等方式来表明说话者自己并非有意要进行面子威胁。为了实现这一目的，产生了很多回避代词"我"和"你"的方法。如：

a）非人称化。在施为句、命令句等中不出现具体代词"我"或者"你"。如：例（49）第8行中使用「誰か」就属于非人称化。

（49）（请求对方做语言调查。）

ライン番号	発話文終了	話者	発話内容
6	/	JMC10	あのさ、あの、今、その大学院にいて、あーのね、あの言語調査みたいなやつを、
7	*	JMR10	/少し間/おー。
8	*	JMC10	あの、なんか、誰かやっててさ、俺の友達がね。
9	/	JMC10	で、それで（うん）、それ,
10	*	JMC10	うん、それの協力者みたいな募ってんだよ。
11	*	JMR10	お、ほおほおほおほお。
12	*	JMC10	日本語の。
13	*	JMR10	〈ほおほおほお〉{<}。

b）非个人化。将代词"我"和"你"变为不定表达方式（indefinites）。如将例（50）中的"you"变为（51）中的"one"后，句子礼貌程度增加。

（50）You shouldn't do things like that.（你不能那样行事。）

（51）One shouldn't do things like that.（人不能那样行事。）

c）代词的复数化。很多语言中，复数形式的"我们""你们"要比单数形式的"我""你"有礼貌。如汉语学术论文中经常用"我们认为……"代替"我认为……"。日语书面语中也常有「我々はそう考える」的例子。

⑧将FTA作为一般规则来表述。

这是通过将FTA作为一般规则叙述来表明说话者并非有意识地侵害受话者面

子的策略。B&L（1987：206）指出，一般规则是指将FTA作为一般性的社会规则或者是义务来叙述。如例（52）就是将FTA作为一般性社会规则叙述的，比例（53）更加礼貌。

（52）Passengers will please refrain from flushing toilets on the train.
（乘客请不要在火车上冲洗厕所。）

（53）You will please refrain from flushing toilets on the train.
（请你不要在火车上冲洗厕所。）

例（54）第19行中，JYK01拒绝对方时，没有说因为自己第二天有主课不想代替对方去参加语言调查，而改为「次の日の主専が危険なので」（如果参加的话，第二天主课会很危险）这样的"一般规则"来表述。

（54）（拒绝场景。）

ライン番号	発話文終了	話者	発話内容
1	＊	JBI01	こんにちは。
2	＊	JBI01	すみませんね、急に。
3	＊	JYK01	いいえ。
4	＊	JYK01	すいません。
5	＊	JBI01	実はお願いがあって電話したんです。
6	＊	JYK01	はい。[元気よく]
7	／	JBI01	月曜日のね、朝9時から，，
8	＊	JYK01	はい。
9	＊	JBI01	国語、国立国語研究所というところにね、/少し間/言語調査に関する実験に、私の代わりに参加なんかできますか？。
10	＊	JYK01	月曜日ですか？。
11	＊	JBI01	<笑い>でもね、埼玉でね、電車賃が出なくて、9時から3時間で、しかも私のね、友達と一緒なの。
12	＊	JBI01	急だよね。

（续）

ライン番号	発話文終了	話者	発話内容
13	*	JYK01	急です<笑い>。
14	*	JBI01	<笑い>。
15	/	JYK01	急というよりは，，
16	*	JBI01	<ちょっと無理?>{<}。
17	/	JYK01	<急というよりは>{>}，，
18	*	JBI01	よりは。
19	*	JYK01	次の日の主専が危険なので。
20	*	JBI01	あ、ちょっと無理ですか?。
21	*	JYK01	やばい状況です、はい。
22	*	JBI01	残念ですよね、それは。

⑨名词化。

所谓的名词化是指将动词变为名词以达到语体郑重的目的。B&L（1987：207—208）指出，名词化可以弱化面子威胁程度，回避产生正面冲突的危险。如例（56）要比例（55）郑重很多。

（55）You performed well on the examination and we were favourably impressed.

（你在考试中表现良好，我们印象深刻。）

（56）Your performing well on the examination impressed us favourably.

（你在考试中的良好表现让我们印象深刻。）

我们再看自然语料例。例（57）第1行中使用了「間接受身的な扱い」而未使用「間接受身のように扱う」，就属于名词化。

（57）（论文指导。）

ライン番号	発話文終了	話者	発話内容
1	*	JSF08	あ、すみません、ri‐構文に関しは、あの、動作主がはっきり現されないことも多いので（ん）、そういった場合は、ま、間接受身的な扱いをすることもあるんですけど、直接えけに、にも、間接受身にも、なりうる<というふうな>{<}。
2	*	JTM02	<これはもう>{>}あの、じゃ、日本語と本当にも対応するものとして考えていいわけ?。
3	*	JSF08	そうですね（え）、特にtur‐構文とkuan‐構文に関しては、そういう部分が利用できると思うんですね（ん）、日本語を教える際に。[↑]
4	*	JSF08	で、あの、文法をするとか、読むと、"もう自分ではどうしようもない、コントロールできない状態だから、こうなっている"とか（ん）、そういうふうに迷惑を被った時に、影響を被った時に使う構文だとか、あの、いろいろそういうもともとの動詞の意味がそういうふうに変化するというふうなことが書かれているので、そういった意味ではかなり、日本語の概念に近いものがあると思うんですけど。
5	*	JTM02	ん、じゃ、そうしたら、このー、ん、ま、じゃ、本当に日本語に対応するものならば（ん）、それほど、ま、非用というか、使えないというような問題はない。

⑩让自己心理上负债，或者不让受话者心理负债。

此子策略指说话者行使请求、建议等行为时表明要让自己有负债之情，或者避免让受话者产生心理负债之情。B&L（1987：210）特别指出，日本文化中非常注重不让对方心理负债。感谢别人时如同例（58）一样表达，建议别人坐自己车如同例（59）一样表达就是该子策略的例子。

第四章　礼貌策略理论及话语礼貌理论

（58）何とお礼を申し上げてよいやら（わかりません）。
　　　（我不知道该怎样感激您才好。）
（59）おやすいことだよ、ちょうど同じ道だけど。
　　　（一点儿都不麻烦的，正好和我同路。）

我们再看一组自然语料例。例（60）中，JMR03答应帮对方做调查，怕对方难为情，说了句「どうせこん####暇だし」（第55行）（反正我闲着也是闲着）。

（60）（语言调查的请求。）

ライン番号	発話文終了	話者	発話内容
26	*	JMC03	ええ、でも、実はね、あのー、俺…の知り合いの人で（うん）、あのー、大学院生の人がいるんだけど、その人の、なんか日本語の言語調査（うん）、とか言うのがあって、でー、それに関してなんか、その、それに協力してくれる人を募集してる、のね（おお）、うん、<で>{<}【。
27	*	JMR03	】】<言語>{>}調査。
28	*	JMC03	そうそう、まあ、調査の内容自体は（うん）、その友人との雑談を録音。
29	*	JMR03	何?、友人との?。
30	*	JMC03	そう、雑談を録音、だから、俺とお前で、普通に、どっか、ゆっくり話ができるとこで、15分ぐらい、まあ話をする。
31	*	JMR03	へえ。<笑いながら>[ちょっと驚いている様子]
32	*	JMC03	うん、だ、それだけで、まあ、謝礼がなんか500円の図書券っていう。
33	*	JMR03	<笑い>。
34	*	JMC03	うん、だ、まあ、それでなんか、雑談を録音して（おー）、普通になんか、それは、なに、研究用の??、やつだから、まあ別にプライバシーは、守られるとかね。

（续）

ライン番号	発話文終了	話者	発話内容
35	*	JMR03	え、なに、ざ、雑談をするの?。
36	*	JMC03	そうそう、本当何でもいい、雑談を。
37	*	JMC03	内容とか、全然構わないんだって=。
38	*	JMC03	=その、言い回しとかさ（うん）、電話ん中での言い回しとか（うん）、そういうのを研究するためのやつだから（うん）、うん、別になんか、なに、内容がどうとかさ、そういうのは関係ないらしくて。
39	*	JMR03	ほう。[小さい声で]
40	*	JMR03	え、それをどうするんだ?。
41	*	JMC03	ん、なんか、それで、き、協力してる人を募集してるって言うんで（うん）、うん、で、まあ、俺さ、その知り合いだから（うん）、あのー、お願いできますかって言われて、で、まあ、俺は俺の友達にこう電話して、手伝い。
42	*	JMR03	あ、なるほど。
43	*	JMC03	うん。
44	*	JMR03	それで募集してるわけだ。
45	*	JMC03	そうそう。
46	*	JMC03	で、一番暇そうなお前に電話してみたんだけどさ。
47	*	JMR03	やかましいわ<笑いながら言う>。
48	*	JMR03	まあ、暇っちゃ暇だけどなあ。
49	*	JMC03	だろ?。
50	*	JMR03	うん。
51	*	JMR03	え、別にやるんだったら、いいけど、どこでやるの?。
52	*	JMC03	うん、どこだろうね、普通に、どっか、調布とかで、別に国領でもいいだろうし。
53	*	JMR03	あ、俺は別かまわんよ。
54	*	JMC03	うん、分かった。
55	*	JMR03	どうせこん####暇だし。
56	*	JMR03	うわ、最悪。
57	*	JMC03	<笑い>。

1.2.4　超级礼貌策略④：off record（非公开威胁面子行为）

非公开威胁面子的策略，是B&L所言的策略④，称之为"off record"[1]，主要指言外暗示说话者本意的行为。由于说话者将自己话语意图的解释权交给了受话者，从而减轻了FTA。

B&L（1987：211）是这样解释"off record"策略的：

> The actor leaves himself an "out" by providing himself with a number of defensible interpretations; he cannot be held to have committed himself to just one particular interpretation of his act.
>
> （行为主体为避免自己的话被对方理解为只有一种意思，而预先为自己留好的退路，即能被解释成若干意思的退路。）

B&L（1987：212—213）还指出，使用"off record"时必须注意两点：a）说话者与受话者要有共同背景知识；b）需要在上下文中理解其含义。B&L具体列举了以下15个子策略：

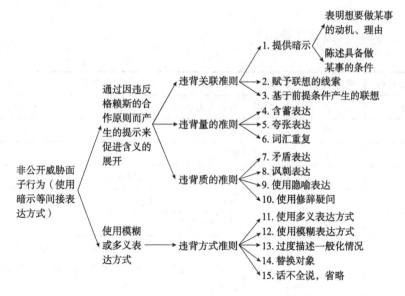

图4-4　非公开威胁面子策略子策略一览图

---

[1] "off record"是与"on record"相对而言的。"on record"是"公开的、明示的"之意，B&L理论中特指直接实施的威胁面子行为，如策略①、策略②、策略③。"off record"是"非公开的、暗示的"之意，B&L理论中特指间接实施的威胁面子行为，如策略④。

①提供暗示。

所谓提供暗示分为两种情况：a）表明想要做某事的动机、理由；b）陈述具备做某事的条件（B&L 1987：214）。

a）表明想要做某事的动机、理由。如实施请求行为时说：

（61）暑いですね。（c.i.① 窓を開けてください。）

（62）おなか、すきましたね。（c.i. ご飯、食べに行きましょうか。）

b）陈述具备做某事的条件。如：

（63）窓が汚いですよ。（c.i. 窓を拭くべきだ。）

我们再看一组自然语料例。例（64）第13行中JMC02请JMR02帮助自己做语言调查，但只说了一句「大丈夫？」意即时间上是否方便，是请求帮忙的暗示。

（64）（请求场景。）

ライン番号	発話文終了	話者	発話内容
1	*	JMR02	もしもし。
2	*	JMC02	もしもし。
3	*	JMR02	おい。
4	*	JMC02	うん、あっ、今大丈夫?。
5	*	JMR02	うん、大丈夫だよ。
6	*	JMR02	<何?>{<}。
7	*	JMC02	<うん、>{>}あのさ、友達に、ちょっと（うん）、言語学の調査に協力してくれないかって言われてるのね。
8	*	JMR02	何の調査?。

---

① conversational implicature（会话含义）。

（续）

ライン番号	発話文終了	話者	発話内容
9	*	JMC02	言語学。
10	*	JMR02	ほーほー。
11	*	JMC02	うん、で、内容は、あのー（うん）2人で雑談してるのを録音する（うん）っていう内容なんだけど。
12	*	JMR02	うん。
13	*	JMC02	大丈夫?
14	*	JMR02	えっ、今?。
15	*	JMC02	ん、あ、あれー、まあ、今じゃなくて、うん、雑談だから、また日を改めてっていうことになると思うんだけど。
16	*	JMR02	うんうんうん。

②赋予联想的线索。

此类联想是以说话者与受话者共同的经历或是双方知晓的事情为基础的。除此之外，委婉表达（euphemism，如WC，toilet，lavatory等）也归为此类（B&L 1987：215—216）。例如：

（65）（买东西的时候）あ、財布を忘れた。（c.i. お金を貸してもらえますか?）

（66）（医生对患者家属说）我々もベストは尽くしたんですが…。
　　　（c.i. 患者は死にました。）

例（67）的自然语料中，JMC07想拜托JMR07做调查，但只说了一句「またなんか15分、「JFR10あだ名」と（うん）喋んなくちゃいけないんだけど」，对方就明白了他的意思，立即回答道「あ、いいっすよ、全然」。

（67）（请求场景。）

ライン番号	発話文終了	話者	発話内容
5	*	JMC07	話せる今？。
6	*	JMR07	今大丈夫だよ。
7	*	JMC07	あのさ、俺ある留学生の友達にさ（うん）、また言語調査を（うん）頼まれちゃって（うん）、で、またなんか15分、「JFR10あだ名」と（うん）喋んなくちゃいけないんだけど。
8	*	JMR07	あ、いいっすよ、全然。
9	*	JMC07	＜軽く笑い＞うん。

③基于前提条件产生的联想。

让人产生联想的意思是以某事作为前提条件启发对方进行联想，或是使用"对比性强调（contrastive stress）"让其产生联想。B&L（1987：217）列举了以下情况。比方说，说话者与受话者商量好按顺序轮流洗车。当说话者说：

（68）I washed the car again today.（我今天又洗了一遍车。）

这时，其实他想让受话者联想到自己上周已经洗过一次车的事，同时表现出对受话者怠慢洗车的不满。

例（69）的拒绝场景中，JOK13并没有直言拒绝，通过让对方联想的方式「新宿に、で（はい）コンタクトを＜買いに行かなきゃいけないから」（第68行）拒绝了对方请她去做语言调查的请求。

（69）（拒绝场景。）

ライン番号	発話文終了	話者	発話内容
50	*	JOK13	どうしたの？。
51	*	JBI08	えっ、先輩明日暇ですか？。
52	*	JOK13	明日…、うん、ちょっと新宿に行く用事があるんくだけど＞{＜。

（续）

ライン番号	発話文終了	話者	発話内容
53	*	JBI08	<あ>{>}、そうですか。
54	*	JOK13	うん。
55	/	JBI08	あのー、ちょっと、あれ、「JOK08」先輩に頼んだ（うん）んだけど,,
56	*	JOK13	うんうん。
57	*	JBI08	うん、明日、午前中（うん）って、午前中忙しいですか?=。
58	/	JBI08	=あのー…,,
59	*	JOK13	午前中。
60	*	JBI08	はい。
61	/	JBI08	あのですね、（うん）国立国語研究所とかいうところで,,
62	*	JOK13	うん。
63	/	JBI08	やる言語調査に,,
64	*	JOK13	うん。
65	/	JBI08	あのー、参加する予定だったんですけど、（うんうん）こう協力者として??,,
66	*	JOK13	うんうん。
67	*	JBI08	ちょっと急に行けなくなっちゃって、代わりに（うん）行ける人探してるんですよ。
68	/	JOK13	あーーーー、あ、ちょっと待ってね、今、あ、あたしちょっと、明日ね、そうなんだよね、新宿に、で（はい）コンタクトを<買いに行かなきゃいけないから>{<},,
69	*	JBI08	<あーーー>{>}。
70	*	JOK13	たぶん難しいんだけど。

④含蓄表达。

含蓄表达（understatement）是指没有按要求提供足够的信息而衍生出的暗示之意。其中最具代表性的方法就是保守性地描述真实情况（B&L 1987：217—

218)。例(70)为公司上司和下属的对话。当被问到"田中这个人怎样?"时,尽管并不十分赞许,但仍会保守含蓄地回答:"也不是什么坏人。"实际上是他不怎么样的保守说法。

(70) A:田中さんってどう?(田中这个人怎么样?)
　　　B:うーん、悪い人じゃない。(嗯,也不是什么坏人。)

再如汉语语料例(71)中的"还行吧"(第6行)实际上表示对方不怎么样。

(71)(闲聊场景。)

行数	语句终了	说话人	说话内容
3	*	CNF05	我说这啥呀?谁给的?
4	*	CNF06	那不(人名1)刚给的嘛。
5	*	CNF05	(人名1)这个人呀,你感觉怎么样?
6	*	CNF06	嗯……还行吧。
7	*	CNF05	我感觉(人名1)说话可不清楚呢。
8	*	CNF06	嗯,na、la不分吧。
9	*	CNF05	嗯,就是啊,你说有啥事你给大伙说清楚嘛。她给我说个啥事嘛,咱都得一遍一遍问她,你说她说清楚点不行啊?
10	*	CNF06	这是她口音的问题。
11	*	CNF05	哎,我感觉她这个人啊,不是,我是真的很受不了她反正。
12	*	CNF06	我,我还行吧。
13	*	CNF05	你看平时咱都在宿舍就她自己时不时没影了。
14	*	CNF06	对,人家生活方式就……是吧。

⑤夸张表达。

夸张表达是指夸大事物的真实情况。这是跟上面"含蓄表达"正好相反的子策略,即说话者提供了超出需要的信息。例:

第四章　礼貌策略理论及话语礼貌理论

（72）お宅の息子さんは本当に天才ですね。
　　　（您家孩子真是天才。）
（73）弟：そんなにビールが飲みたいの？
　　　（你就这么想喝啤酒吗？）
　　　金田一：飲みてえよ。お前な、世界一、うまいんだぞ、ビールって。やべえ。舌が味を忘れかけてる。
　　　（当然想，啤酒可是世界上最美味的东西啊。糟了，我都快想不起来啤酒到底是什么味了。）

我们再看汉语语料例。例（74）中CNM05赞扬自己的物理老师水平高时，使用了"都超过爱因斯坦"的夸张表达方式。

（74）（闲聊场景。）

行数	语句终了	说话人	说话内容
118	*	CNM05	现在看你们高数都弱爆了。我们那个物理老师一节课给你讲完相对论，十分钟给你讲完量子力学。
119	*	CNM06	十分钟给你讲完了呀。<笑>
120	*	CNM05	物理老师那讲课水平都超过爱因斯坦了。

⑥词汇重复。

B&L（1987：220）指出，词汇重复（tautology）就是通过重复同一词语促使受话者考虑如何理解这种没有给任何信息的话。此子策略经常作为表达辩解、批评、拒绝、抱怨等情绪时使用。如：

（75）War is war.（c.i.战争是残酷的。）
（76）父は父。私は私ですから。（c.i.私には私のやり方がある。）
（77）（请求行为场景。该语料中的「平気っちゃ平気」（第7行）意即"时间有是有，看你让干什么而定"。）

ライン番号	発話文終了	話者	発話内容
1	*	JFR01	もしもし。
2	*	JFC01	あ、もしもし。
3	*	JFR01	あ、「JFC01名」ちゃん。
4	*	JFC01	うん。
5	*	JFR01	はいはい。
6	*	JFC01	今、時間平気?。
7	*	JFR01	うん、平気っちゃ平気。
8	*	JFC01	うん、平気っちゃ平気。
9	*	JFC01	あのさ（うん）、なんかね、（うん）私の友達から、お願いが来ててね、（うんうん）えっとね、言語調査に協力してくださいって言われたんだけど。
10	*	JFR01	えっ、何に?。
11	*	JFC01	言語調査。

⑦矛盾表达。

通过使用相互矛盾的两种表达方式，暗示出说话者所言之事并非事实，以督促受话者寻找一个妥协的解释（B&L 1987：221）。如下例要传递的是不满或批评：

（78）A: Are you upset about that?（你对那件事失望吗?）
　　　B: Well, yes and no.（嗯，是，但又不是。）

（79）（请求场景。第15行中的「家のヤツが行くとか行かないとかって」是矛盾表达方式，意即"我老婆说她去又不去"。）

ライン番号	発話文終了	話者	発話内容
1	*	JMR03	はいよ。
2	*	JMC03	もしもし。
3	*	JMR03	どうした?。
4	*	JMC03	や、悪いね。
5	*	JMR03	はあ?。

（续）

ライン番号	発話文終了	話者	発話内容
6	*	JMC03	ん[↑]、いや、あのさ、この前、あっ、なんだっけ、掲示板で書いてたさ（うん）、あのー、なに、飲み会の話??（うん）、あれ31日だよね。
7	*	JMR03	うん。
8	*	JMC03	で、場所、どこでやるの?。
9	*	JMR03	まだなんーにも決めてない。
10	*	JMC03	全然決めてない?。
11	*	JMR03	うん、だってメンツがまだ決まってないから。
12	*	JMC03	んんん、そうか。
13	*	JMR03	うん。
14	*	JMR03	で、何?、どうしたの?。
15	*	JMC03	いやだって、それでさ、なんかほら、家のヤツが行くとか行かないとかって。
16	*	JMR03	あー。
17	*	JMC03	本当に<ええの?>{<}。
18	*	JMR03	<えっ、来るの?>{>}。
19	*	JMR03	え、俺は別に構わないよ。
20	*	JMC03	え、なんか、本人結構行きたーいらしくさ。
21	*	JMR03	は、別にいいよ、それだったら。

（80）（闲聊场景。第71行中的"说多也不多，说少也不少"就是矛盾表达方式。）

行数	语句终了	说话人	说话内容
69	*	CNM01	我觉得时间差不多了吧，应该到五分钟。
70	*	CNM02	时间现在，还有两分钟，其实可以说一下咱班，还是咱班的问题。

（续）

行数	语句终了	说话人	说话内容
71	*	CNM01	咱班的问题吧，<u>我觉得说多也不多，说少也不少，哎，反正我也搞不清</u>，可能再过上一学期，下学期估计会好一点，我感觉下学期如果有啥活动的话，咱几个班委还是变成强制性那种会比较好一点，像上次咱们那个，那些趣味运动会啊，什么的都是强制性的，都是强制性的。
72	*	CNM02	咱也没办法呀，如果不是强制性的，谁参加呀？

⑧讽刺表达。

B&L（1987：221）指出讽刺表达违反格赖斯"质的准则"，字面意思和暗含的意思完全不同。自然会话中，韵律（如鼻音）、音声语（如咪咪发笑）等都是讽刺表达的有标记行为。

（81）（被朋友背叛时）本当にいい友達を持ったものだよ。

（82）（闲聊场景。第37行中CNF06的"你怎么这些话还挺能吹的嘛？"就属于讽刺。）

行数	语句终了	说话人	说话内容
34	*	CNF05	今天我还看了那个周国平的《安静》呢，我感觉反正说的还挺有道理的。
35	*	CNF06	你能看懂啊？
36	*	CNF05	还行吧。
37	*	CNF06	<u>你怎么这些话还挺能吹的嘛？</u>
38	*	CNF05	呦，我不是挺能吹，我是相当能吹啊。
39	*	CNF06	我是看了好几遍都没看懂的。
40	*	CNF05	是吧？你还真敢说啊。
41	*	CNF06	哎。

⑨使用隐喻表达。

B&L（1987：222）指出隐喻（metaphors）在很多情况下是明示性策略，但本子策略所指的是表达意图在言外之意的隐喻，属于暗示性策略。如下例：

第四章 礼貌策略理论及话语礼貌理论

（83）あなたは私のコーヒーの中のクリームだ。
　　　（你是我咖啡中的伴侣。c.i.你是我不可缺少的人。）
（84）さすが光ちゃん、美鈴さんの右腕。
　　　（不愧是小光，真是美铃的左膀右臂。）
（85）（闲聊场景。第53行中的"肚子里的蛔虫"暗喻"我很了解你"。）

行数	语句终了	说话人	说话内容
50	*	CNM03	那我刚才想跟你说个啥来着?
51		CNM04	我不知道。
52	*	CNM03	你一打乱我忘了。
53	*	CNM03	你想说啥我怎么知道，我又不是你肚子里的蛔虫。
54	*	CNM03	好吧，你再随便说个啥，我可能一会就想起来了。

⑩使用修辞疑问。

修辞疑问是指不期待答案的疑问，也就是说，答案暗含在疑问句中。日语中常使用「推量形＋う・よう・だろう・あろう＋か」的形式，汉语中常使用"难道……""敢不敢……"的形式。如：

（86）こんなばかなことがあるだろう。（c.i. こんなばかなことはない。）
（87）こんなときに落ち着いていられようか。（c.i.こんなときに落ち着いていられない。）
（88）（闲聊场景。第118行中的"敢不敢"实际上是"应该"的意思。）

行数	语句终了	说话人	说话内容
118	*	CNF11	你敢不敢把你床单整理整理，好好叠叠。
119	*	CNF12	不敢。

⑪使用多义表达方式。

所谓多义是指两个以上的意思,多义表达方式一般通过隐喻让对方捕捉到多种语义(例如赞美或是羞辱)。比方说下面的例句是根据情景的不同,既可理解为赞许,也可理解为羞辱的句子。

(89)他是个干将。(c.i. 他很能干)

(c.i. 他不择手段)

⑫使用模糊表达方式。

是指说话者对FTA对象,或者侵害内容采取含糊不清的处理手段的表达方式。如批评场景中可以这么说:

(90) Looks like someone may have had too much to drink. (B&L 1987: 226)

(谁或许喝多了吧。)

(91)(闲聊场景。第3行中使用"好像谁给我报错温度"含糊不清地来代替"你给我报错了温度"。)

行数	语句终了	说话人	说话内容
1	*	CNM19	今天(地名)冷不冷?
2	*	CNM20	今天(地名)不冷啊,今天(地名)的那个天挺暖和的。
3	*	CNM19	今天早上好像谁给我报错温度了吧。
4	*	CNM20	怎么报错温度了啊?
5	*	CNM19	我今天早上看的是360网页里面的温度,好像不是你给我说的那个,比你跟我说的那个温度好像高点。
6	*	CNM20	我是看手机上的那个天气预报告诉你的。
7	*	CNM19	好吧。

⑬过度描述一般化情况。

B&L(1987:226)指出该子策略是指通过提示规则模糊FTA对象的表达方式,经常使用一般性原理和谚语表述一般化。如例(92),父亲训斥自己的孩

子，却说：

（92）今時の若者は勉強しないね。（一般性原则）
　　　（现在的年轻人不学习。）
（93）（闲聊场景。第235行中的"你们名牌学校出来的"指代"你"。）

行数	语句终了	说话人	说话内容
235	*	CNM45	你们名牌学校出来的找工作肯定没问题。
236	*	CNF46	不一定，现在工作这么难找的。

⑭替换对象。

这是指说话者将FTA对象替换为第三者，让本来的FTA对象意识到说话者所提的隐含要求。B&L（1987：226—227）在原典中引用了Ervin-Tripp（1972：27）举的这样一个例子：在某办公室里，秘书A想用教授身边的订书机，他朝秘书B说"给我拿一下订书机吧"，结果教授听到后就主动将订书机递到了秘书A手上。例（94）是自然语料中的例子。

（94）（请求场景。）

ライン番号	発話文終了	話者	発話内容
1	*	JFR04	もしもし。
2	*	JFC04	あっ、もしもし。
3	*	JFR04	はい。
4	*	JFC04	あ、「JFR04名」ちゃん。
5	*	JFR04	うん、<何?>{<}。
6	*	JFC04	<あっ、「JFC04姓」です>{>}。
7	*	JFC04	今大丈夫?。
8	*	JFR04	####。[電波が悪くて、音が聞き取れない]
9	*	JFC04	あっ、なんか今外?。
10	*	JFR04	外、外、あのー、今、学校向かってんの。

⑮话不全说,省略。

说话者通过中途终止FTA行为,模糊自己的意图。例如在泰米尔村庄中,侄子想向叔父要阿司匹林(在当地很贵)时就会说:

(95)Oh sir, a headache...

(叔叔,我头疼……)(B&L 1987:227)

(96)(论文指导场景。第91行就是省略。)

ライン番号	発話文終了	話者	発話内容
90	*	JTM01	調査表は、＃＃＃今持ってない?
91	*	JSM02	隣の部屋で(はい、はい)、ちょっと＃＃‥‥。
92	*	JTM01	じゃ、ちょっと。
93	*	JSM02	はい。
94	*	JSM02	/18秒後/失礼します。
95	*	JTM01	/10秒後/ちょっと待って、すぐ行くから。
96	*	JSM02	はい。
97	*	JSM02	/23秒後/はい、こちらですね。
98	*	JTM01	はい。
99	*	JSM02	はい。[小さい声で]

1.2.5 超级礼貌策略⑤:不实施面子威胁行为

策略⑤是指沉默不语,也就是尽量避免实施威胁面子的行为。策略⑤也是日本人频繁使用的一个策略。就表达方式来说,主要有以下两种:

a)在进行对话前选择话题的过程中,预先避开一些不适合的话题。

b)在进行对话的中途岔开不合适的话题,以及避开不适合的表达方式。

第2节 话语礼貌理论(DP理论)

2.1 理论轮廓

话语礼貌理论(Discourse Politeness Theory,本书中一直简称为DP理论)是日本国立国语研究所教授宇佐美まゆみ在修正B&L(1978、1987)礼貌策略理

论基础上提出的泛语言礼貌策略理论。1999年在其提交给哈佛大学的博士论文中系统阐述了这一构思,其后,在宇佐美まゆみ(2001a、2002)及Usami Mayumi(2002)中公开了该理论。

宇佐美在对B&L的礼貌策略理论做出高度评价的同时也指出将研究范围局限在单句、单个表述行为层面(「一文、一発話行為レベル」),不能较好地解释说明话语(语篇)中的礼貌现象是该理论的一大问题,主张超越单句、单个表述行为层面,将研究重点置于话语层面(「談話レベル」),也就是说,应该将礼貌现象置于话语(discourse,亦译为语篇)中考察。其所主张的「ディスコース·ポライトネス」定义如下:

> ディスコース·ポライトネスとは、一文レベル、一発話行為レベルでは捉えることの出来ない、より長い談話レベルにおける要素、及び、文レベルの要素も含めた諸要素が、語用論的ポライトネスに果たす機能のダイナミクスの総体である。
>
> (宇佐美まゆみ 2002(8):107)

DP理论的基本轮廓如下:

(1)B&L的礼貌策略理论是在发生FTA的情况下使用的,但是日常会话中不具有FTA的语言行为也较常见。平时人们总是在无意识之间使用这些语言行为,但是"一旦突然缺少了它,人们才会感到不礼貌"。如早上见面时人们总是在无意识之间经常使用"おはようございます(早上好)"打招呼,可是突然不使用它时,人们才会感到不礼貌。DP理论将这种语言行为称之为"无标记性礼貌策略(unmarked politeness)",而将B&L提到的纠正面子威胁行为的语言行为称之为"有标记性礼貌策略(marked politeness)"。

(2)构成"无标记性礼貌策略"的典型场景、状态称之为"基本态(discourse politeness default)"。同一行为在不同文化背景中的基本态是不同的。宇佐美认为能否正确认知目标语言(target language)中的基本态是确保跨文化交际中不产生交际障碍(miscommunication)的根本所在,主张二语习得中顺利进行交流的关键是能够对目标语言中各类话语的基本态进行恰当的认识。

(3)DP理论独特之处在于计算面子威胁行为大小(称De值)时,不仅考虑到了说话者,还考虑到了受话者,采用了"说话者的估算值(Se)减去受话者的期待值(He)"的方式(详见图4-5)。即:$De值=Se-He$。当说话者的估算值

大幅度大于受话者的期待值时,产生的行为称"过剩行为";反之,当说话者的估算值大幅度小于受话者的期待值时,产生的行为称"过小行为";只有当说话者的估算值和受话者的期待值大致相同时,产生的行为才是"适当行为"。不管是"过剩行为"还是"过小行为",所产生的礼貌效果均为"负效果"(即不礼貌),只有"适当行为"产生的效果才是"正效果"(即有礼貌)。

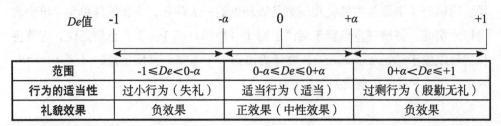

估算误差值(De值):$De=Se-He$
Se:说话人对自己言语所引发的面子威胁行为的估算值。采用0到1间的数值数量化。
He:受话人对说话人言语所引发的面子威胁行为的估算值。采用0到1间的数值数量化。
α:误差范围。

图4-5　估算误差、行为适当性及礼貌效果

(引自宇佐美まゆみ 2003:128)

2.2　基本态的认定方法

话语礼貌理论认为同一行为在不同文化背景中的基本态是不同的,如向同学借笔记本这一请求行为在中日文化中的基本态就不同。汉语中只需打招呼引起对方注意后就可以提出请求行为,而日语中要经过"引起对方注意""确认(是否有笔记本)""情况说明"3个步骤后才提出请求行为。关于这一点,谢韫(2007)通过在中日两国收集自然语料,从表述连锁链角度对其解析后,很好地解释了两者的不同:

(中文)

表述者	表述内容	表述连锁链
CBM01	CYM01[全称]。	引起对方注意
CYM01	诶。	
CBM01	上节课的英语讲义,能借我看一下吗?	请求
CYM01	当然可以。	

(引自谢韫 2007:80,有改动)

第四章 礼貌策略理论及话语礼貌理论

（日语）

表述者	表述内容	表述连锁链
JBM11	あのさあ、（哎，）	引起对方注意
JBM11	この間、この授業でさあ、プリントが出たと思うんだけど…。（这门课应该发讲义了吧。）	确认
JYM11	はいはい。（嗯，嗯。）	
JBM11	休んでて、もらえなかったからさあ、（因为没来，我没领到。）	情况说明
JBM11	JYM11出た?（你上课了吗?）	确认
JYM11	はい、出ました。（嗯，上了啊。）	
JBM11	ちょっともらえるかなあ、あの、コピーして。（能不能借我复印一下。）	请求

（引自谢韫2007：78，有改动）

由于基本态的认定方法是该理论重点所在，我们进一步详述如下①：

构成话语礼貌理论的要素不仅仅是作为语言形式的语体，还包括适当的附和方式（「あいづち」）及附和频度、导入话题的频度、表述连锁链模式等话语行为。为了便于理解，我们以语体使用为例进行说明。

在初次见面者的会话、夫妻间会话等场景中，语体的基本态比较容易判断。前者中敬体是基本态，也是无标记性语体，后者中简体是基本态，也是无标记性语体。但是，理论上说，话语礼貌是动态的东西，不能把其基本态理解成固定、静止的东西。自然会话中，某一特定"活动类型"「活動の型」的基本态，不是由像"初次见面者的会话"这样的活动类型所规定的，而是要通过分析会话参与者间动态形成的话语，才能够进行认定。也就是说，以语体使用为例，某一特定话语的语体基本态认定方法应该是：

（1）对作为会话构成要素的每一句表述行为的语体进行分类统计；

（2）算出该话语中各种语体（敬体、简体、零语体）的具体构成比；

（3）根据比率，确定该话语语体的基本态。

以Usami Mayumi（1999）中的结果为例，通过对72组会话的分析，包括零语体（省略句等没有语体标志句子）在内，初次见面的两位职场人士会话中的各

---

① 此部分内容主要引自宇佐美まゆみ（2001a：32—35）。

语体分布的平均比率是"敬体6：简体1：零语体3"。由此可以认定，这个特定话语（初次见面的两位职场人士之间的会话）的基本态是敬体。也就是说，该话语的无标记性语体是敬体。

此外，通过分析这一特定话语的基本态，动态对比每一句话的语体是脱离了基本态还是回归到了基本态，即语体是否发生转换，可以解析语体转换在某一特定话语中所起的作用，亦即有标记性行为的功能。

也就是说，话语礼貌理论的基本态不是由像"朋友间的会话"这样的活动类型固化而来的，而是要在认定出"和朋友A的对话""和朋友B的对话"等和各特定对象间会话中的基本态的基础上，才能考虑话语中有标记性行为产生的功能。例如，根据个人差异及场合的不同，同一言语行为（例如，敬体使用）所产生的效果不同。

即使是朋友间的会话，也有所不同，会受个人因素及双方间关系等影响。例如和朋友A用敬体说话的情况比较多，某种程度上这种倾向在日常生活中是固定的。例如，A说「そうなんです」，它就是无标记性语体，不用做特别的解释。但如果是对基本上都用简体对话的朋友B说「そうなんです」，这就成了有标记性语体，大体可以解释为开个小玩笑（作为正向礼貌策略的积极礼貌策略）、因生气而设置距离（负向礼貌策略）或想要强调命题内容这几种功能。

另外，还需要充分考虑以下情况。例如，"初次见面的会话"，尤其是同龄年轻人之间的会话，最初多使用敬体，但随着彼此变得融洽，简体的比例会增加。在这种情况中，如果固定地、静止地认为"初次见面会话的基本态是敬体"，问题就会随之产生。

对于基本态的认定，宇佐美指出，如图4-6所示，根据研究目的，既可以将会话开始部分到会话结束部分（即A—E）作为一个整体来考察其"典型的展开模式"，也可以将会话分割为若干小话语单位考察各个部分的"典型状态"。

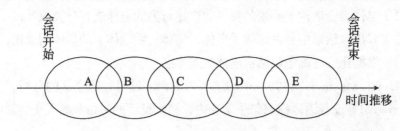

注：A—E表示一个话语中的若干话语单位

图4-6 话语基本态的认定方法

第四章 礼貌策略理论及话语礼貌理论

A—E表示下位话语单位，其划分方式根据目的不同，既可以把同一话题划分在一起，也可以根据时间划分，例如以每10分钟为单位划分一次等。

比如要粗略把握"社会人初次见面的会话"中语体使用的基本态时，以上图会话整体（A—E）为对象，分类统计所有语体出现的次数，根据其构成比即可认定出基本态。

当然，我们也可以将上述会话过程划分为更小的话语单位，分别测定其基本态。如A部分（开头部分）、E部分（结束部分）的基本态等。

在基本态为敬体的会话开头部分（A），如果出现了「～する？」等简体，那么该简体就构成有标记性语体，会产生"缩小心理距离"的效果。随着会话的展开，双方逐渐变得不再拘束，简体比例已超过50％的话，在会话结束部分（E）如果出现「～する？」等简体，则其已经成了无标记性语体，不会再产生特别的效果。

按照上述说明，话语礼貌理论中的基本态可根据每一个话语或每一段小的话语单位计算出来。理论上说，在计算出每个话语基本态的基础上可以进行观察（脱离及回归基本态的）活动。这样也可以就对象不同及会话内容不同等造成同一个人使用相同语言形式会产生完全不同的功能这一点进行说明。

综上所述，导入话语礼貌理论，思考作为话语礼貌表达效果的顺序如下：

（1）理论上，认定出每个话语的基本态之后，就可以分析该话语中的礼貌策略使用状态。这样的话，即便是每个话语存在内容、性质以及个人差异，也可以更详细地解释说明特定会话及话语中的礼貌策略。

（2）测定作为诸要素集合体的会话的话语礼貌策略的基本态（例如，语体的基本态、附和频度的基本态、每个说话者导入话题频度的基本态、请求表述连锁链模式的基本态等）。因此，很有必要厘清不同语言中构成各典型活动类型话语礼貌策略的主要因素（如语体、话题导入频度、附和频度等）是什么。

（3）具体的顺序，如之前所举例子，需要从语体等各个要素出发分别认定主要活动类型中的基本态。比较不同语言间特定话语中各要素的基本态，也是比较容易着手且非常有趣之处。在此之前，某种程度上认定了"两个初次见面的社会人的会话"中与对方年龄有关的"话题导入频度""各语体的频度""语体转换的频度"的基本态等（宇佐美まゆみ 1996、1998、Usami Mayumi 1999）。

此外，虽说目前有关基本态认定的研究尚处于起步阶段，但以下活动类型的基本态研究已取得了一定成果。如：

• 初次见面的两个社会人之间对话的"开头部分的附和频度"和"结束部分的附和频度"的基本态（宇佐美まゆみ 1993）

• 和同事的闲谈中或者会议中「ね」的使用频度的基本态（宇佐美まゆみ 1997）

• 日语、中文的请求话语中表述连锁链模式的基本态（谢韫 2000）

• 日语、韩语中初次见面的两者间会话的语体及语体转换频度的基本态（金珍娥 2002）

• "两个初次见面的20多岁的日本人之间的会话"和"两个初次见面的20多岁的日本人和美国人之间的会话"的基本态（Olivieri Claudia 1999）

（4）实际上，严密地按照顺序，先一个个地认定每个话语及其下位话语的话语礼貌策略的基本态，再把握有标记性行为，是非常费力的。在实际运用中，可从先行研究的结果或数据等中大体得出基本态的倾向。例如，显示夫妻间会话中"简体是无标记性语体"的数据较多，因此如果夫妻间会话使用"Will you be kind enough to tell me what time is it?（能否请您告诉我现在是几点？）"的话，就是有标记性行为，可以判定其并非礼貌策略，而是一种不耐烦的挖苦表达方式。

2.3 话语礼貌理论构想概略[①]

要确立更为普遍的礼貌策略理论，在话语层面上把握礼貌策略的同时，有必要将无标记性礼貌策略归入礼貌策略理论。这是因为脱离或回归话语基本态会产生不同的效果。如果不以这种"相对礼貌策略"为对象的话，就很难真正确立文化上没有偏颇的"礼貌策略的普遍理论"。

话语礼貌理论大体由以下5个侧面构成：

（1）在认定无标记性礼貌策略基本态的基础上，从相对的视点明确什么是有标记性行为。

（2）明确表述内容的处理方式和定位。

（3）认定出有标记性行为之后从正向礼貌策略效果、语言的会话效果、负向礼貌策略效果的角度来预测、认定有标记性行为产生的功能和效果。

（4）对产生有标记性行为效果的有标记性礼貌策略进行体系化排序。

---

① 本节内容主要引自宇佐美まゆみ（2001a：42—45）。

（5）在更大的话语礼貌策略中定位几个表述连锁链所产生的功能，并将其体系化。

B&L的礼貌策略理论可以定位为"主要以说话者为焦点的表述行为层面的有标记性礼貌策略理论"。该礼貌策略理论中的"测算面子侵害度的公式"对（4）这一部分有效。

主要参考文献

[1] Brown, P. & Levinson, S. "Universals in language usage: Politeness phenomena". In: Goody, E.N. ed. *Question and Politeness: Strategies in Social Interaction*, Cambridge: Cambridge University Press, 1978: 56-311.

[2] Brown, P. & Levinson, S. *Politeness: Some Universals in Language Usage*. Cambridge: Cambridge University Press, 1987.

[3] Geoffrey N. Leech. *Principles of Pragmatics*. New York: Longman, 1983.

[4] Goffman, E. *Interactional Ritual: Essays on Face-to-face Behavior*. New York: Pantheon Books, 1967.

[5] Grice, H.P. "Logic and Conversation". In: Cole, P. & Morgan, J. eds. *Syntax and Semantics, Vol. 3: Speech Acts*, New York: Academic Press, 1975: 41-58.

[6] Lakoff, R. "The Logic of Politeness or Minding Your P's and Q's". *Proceedings of the Ninth Regional Meeting of the Chicago Linguistic Society, Chicago*, 1973, 13-15 April, 292-305.

[7] Miyaoka, Yayoi., Tamaoka, Katsuo, & Wu, Yuxin. "Acquisition of Japanese honorific expressions by native Chinese speakers with low, middle and high Japanese abilities". *Hiroshima University of Economics, Journal of Humanities, Social and Natural Sciences*, 2003(2): 1-16.

[8] Usami Mayumi. *Discourse Politeness in Japanese Conversation: Some Implications for a Universal Theory of Politeness*. Unpublished doctoral dissertation. Harvard University, 1999.

[9] Usami Mayumi. *Discourse Politeness in Japanese Conversation*. Tokyo: HituziSyobo Press, 2002.

[10] Olivieri Claudia. 『イタリア人学習者の日本語におけるスピーチレベルシフト』，東京：東京外国語大学大学院，1998.

[11] 宇佐美まゆみ．「初対面二者間会話における会話のストラテジーの分析：対話相手に応じた使い分けという観点から」．『学苑』，1993（647）：37—47.

[12] 宇佐美まゆみ．「初対面二者間会話における話題導入頻度と対話相手の年齢・社会的地位・性の関係について」．『ことば』，1996（17）：44—57.

[13] 宇佐美まゆみ．「「ね」のコミュニケーション機能とディスコース・ポライトネ

ス」．『女性のことば・職場編』，東京：ひつじ書房，1997：241—268．

[14] 宇佐美まゆみ．「ポライトネス理論の展開 ディスコース・ポライトネスという捉え方」．『日本研究教育年報（1997年度版）』，1998：145—159．

[15] 宇佐美まゆみ．「談話のポライトネス—ポライトネスの談話理論構想—」．国立国語研究所．『談話のポライトネス』，東京：凡人社，2001a：9—58．．

[16] 宇佐美まゆみ．「ポライトネス理論から見た＜敬意表現＞」．『月刊言語』，2001b（12）：18—25．

[17] 宇佐美まゆみ．「ポライトネス理論の展開1～12」．『月刊言語』第31巻第1号～5号7号～13号，2002．

[18] 宇佐美まゆみ．「異文化接触とポライトネス—ディスコース・ポライトネス理論の観点から—」．『国語学』，2003（3）：117—132．

[19] 金珍娥．「日本語と韓国語における談話ストラテジーとしてのスピーチレベルシフト」．*Journal of the Academic Association of Koreanology in Japan 183*，2002：51—91．

[20] 謝韞．『依頼行為の日中対照研究』，東京：東京外国大学大学院修士論文，2000．

[21] 謝韞．『依頼行動の対照研究からみた日中の対人コミュニケーションの特徴—ディスコース・ポライトネス理論の観点—』，東京：東京外国語大学博士論文，2007．

[22] 爱弥尔・涂尔干著，渠东、汲喆译．《宗教生活的基本形式》，上海：上海人民出版社，1999．

[23] 毋育新．《日汉礼貌策略对比研究》，北京：中国社会科学出版社，2008．

第五章　将礼貌策略理论及话语礼貌理论引入敬语教学的可能性研究

第1节　礼貌策略与日语教育

1.1　礼貌策略的泛语言性

泛语言性是指某种现象在各种语言中均有，或某种现象存在于各种语言之中的意思。这是毋育新（2014）在研究礼貌现象时提出的术语。

说到敬语，我们马上会想到日语，说到敬谦辞我们马上会想到汉语，说到"could/would you please"之类的委婉表达方式我们会想到英语。实际上，以上三者的区别只是礼貌的表达方式在各种语言中呈现方式不同而已。礼貌策略研究就是要整合这些不同的表达方式，建立一个能解释各种语言中礼貌行为（包括言语行为及非言语行为）的框架，这是B&L苦苦追寻的最终目标。换言之，B&L的礼貌策略理论是基于"世界上近六千种语言是否均存在礼貌现象？该现象有何共性？"这两大疑问展开的。B&L首先以英语、泽尔塔尔语、泰米尔语为对象，做了广泛的田野调查，收集了大量的自然语料。在语料分析中，他们发现无论何种语言均存在礼貌现象，虽然这些现象表层的呈现方式各不相同，但其内部具有相似之处。也就是说，任何一种语言中的礼貌现象均为顾及面子的产物，均可分为5种超级礼貌策略。仔细阅读B&L原典，我们会发现除英语、泽尔塔尔语、泰米尔语之外，文中论述涉及包括汉语、日语等在内的三十余种语言。B&L将自己的假设由三种语言推及至三十余种语言，又由三十余种语言推及至世界各种语言。尽管目前尚无法对全世界近六千种语言一一进行穷尽性验证，但也未出现不存在礼貌行为的语言，抑或是（其）礼貌行为不遵循B&L礼貌策略理论的反例报告。所以，我们可以认为礼貌策略理论具有泛语言性，可以解释人类语言中的礼貌现象。

1.2 礼貌策略在中日两国的接受与研究

1.2.1 日本国内对礼貌策略的接受与研究

由于日语中有显著的敬语现象，所以早在19世纪末期，三桥要也等就已开始了对敬语现象的学术性探究。其后，有关敬语的研究成果层出不穷，但是这些研究基本上都集中于语言形式及其运用的层面。语用学传入日本，特别是Leech（1983）的礼貌原则和B&L的礼貌策略学说被介绍到日本之后，开始从语言的功能和效果视角出发研究礼貌现象的学者越来越多。这种研究始于20世纪80年代，90年代渐入兴盛期，进入21世纪以后，各种成果层出不穷。

在日本，礼貌策略理论经历了质疑→批判→认同→补充的过程。井出祥子等（1986）、Matsumoto Yoshiko（1988）、Ide Sachiko（1989）、井出祥子、彭国跃（1994）、井出祥子（2001）等属于质疑及批判派代表学者。宇佐美まゆみ（1998a、1998b、2001a、2001b、2002、2003）、堀素子等（2000、2006）、宫田圣子（2000）、Usami Mayumi（2002）、泷浦真人（2005）等则属于接受及补充派学者。总体看来，随着时间的推移，对其质疑、批评的声音越来越少，而认同、补充的倾向越来越明显。

日本国内蓬勃的研究状况推动了日本政府的语言施政咨询机构——国语审议会对礼貌现象最新研究成果的重视。2000年12月，该机构向日本政府提交了题为《现代社会中的敬意表现》的咨询建议，提出了"敬意表现"的概念。其定义如下：

> 敬意表現とは、コミュニケーションにおいて、相互尊重の精神に基づき，相手や場面に配慮して使い分けている言葉遣いを意味する。それらは話し手が相手の人格や立場を尊重し、敬語や敬語以外の様々な表現からその時々にふさわしいものを自己表現として選択するものである。
>
> （国語審議会，2000）。

该建议突破偏重敬语的传统观念，明确指出敬语以外的众多因素，如「前置き」、「中途終了型文」等也发挥着和敬语一样的对人顾及作用，并鼓励人们使用这些「相手と場面に配慮した言葉遣い」。该建议虽然没有使用"礼貌策略"的术语，但其提出的"敬意表现"的概念在本质上与B&L的"礼貌策略"并无差

别（宇佐美まゆみ2001b）。

值得一提的是，宇佐美まゆみ（1998a、2001a、2002）在继承B&L礼貌策略理论的基础上，提出了话语礼貌理论，该理论影响不断扩大，可以说代表了今后礼貌现象研究的一个新方向。

1.2.2 中国国内对礼貌策略的接受与研究

在中国，对西方礼貌现象研究的引介始于20世纪80年代的外语教育界。例如陈融（1986）介绍了B&L的礼貌策略；刘润清（1987）介绍了利奇的礼貌原则。90年代以后，祝畹瑾（1992），何自然、陈新仁（2004），赵华敏（2004），冉永平，张新红（2007），闫嵘（2011）等均在语用学著书中分别介绍了有关礼貌现象的诸家学说。

在中国，对礼貌策略的质疑和批评多于认同与补充。质疑和批评之后，很多学者都提出了自己的礼貌理论（如顾曰国，曲卫国、陈流芳，赵华敏等）。但遗憾的是，这些理论均未能在学界引起较大反响。Gu（1990）、顾曰国（1992）从汉语的角度考证了B&L和利奇的理论。他对B&L的礼貌策略进行了批判，认为B&L所说的消极面子的概念和中国文化中的面子概念不一致，中国的礼貌现象不仅是一种手段，更是一种社会规范。所以B&L的礼貌策略是不适合中国文化的。顾曰国部分赞同利奇的观点，并依据其礼貌原则，提出了汉语中的礼貌原则。即：①贬己尊人准则；②称呼准则；③文雅准则；④求同准则；⑤德言行准则。

曲卫国、陈流芳（1999a、1999b、2001）的一系列有关汉语礼貌现象的研究，批判了顾曰国（1992）基于"礼"的礼貌定义，主张要把政治的、伦理的"礼"和交际过程中的"礼貌"文化现象区分开来，并提出了礼貌是"交际中的策略"之定义。他们还总结出了以戈夫曼的"面子行为理论"为基础的"中国传统礼貌原则"。即：①亲近原则（在一定的关系网内，对象的定位离交际主体越近，就越礼貌）；②社会关系原则（把对象的位置定得越高，所给的面子就越大，也就越有礼貌）。

将B&L的礼貌策略理论应用于汉语中的实证研究主要有Kaidi Zhan（1992）和毋育新（2008）。Kaidi Zhan（1992）指出汉语中多使用积极礼貌策略。其理由是：汉语的积极礼貌策略之所以独特，不仅是因为汉语很独特，而且受到了以亲密性为根本的中国文化（kinship-based culture）的影响。他还列举出了大量的有关汉语中积极礼貌策略、消极礼貌策略及间接表达方式的实例，印证了B&L礼貌

策略的普遍性。毋育新（2008）则以小说语料为例，考察了其中的礼貌策略的运用，发现B&L所主张的5种礼貌策略均在该小说中有实例对应。特别是积极礼貌策略、消极礼貌策略及间接表达方式的实例更多，三者共计40种子策略中有39种在该小说中都能找到。

1.3 礼貌策略的新发展：宇佐美的话语礼貌理论

话语礼貌理论（Discourse Politeness Theory）由日本学者宇佐美まゆみ（Usami Mayumi）提出，在宇佐美まゆみ（2001a、2002）及Usami Mayumi（2002）中公开了该理论。其主要轮廓在第四章第2节中已经介绍过，此处不再赘述。

第2节 与日语教育相结合的中日礼貌策略对比研究

2.1 中日礼貌策略对比研究的成果

我们知道，研究大多可分为基础研究、应用研究、综合研究。中日礼貌策略对比研究亦可照此分类。基础研究即对两种语言具体言语行为"基本态"认定的研究；应用研究即将成果应用于日语教学或对外汉语教学的研究；综合研究即融合了前两者的研究。

关于基础研究，影响力较大的有謝おん（2001）的「談話レベルからみた『依頼談話』の切り出し方——日本人大学生同士と中国人大学生同士の依頼談話から」；毋育新、致永玮（2010）的《基于话语礼貌理论的日语请求行为研究》；时晓阳（2014）的《话语礼貌理论视角下的日语拒绝行为研究》；毋育新（2015）的《中国学生日语敬语学习难点理论索据》等。

关于应用研究，影响力较大的有毋育新（2011）的《将礼貌策略理论引入待遇表现教学的实证研究》；平静（2014）《日语教学中"礼貌意识"的导入》等。

关于综合研究，遗憾的是目前尚未看到相关研究成果，属于亟待填补的研究空白。

2.2 将礼貌策略导入日语教学的实践例

如『依頼行動における中国人日本語学習者の問題点に関する研究——ディ

スコース・ポライトネス理論の観点から』（范亚苗，2012）一文中，作者以DP理论为框架，对比了汉语母语者、日语母语者及中国日语学习者的以电话为媒介的请求行为，通过对会话连锁链的分析，认定出了各自的"基本态"。

该文收集了日语母语者（JN）20组（53分02秒，1546句）、汉语母语者（CN）30组（83分30秒，1709句）、日语学习者（CL）30组（108分33秒，1691句）请求行为的自然会话。对以上语料进行文本转写后，从DP理论的表述连锁过程的观点进行分析，抽出了以下14个"表述连锁链"（表5-1）。

表5-1　请求行为会话中的表述连锁链

表述连锁链	定义	例句
引起注意	请求者引起被请求者注意的话语。	喂、喂；～君／小王
寒暄	日常寒暄语。	好久不见了
顾及	确认对方是否方便接电话。	现在说话方便吗？
前话题插入	进行"请求"之前插入与请求内容无关的话题。	上次你去泰国怎么样？
开场白	向对方预告将要进行"请求行为"的话语。	有点儿事情想拜托你……
确认日程	询问对方的日程安排等。	礼拜天有什么安排吗？
情况说明	说明进行"请求行为"的理由。	有个朋友写毕业论文，需要做个语言调查……
请求	进行请求行为的话语。	你能不能帮忙做一下这个调查？
辅助行为	为了让对方接受请求行为而做的辅助性会话。	帮忙做的话，能得到500日元的图书卡。
追加说明	跟"请求"有关的补充说明。	具体时间定了再通知你。
后话题插入	"请求"之后再次插入的与请求内容无关话题。	听说你去南非了？
再次请求	对方接受请求后再次拜托对方的话语。	到时候还请多关照。
感谢	对方接受请求后感谢对方的话语。	谢谢啊。
结束会话	终结会话的语句。	那我挂了啊。

使用以上"表述连锁链"，对收集到的日语母语者、汉语母语者、日语学习者的所有语料进行了分析，抽出各语料中的表述连锁链并使用F检验对三者进行

对比，得到了下表5-2：

表5-2 JN、CN、CL表述连锁链对比

発話項目	JN全20組中の出現回数（%）	CN全30組中の出現回数（%）	CL全30組中の出現回数（%）	有意差
注意喚起	20回（100%）	30回（100%）	30回（100%）	なし
挨拶	4回（20%）	1回（3.3%）	3回（10%）	なし $F_{(2)}=1.869$　$p>.05$
気遣い	17回（85%）	5回（16.7%）	17回（56.7%）	あり**$F_{(2)}=16.140$　$p<.05$
前話題挿入	7回（35%）	24回（80%）	11回（36.7%）	あり**$F_{(2)}=8.573$　$p<.05$
前置き	7回（35%）	21回（70%）	15回（50%）	あり*$F_{(2)}=3.226$　$p<.05$
予定確認	1回（5%）	0回	0回	$F_{(2)}=1.520$　$p>.05$
事情説明	20回（100%）	30回（100%）	30回（100%）	なし
依頼発話	19回（95%）	29回（96.7%）	28回（93.3%）	なし $F_{(2)}=0.170$　$p>.05$
補助行動発話	15回（75%）	28回（93.3%）	25回（83.3%）	なし $F_{(2)}=1.640$　$p>.05$
追加説明	17回（85%）	24回（80%）	23回（76.7%）	なし $F_{(2)}=0.252$　$p<.05$
後話題挿入	13回（65%）	9回（30%）	10回（33.3%）	あり* $F_{(2)}=4.315$　$p<.05$
再依頼	11回（55%）	6回（20%）	11回（36.7%）	あり* $F_{(2)}=4.319$　$p<.05$
感謝	12回（60%）	8回（26.7%）	14回（46.7%）	あり* $F_{(2)}=3.830$　$p<.05$
会話終了	20回（100%）	29回（96.7%）	30回（100%）	なし $F_{(2)}=0.830$　$p>.05$

注：*$p<.05$　**$p<.01$

从上表可以看出，同一请求场景中，日语母语者、汉语母语者、日语学习者在表述连锁链中存在显著区别。也就是「話の進め方が違う」。在对三者会话的基本态进行认定后，得到以下结果（图5-1）。

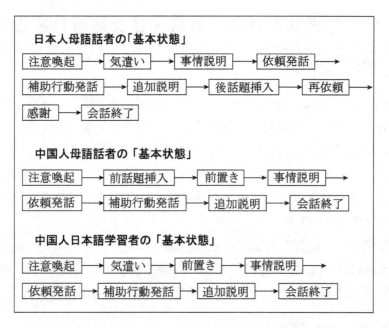

图5-1　日语母语者、汉语母语者及日语学习者请求行为的基本态

根据上图，我们还可以看到，日语母语者、汉语母语者、日语学习者三者的基本态呈现出不同的情形，但是汉语母语者与日语学习者的基本态仅有一处不同，整体显示出高度相似性，说明在请求行为的"基本态"上，日语学习者受到母语的正向迁移。与日语母语者相比，日语学习者请求行为表述过程中缺少「後話題挿入」、「再依頼」、「感謝」。据B&L的礼貌策略理论可知，学习者所缺少的「後話題挿入」、「再依頼」、「感謝」等表述过程，在请求行为中起到顾及对方面子，缓和面子侵害的作用。没有「後話題挿入」、「再依頼」、「感謝」过程就结束话题会给受话人以突兀的感觉，让受话人感觉不愉快。

据DP理论我们可以进一步知道，上述结果显示出学习者对请求行为De值（面子威胁行为大小）的估算小于日语母语者的期待值，在中日跨文化交际中产生的礼貌效果为"负效果"（即不礼貌），可能造成交际障碍。

无论是在跨文化交际还是日语教学中，应该运用对比研究的成果，让学生认知中日各具体交际场景中"基本态"的不同，正确把握目的语的"基本态"，以促进中日跨文化交际的圆满进行。

第3节 礼貌策略视角下的跨文化交际与日本语教育

3.1 什么是交际障碍

交际障碍（miscommunication），又称跨文化交际障碍。"跨文化交际中的障碍可能是历史的、社会的、心理的障碍……但无论其是历史方面的、社会方面的、还是心理方面的，跨文化交际障碍主要是由文化干扰导致的。"（杨东焕 2011：14）吴国华（1990：48）认为"所谓文化干扰，是指学习者不知不觉地将本民族的习惯或文化模式套用到或强加到所学语言上去，从而产生理解上的偏误，甚或导致交际的失败。"

宇佐美まゆみ的DP理论认为，能否正确认知目标语言（target language）中的基本态是确保跨文化交际中不产生交际障碍的根本所在，主张二语习得中顺利进行交流的关键是能够对目标语言中各类话语的基本态进行恰当的认识。

3.2 言语行为的"基本态"

基本态（default）作为一般用语，指的是特定语言文化、活动类型「活動の型」中的"典型""原型""意象"等可以共同抽出的因素。DP理论中所言的基本态有以下两种：

（1）指特定活动类型中话语的"典型状态"，称之为"话语的基本态"。

（2）构成该话语基本态各个要素的"特定言语行为、言语项目各自的典型状态"，称之为"话语要素的基本态"。

3.3 "基本态"的认定方法

基本态的具体认定方法在第四章第2节2.2中已经介绍，此处不再赘述。

3.4 "基本态"的脱离与回归

所谓的会话含义是指以格赖斯的合作原则为基础，通过推论得出的言外之意。这种言外之意也称推论。我们先看一个问路的例子：

（甲向乙问路）

甲：这附近有吃饭的地方吗？

乙：往前边走有一个城中村。

第五章 将礼貌策略理论及话语礼貌理论引入敬语教学的可能性研究

甲：哦，谢谢。

（引自毋育新 2014：19）

首先，这是一组正常的自然会话。甲向乙询问附近是否有吃饭的地方，乙的回答很有意思，既没回答"有"，也没回答"没有"，因为乙知道甲的言外之意是询问具体的地点。故而乙回答了"城中村"。这个回答仍然不是全面的，因为省略了"城中村中有吃饭的地方"。但甲并没有继续询问，因为甲领悟到了该回答的会话含义。

我们知道，基本态是DP理论的核心概念之一，对基本态的把握失误是造成跨文化交际障碍的重要原因。这里的"把握失误"实际上就是"脱离了基本态"，要圆满进行跨文化交际，就需要"回归基本态"，这也是一种会话含义。

如图5-1中日语学习者请求行为的基本态与日语母语者相比，缺少了"后话题插入""再次请求""感谢"等过程，这就是脱离了基本态。在中日跨文化交际中，如果日语学习者如此与日语母语者进行沟通，很可能会引起交际障碍。所以，要实现圆满沟通，就要回归到日语母语者的基本态上，结束会话之前，要增加"后话题插入""再次请求""感谢"等表述连锁链。

3.5 礼貌策略视角下的日语教育

跨文化交流（交际）能力是2018年颁布的《外国语言文学类教学质量国家标准》中对日语专业学生能力要求的重要内容之一。通览本章内容，我们可以知道，从语篇的高度动态把握特定的"活动类型"，正确认知其基本态对跨文化交流至关重要，这也应该成为日语教育的重点。

传统的日语教育中，敬语通常都是学习重点之一。但是，由于教学中过分强调敬语，学生往往只看到敬语而看不到待遇表现，更看不到礼貌策略，从而造成了学生视野狭窄、知识结构碎片化的后果。如在"请求行为"教学中，只重视诸如「…をしていただけないでしょうか」这样的句型练习，忽视句型使用的场景，更谈不上从语篇高度、从说话者与受话者的相互作用中动态把握请求行为，从而对该行为进行基本态的认定。当然，对使用该句型所引起的礼貌效果究竟是"正效果"还是"负效果"更是不闻不问。基于此，笔者建议日语教学中应该重视以下几点：

（1）对具体的言语行为进行说明时，应该置于话语表述连锁链中实现动态

说明。依据礼貌策略理论，向学习者说明交际行为原理，即：交际行为会引起面子侵害，要建立良好的跨文化交际关系就必须纠正这种面子威胁行为。

（2）认识和把握目的语中的基本态。基本态因语言、文化的不同而不同，即便是同一场景，汉、日语中的基本态也呈现出不同的情形。因此，正确认知日语中各种"活动类型"的基本态，对比其与汉语的差异对中日跨文化交流至关重要，必须有意识地给学生"灌输"这一观点。

主要参考文献

[1] Brown, P. & Levinson, S. "Universals in language usage: Politeness phenomena". In: Goody, E.N., Ed., *Question and Politeness: Strategies in Social Interaction*, Cambridge: Cambridge University Press, 1978: 56-311.

[2] Brown, P. & Levinson, S. *Politeness: Some Universals in Language Usage*. Cambridge: Cambridge University Press, 1987.

[3] Geoffrey N. Leech. *Principles of Pragmatics*. New York: Longman, 1983.

[4] Goffman, E. *Interactional Ritual: Essays on Face-to-face Behavior*. New York: Pantheon Books, 1967.

[5] Gu, Yueguo. "Politeness phenomena in modern Chinese". *Journal of Pragmatics*, 1990, 14(2): 237-257.

[6] Ide Sachiko. "Formal forms and discernment: two neglected aspects of universals of linguistic politeness". *Multilingual*, 1989, 8(2-3): 223-248.

[7] Kaidi Zhan. *The strategies of politeness in the Chinese language*. Institute of East Asian Studies, University of California, Berkeley, 1992.

[8] Matsumoto Yoshiko. "Reexamination of the universality of face: Politeness phenomena in Japanese", *Journal of Pragmatics*, 1988, 12(4): 403-426.

[9] Usami Mayumi. *Discourse Politeness in Japanese Conversation*. Tokyo: HituziSyobo Press, 2002.

[10] 井出祥子．「国際化社会の中の敬意表現」．『日本語学』，2001（4）：4—13．

[11] 井出祥子、荻野綱男、川崎晶子、生田少子．『日本人とアメリカ人の敬語行動』，東京：南雲堂，1986．

[12] 井出祥子、彭国躍．「敬語表現のタイポロジー」．『月刊言語』，1994（9）：43—50．

[13] 宇佐美まゆみ．「ディスコース・ポライトネス・ストラテジーとしてのスピーチレベル・シフト」．『平成10年度日本語教育学会秋季大会予稿集』，1998b：110—115．

[14] 宇佐美まゆみ．「ポライトネス理論から見た＜敬意表現＞」．『月刊言語』，

第五章 将礼貌策略理论及话语礼貌理论引入敬语教学的可能性研究

2001b (12): 18—25.

[15] 宇佐美まゆみ．「ポライトネス理論の展開 ディスコース・ポライトネスという捉え方」．『日本研究教育年報（1997年度版）』，1998a：145—159．

[16] 宇佐美まゆみ．「ポライトネス理論の展開1～12」．『月刊言語』第31巻第1号～5号7号～13号，2002．

[17] 宇佐美まゆみ．「談話のポライトネス―ポライトネスの談話理論構想―」．国立国語研究所．『談話のポライトネス』，東京：凡人社，2001a：9—58．

[18] 宇佐美まゆみ．「異文化接触とポライトネス―ディスコース・ポライトネス理論の観点から―」．『国語学』，2003（3）：117—132．

[19] 謝韞．「依頼行動の対照研究からみた日中の対人コミュニケーションの特徴―ディスコース・ポライトネス理論の観点―」，東京：東京外国語大学博士論文，2007．

[20] 謝おん．「談話レベルからみた『依頼談話』の切り出し方―日本人大学生同士と中国人大学生同士の依頼談話から―」．『日本語研究教育年報』，2001(5)：77—101．

[21] 滝浦真人．『日本の敬語論―ポライトネス理論からの再検討―』，東京：大修館書店，2005．

[22] 毋育新．「待遇行動における日本人と中国人の比較―ポライトネスの視点からの考察―」．『麗澤大学紀要』，2001（73）：209—225．

[23] 堀素子、他編．『ポライトネスと英語教育―言語使用における対人関係の機能―』，東京：ひつじ書房，2006．

[24] 堀素子、他編．『現代若者ことばの潮流－距離をおかないわかものたち－』，大学英語教育学会中部支部待遇表現研究会，2000．

[25] 彭国躍．『近代中国語の敬語システム―「陰陽」文化認知モデム―』，東京：白帝社，2000．

[26] 三橋要也．「皇典講究所講演71・72号」（1892）．北原保雄編．『論究日本語研究9敬語』，東京：有精堂，1978：7-22．

[27] 宮田聖子．「ポライトネスを日本語にあてはめる」．『東京大学留学生センター紀要』，2000：87—101．

[28] 陈融．《面子·留面子·丢面子――介绍Brown和Levinson的礼貌原则――》．《外国语（上海外国语学院学报）》1986年第4期：19—23+18．

[29] 范亚苗．『依頼行動における中国人日本語学習者の問題点に関する研究―ディスコース・ポライトネスの理論の観点から』，西安：西安外国語大学硕士論文，2012．

[30] 顾曰国．《礼貌、语用与文化》．《外语教学与研究》1992年第4期：10—17+80．

[31] 何自然、陈新仁．《现代语用学》，北京：外语教学与研究出版社，2004．

[32] 刘润清．《关于Leech的"礼貌原则"》．《外语教学与研究》1987年第2期：42—46+80．

[33] 平静.《日语教学中"礼貌意识"的导入》.《内蒙古师范大学学报(教育科学版)》2014年第7期：116—118.

[34] 曲卫国、陈流芳.《汉语招呼分析》.《华东师范大学学报(哲学社会科学版)》2001年第3期：116—124.

[35] 曲卫国、陈流芳.《礼貌称呼的语用学解释》.《华东师范大学学报(哲学社会科学版)》1999年第6期：118—124.

[36] 曲卫国、陈流芳.《论传统的中国礼貌原则》.《学术月刊》1999年第7期：33—41.

[37] 冉永平、张新红.《语用学纵横》,高等教育出版社,2007.

[38] 时晓阳.《话语礼貌理论视角下的日语拒绝行为研究》.《日语学习与研究》2014年第3期：43—49.

[39] 吴国华.《外语教学中的文化干扰问题》.《外语学刊(黑龙江大学学报)》1990年第3期：47—51+25.

[40] 毋育新.《日汉礼貌策略对比研究》,北京：中国社会科学出版社,2008.

[41] 毋育新.《现代日语礼貌现象研究》,杭州：浙江工商大学出版社,2014.

[42] 毋育新.《中国学生日语敬语习得问题点理论索据》.《外语教学》2015年第2期：57—60.

[43] 闫嵘.《语言礼貌的认知与发展》,北京：中国社会科学出版社,2011.

[44] 杨东焕.《跨文化交际障碍产生的原因及对策分析》.《怀化学院学报》2011年第1期：14—16.

[45] 赵华敏.《礼貌与日语的反驳言语行为》.《日语研究》第2辑,北京：商务印书馆,2004：173—190.

[46] 祝畹瑾.《社会语言学概论》,长沙：湖南教育出版社,1992.

第六章 日语敬语教学的新展开

服务外语教学，解决教学中的实际问题是本书的主要目的。敬语难学、难教是日语教学界普遍存在的问题。本章拟立足于前5章的研究成果，将礼貌策略理论及话语礼貌理论引入以敬语为核心的待遇表现教学实践中，探索具体教学方略及实际教学效果，为日语教学提供新的思路。

第1节 将礼貌策略理论引入待遇表现教学的实证研究

长期以来，我国日语教学界一直把重点放在语言形式的教学上。其具体表现为在教学法上采用重视模仿和记忆的"听说法"（Audio-lingual Methods），在课堂练习中采用重视句型的"格式练习"（Pattern Practice）。这种教学最大的弊端是忽视语言功能，即忽视语言在具体情景中的使用。2001年颁布的《高等院校日语专业基础阶段教学大纲》中提出重视"功能意念"（notion function），提倡"要克服只重视语言形式和结构，忽视语言功能的偏向"，实际上就是对日语教学中"语言形式一边倒"现象的一种否定。本节以待遇表现为例，探索将语用学的礼貌策略理论引入待遇表现教学的具体方法并评价其实际教学效果。

1.1 学习者的问题点所在

1.1.1 本研究的契机

敬语是困扰中国学生日语学习的难点之一。为了掌握中国学生敬语学习的实际情况，笔者对全国6所高校350名CL进行了有关敬语习得状况的问卷调查（详情参照第二章第4节），并对其使用的教材进行了分析。结果显示，81.3%的CL只是将敬语作为一般的语法项目对待，对敬语的人际关系调节功能，或者说对日语待遇表现本身具有的人际关系调节功能缺乏认识；这6所高校所使用的教材，只引入了狭义敬语概念，未引入广义的待遇表现概念，也未涉及任何泛语言礼貌理论概念。

1.1.2　学习者的问题所在

毋育新（2003：97）的问卷调查结果表明，CL不能很好地习得待遇表现的关键在于没有理解待遇表现的功能。其具体表现为：①使用母语交际时能根据受话对象变换语言表达方式，而使用日语交际时根据受话者不同改变语言表达方式的意识低下；②即便是能够从语法层面正确使用狭义敬语的词汇、词形，也不能恰如其分地区别使用不同的待遇表现。上述问题的产生背景有下列因素：

（1）汉日语言礼貌表达形式的差异

汉语和日语的礼貌表达形式存在很大差异。如：汉语中的"敬谦词"和日语中的"狭义敬语"虽然功能相同，但语言形式却有很大的不同。日语中狭义敬语的形态是特定的，可是包括敬谦词在内的汉语礼貌语言却几乎不受任何形态上的制约。这是因为汉语的礼貌语言一般是以概念义为媒介派生出的，而非通过变化语言形式产出（井出祥子、彭国跃1994）。

（2）日语教学中的问题

张拓秀（1993）、刘金才（1998）等认为，目前日语专业待遇表现教学的问题主要是只讲授狭义的敬语，而几乎不涉及待遇表现。张拓秀（1993）还指出，中国大学的敬语教育「狭義の敬語で、その説明も先輩・年長者・目上の人に対して敬語を使い、自分に対しては謙遜語を使うとかいうようなものである」（仅限于狭义的敬语，且解说也仅限于对地位、年龄等高于自己的人要使用尊他语，对自己要使用自谦语。）笔者调查的6所高校的敬语教学也大致如此。前文所言有关待遇表现习得状况的问卷调查中，72.0%的CL认为自己所在大学的敬语教育状况应该得到改善，其中43.9%的CL希望改善教学法。

笔者认为，要解决上述问题（1），就必须将汉语和日语的礼貌现象置于同一框架中进行比较。要解决问题（2），就必须脱离狭义敬语概念，从广义视角审视日语敬语。

B&L（1987）提出的礼貌策略理论是20世纪礼貌现象研究的代表性成果之一。该理论①以人类言语行为中共有的礼貌现象为研究对象，范围涵盖了日语中的敬语和待遇表现；②以源于汉语的面子概念为理论切入点，便于中国学生理解；③重视语言功能，为礼貌语言形式迥异的语言间对比提供了框架；④易于量化，便于应用于日语教学（毋育新2003：22—23）。

礼貌策略理论为解决上述问题（1）和（2）提供了理论支撑。笔者拟将礼貌策略理论引入待遇表现教学中进行实践，验证其有效性。

1.2 礼貌策略在日语教学中的应用

1.2.1 礼貌策略理论在日语和汉语中的应用

本节在参照宫田圣子（2000）、Kaidi Zhan（1992）等相关先行研究的基础上，主要依据毋育新（2003）的方法，就礼貌策略理论在日语、汉语中的应用表述如下：

1.2.1.1 礼貌策略在日语中的应用

策略①用于FTA值较小，没有必要纠正FTA的场景。日语中家庭成员之间、关系亲密的朋友之间使用的简体会话相当于此。策略②的积极礼貌策略以拉近和对方的关系为目的，通过满足受话者的积极面子的方式来达到和对方圆满沟通的目的。开玩笑、赞扬、理解、同情对方等都属于该策略。如对不擅长学习日语的学生说「日本語が上手ですね」等。策略③的消极礼貌策略用于威胁面子程度相对较大的情况，通过满足对方消极面子的方式来达到和对方圆满沟通的目的。比如，使用「おっしゃる」、「申し上げる」等狭义的敬语代替「言う」等。策略④也属于纠正程度较强的策略，说话者通过暗示等方式来避免威胁对方的面子。例如使用诸如「この部屋は暑いですね」等委婉方式替代「窓を開けてください」等直接请求行为。策略⑤是纠正程度最强的策略，说话者放弃实施面子威胁行为，即放弃语言交际行为[①]。在日常交际中，日语母语者通过使用这5种策略，巧妙地变换语言表达方式，纠正交际中产生的FTA。

日语中的狭义敬语，相当于策略③。迄今为止的日语教学中一般都将重点放在敬语词汇、语法的指导上。例如「言う」的尊他语是「おっしゃる」，对地位高于自己的人使用；自谦语是「申す」，对自己的动作使用。但是，没有涉及为什么说话时必须区分使用这些敬语词汇等有关纠正FTA的根本因素。为了解决本书提出的中国学生待遇表现学习的问题，日语教学中有必要导入以上述5种策略为中心的礼貌策略理论，从语用学角度科学地把握日语礼貌现象。如询问「昨日、どこへ行ったのか」时，可以使用以下几种策略：

a. 策略①：昨日、どこ行ったの？
b. 策略②：（親しくなろうという意図であまり親しくない人同輩の人に向かって）おい、昨日、どこ行ったの？

---

① 关于超级策略②、③、④中的各子策略，详见第四章第1节。策略⑤一般表现为不涉及该话题等非语言交际行为，故本研究暂不考虑此策略。

c. 策略③：（丁寧語を使う③aと尊敬語・謙譲語を使う③bに細分する）

　　　　③a：（あまり親しくない同級生に）昨日、どこへ行きましたか。

　　　　③b：（先輩に）昨日、どこへ行かれましたか。

d. 策略④：昨日、見かけなかったんですけど…。

e. 策略⑤：聞くこと自体をやめる。

1.2.1.2　礼貌策略在汉语中的应用

策略①相当于汉语中不使用专用表敬语言要素（敬辞、谦辞），直接叙述命题内容的表达方式。策略②相当于汉语中的亲近表达方式，如将"大叔""大妈"等亲属称呼用于亲属以外的人等就属于此种用法。策略③多为使用敬辞、谦辞等专用表敬语言要素的表达方式。策略④和日语一样，使用暗示等语言方式。策略⑤在汉语中一般表现为"话到嘴边又咽了回去"等放弃语言交际的行为。

比如，询问对方"你去哪儿了"时，可以使用下列策略：

a. 策略①：昨天你去哪儿了？

b. 策略②：（对不太熟悉的人）哥们儿，昨天去哪儿了？

c. 策略③：昨天您去哪儿了？

d. 策略④：昨天没有看到你啊……

e. 策略⑤：什么也不说。

1.2.2　将礼貌策略理论应用于待遇表现指导的可行性

习惯汉语礼貌表达方式的CL学习日语时，因受到母语的负向迁移，要习惯日语的待遇表现表达方式需要很长一段时间。为了把汉语的负向迁移降到最小，我们需要对比汉语和日语，向CL说明两者的异同。为了对比汉语和日语的礼貌现象，首先需要能客观测定两种语言礼貌程度的共同框架。迄今为止的日中比较研究中，多采用以下两种方法：①预先将受话者和事件主观分类再相加「相手レベル＋用件レベル＝コード値」（张拓秀1993，蒲谷宏、川口义一、坂本惠1998）的方法；②设立"礼貌度裁判员"来判定礼貌程度（梁长岁1999）。这两种方法均存在缺乏理论依据、主观性强的缺点，难以推广应用。但是，如果采用礼貌策略理论，将中日两种语言置于同一理论框架中进行比较则可以成为现实。

CL在使用母语时会无意识地使用礼貌策略纠正FTA，可一旦使用目标语言时，却无法正常意识到要纠正FTA。所以，指导待遇表现时强化CL的FTA纠正意识非常重要。为此，笔者拟建立如下研究假设，进行实践教学。

1.3 研究假设

我们把日语教学界常用的以讲授狭义敬语词汇、语法结构为中心的指导方法称为"既往指导方略"（简称旧方略），把本研究所提倡的导入礼貌策略理论的待遇表现指导法称之为"实验性指导方略"（简称新方略）。本节构建以下研究假设：

假设：以CL为对象指导待遇表现时，引入礼貌策略理论的新方略对于待遇表现能力的习得有效。

1.4 研究方法

我们把使用引入礼貌策略理论的新方略进行指导的班级称为"实验组"，把使用旧方略进行指导的班级称为"比照组"。授课一学期后，通过待遇表现测试检测新方略的指导效果。

1.4.1 实验组和比照组

我们随机抽取了西安外国语大学日语专业三年级两个班的学生，对他们进行了待遇表现能力测试（参照附录8）。t检验结果表明，两个班成绩均值间没有显著性差异，说明两个班级水平相当。我们随机将A班（20人，平均日语学习时间2.06年，SD=0.05）确定为实验组，将B班（20人，平均日语学习时间2.08年，SD=0.06）确定为比照组。

该校学生学习日语是从「です・ます体」开始的，在一年级第2学期及二年级第1学期接触过狭义敬语（「尊敬語」、「謙譲語」、「丁寧語」）。故而，实验组和比照组的学生均有一定的待遇表现学习基础。

1.4.2 任课教师和授课时间

实验组和比照组的指导均由笔者担任，每周各授课1次，共授课一学期（15次，90分钟/次），合计22.5小时。

1.4.3 教材

实验组和比照组使用内容完全相同的教材，为笔者自己编写的『日本語の表現』（参照附录6）。实验组的教材中追加了介绍礼貌策略理论的内容。

教材由50组会话构成，涉及日常生活中经常遇到的10个场景，分别为：闲聊、请求、拒绝、感谢、提意见、会议、反驳、赞誉、第三者待遇、恩惠・内疚场景。实验组按照礼貌策略（由策略①—策略④）排序；比照组按照场景随机排序。

1.4.4 两组的指导内容

1.4.4.1 比照组

对比照组的指导没有涉及礼貌策略的概念，按照旧方略，从狭义敬语的视角出发，将重点放在了敬语词汇、语法结构以及上下关系、亲疏关系、恩惠·内疚关系等人际关系把握的说明上。此外，在课堂上也未和汉语进行比较。

1.4.4.2 实验组

实验组依据礼貌策略理论，进行了如下指导。

a. 向CL展示如图6-1所示的流程，通过和汉语中的礼貌语言对比，说明日语交际中运用礼貌策略纠正FTA的必要性。

b. 使用表6-1，依据FTA公式$Wx=D（S，H）+P（H，S）+Rx$，让学生算出FTA大小，并据此选择与FTA值相匹配的礼貌策略。

c. 实验组的课堂上也涉及了狭义敬语，把狭义敬语定位为实现策略③的手段之一。

表6-1 数量化的基本框架

D值	1	2	3	4	5
人际关系例	·親友 ·家族 ·後輩	·友達 ·同級生 ·児童	·先輩 ·あまり親しくない人	·初対面の人 ·先生	·学部長 ·学長
P值	1	2	3	4	5
人际关系例	·親友 ·家族 ·後輩	·友達 ·同級生 ·児童	·先輩 ·あまり親しくない人	·初対面の人 ·先生	·学部長 ·学長
R值	1	2	3	4	5
场景例	·雑談	·評価 ·相手に負担がかからない依頼	·催促 ·苦情 ·公的場面	·断り ·公的場面	·相手に負担がかかる依頼 ·公的場面
D+P+R 总值	3～7	5～9	7～11	9～13	11～15
策略（S）的选择	3～4→S① 5～7→S③a	5～6→S② 7～9→S③a	7～8→S③a 9～11→S③b	9→S③a 10～11→S③b 12～13→S④	11→S③b 12～13→S④ 14～15→S⑤

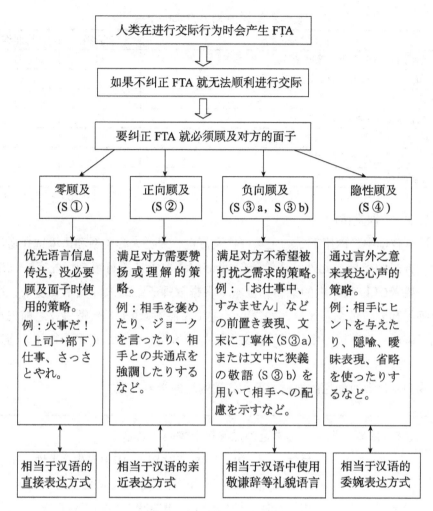

图6-1 待遇表现指导流程

1.4.4.3 两组授课内容的异同

实验组引入了礼貌策略理论内容，从功能上对比了汉日两种语言。具体异同如表6-2所示。

表6-2　两组授课内容异同一览表

课堂讲授内容	实验组	比照组
人际关系的把握（上下・亲疏等）	○	○
狭义的敬语（尊他语・自谦语・礼貌语）	○	○
待遇表现的概念	○	○
礼貌策略理论（5种礼貌策略）	○	×
汉日对比（礼貌语言和敬语功能上的对比）	○	×
语言表达方式选择意识的强化	○	○
练习（替换练习・分角色练习）	○	○

（○讲授　×未讲授）

1.4.4.4　课堂讲解

课堂教学中，两组都实施了重视错误订正、根据人际关系和语境选择适当话语表达方式的指导。此外，还给予CL足够的练习机会（每组会话配有5—6组练习），要求CL以教材中的会话为范本，根据教师所给的人际关系和场景，进行替换练习和分角色练习（ロールプレイ）（参照附录9）。教师讲评之前先让学生相互讲评，判断练习中使用的狭义敬语是否恰当、话语表达是否得体，通过这些方式加深CL对待遇表现的理解。

我们以授课时使用的教材为例，详述两组的指导过程。

教材：依頼（先生に奨学金の推薦状を書いてもらう）

　　　　　登場人物：周（女性，20代）　山田先生（男性，50代）

　　　　　人間関係：山田は周の指導教官である

　　　　　用　　件：周は先生に推薦状を書いてもらう

周：先生。＜はい＞　お忙しいところ申し訳ありません。

先生：いえいえ。何でしょうか。

周：実は、渥美（あつみ）という奨学金の募集がありまして、応募したいと思うんです。

先生：あ、あれはけっこういい奨学金ですよ。もらえたらいいですね。

周：はい。

先生：ぜひ申請してみてください。

第六章 日语敬语教学的新展开

> 周：はい。そのつもりです。あのう、<u>申請するには先生の推薦状をいただかないといけないんですが……</u>。
> 先生：分かりました。じゃあ、用意します。明日の午後、取りに来て下さい。
> 周：分かりました。お願いします。

（1）旧方略指导过程（以讲解教材的画线部分为例）
①人际关系的确认。
　　老师和学生→上下关系；
②根据人际关系选择语言。
　　学生对老师应该使用礼貌程度高的敬语（敬体、尊他语）；
③找出教材中的敬语，通过和非敬语对比，让学生判断使用敬语的理由。
　　"申請するには先生の推薦状をいただかないといけないんですが…"→"いただく"是普通词汇"もらう"的自谦语→学生对老师应该使用自谦语；
④进行画线部分的替换练习。
● 请陌生人填写简短的调查问卷：说话者和受话者不认识→关系远→使用"敬体+敬语词汇"

　　アンケート調査にご協力いただけませんでしょうか。

● 邀请自己认识的留学生参加日语系的新年晚会：说话者和受话者较熟→关系较近→使用"敬体+普通词汇"

　　うちのクラスの新年パーティーに来てくれないでしょうか。

● 借同班同学的课堂笔记复印：说话者和受话者关系很熟→关系很近→使用"简体+普通词汇"

　　ノート、貸してくれない？

⑤利用角色卡片，进行分角色练习，让学生练习如何在话语（discourse）中实施请求行为：

　　课题：小李向路人询问去大雁塔的路线。
　　　　　弟弟请姐姐讲解作业题。

⑥课后布置编写会话的作业。教师批改后返还学生。
　作业："午饭时，山本因忘带钱包，向房江学长借钱"，请以此内容编写一段会话。

（2）新方略指导过程（以讲解教材的画线部分为例）
①依据礼貌策略理论，试算出FTA值后选择策略（请参照表6-1）。
　请求行为的对象是老师 → 查表可知$D=4$，$P=4$；
　写推荐信占用老师时间，属于给老师添负担的行为，查表可知$R=5$ → $D+P+R=13$ → 查表可知应使用S④
②找出教材中的礼貌策略，让学生确认跟自己算出的是否一致。
　"申請するには先生の推薦状をいただかないといけないんですが…"
　→ 暗示表达方式 → 策略④
③进行画线部分的替换练习。
（替换D、P、R进行练习）
● 请陌生人填写简短的调查问卷：
$D+P+R=4+4+2=10→S③b$

　　アンケート調査にご協力いただけませんでしょうか。

● 请认识的留学生参加日语系的新年晚会：
$D+P+R=3+3+2=8→S③a$

　　うちのクラスの新年パーティーに来てくれないでしょうか。

● 借同班同学的课堂笔记复印等：

$D+P+R=2+2+2=6→S$②

ノート、貸してくれない？

④利用角色卡片，进行分角色练习，让学生练习如何在话语中实施请求行为。

（分角色练习：小周向路人询问去大雁塔的路线/弟弟请姐姐讲解作业题）
角色卡片（一例）：

ロールカードA

あなたが町で道に迷ってしまった。通りかかった見知らない人に大雁塔に行く道を尋ねる。

ロールカードB

あなたが町でぶらぶらしているとき、見知らない人に道を尋ねられた。その人に道を教えること。

---

⑤课后布置编写会话的作业。教师批改后返还学生。

作业："午饭时，山本因忘带钱包，向房江学长借钱"，请以此内容编写一段会话。

1.4.4.5　实验组对授课内容的理解

为了把握学生对授课内容的理解程度，在授课中途，我们针对实验组学生进行了4次"理解程度测试"（チェック・ポイントテスト，参照附录7）。该测试共计33分。实验组20名学生的得分均值为27分（$SD=3.00$），说明学生较好地理解了授课内容。

我们对该成绩和实验组后测成绩进行了相关分析。结果表明，皮尔逊相关系数为0.62（置信区间1%）。也就是说，对授课内容的理解和后测成绩之间有较强的相关关系。

1.5 结果及考察

为了检验新指导方略的有效性,在授课前后,我们分别对实验组和比照组实施了相同的"待遇表现能力测试"(参照附录8),并对其结果进行了比较。

1.5.1 待遇表现能力测试

待遇表现能力测试参照该校教材《综合日语(第二册)(修订版)》(北京大学出版社,2010年)编写,共68道小题,均为4选1的选择题。每小题1分,满分68分。试题分为两部分,第1部分主要测试词汇、词形变化等语法能力,共23道小题;第2部分主要测试如何在具体场景中恰当使用待遇表现等语用能力,共45道小题(具体参照表6-3)。

该试题信度系数$α=0.76$。

表6-3 待遇表现能力测试试题

	出题意图		问题数	问题例
part1	語彙・語形等文法能力を測定する		23	先生に( )になったら、よろしくお伝えください。 a. お会い b. 会い c. 会われ d. 会う
part2	場面に応じて待遇の適切さを判断する能力を測定する	文体の選択	23	(岩村の同期入社の山下への電話) 山下:はい、生産部の山下でございます. 岩村:あ、おれ、岩村だよ. 山下:君か. 岩村:お昼、飯喰いに( ) 山下:ああ、いいね. a. 行かない?　　　b. 行かれる? c. いらっしゃる?　d. 行きます?
			45	(取引先からかかってきた電話に田川さんが出た場面) 田川:はい、日本工業でございます. 小沢:太洋物産の小沢と申しますが、いつもお世話になっております.
		呼称	7	田川:こちらこそ、お世話になっております. 小沢:恐れ入りますが、( )いらっしゃいますか. 田川:申し訳ございません、山田は、あいにく席をはずしておりますが… a. 山田　　　　　　b. 山田課長 c. 山田課長さん　　d. 課長の山田様

（续表）

	出題意図		問題数	問題例
part2	場面に応じて待遇の適切さを判断する能力を測定する	敬語語彙	8	（留学生の柳さんが島田先生の家へ電話をかけて、先生の奥さんが電話に出たときの場面） 奥さん：もしもし，島田でございます． 柳：　あのう，麗澤大学日本語学科の柳と申しますが、島田先生は（　） 奥さん：はい，おります．お電話代わりますので，少々お待ちください． a. いますか．　　　b. おりますか． c. いらっしゃいますか．　d. いる？
		その他	7	（鈴木さんは卒業後の進路について先生に相談に乗って貰う） 鈴木：先生，お忙しいところ申し訳ないですが，（　）． 先生：何でしょう． a. 相談にのってくれますか？ b. 相談にのってください． c. 相談にのってくれる？ d. ちょっとご相談にのっていただきたいことがありまして…
合計			68	

1.5.2　两组前测、后测成绩的横向比较

表6-4　两组前测、后测成绩的均值与标准差

	前测		后测	
	实验组	比照组	实验组	比照组
样本数	20	20	20	20
均值	40.34	39.87	48.84	44.21
标准差	6.90	7.07	5.60	6.80

表6-4所示为实验组和比照组前测及后测成绩的均值和标准差。t检验结果显示，两组前测成绩的均值不存在显著差异（双侧检验：$t(38)=.86$，$p>.10$）。也就是说，两组CL待遇表现水平相同。但是，后测成绩的均值出现了显著差异

（双侧检验：$t(38)=2.40$，$p<.05$）。也就是说，经过一学期的指导，两组的待遇表现水平出现差异，实验组的水平明显高于比照组。

1.5.3 试题各部分前测、后测成绩的纵向比较

1.5.3.1 第1部分的前后比较

表6-5 第1部分两组前测、后测成绩的均值及标准差

	实验组		比照组	
	前测	后测	前测	后测
样本数	20	20	20	20
均值	16.74	17.68	14.33	16.87
标准差	3.04	2.65	4.04	3.20

表6-5所示为实验组和比照组第1部分前测及后测成绩的均值和标准差。t检验结果显示，实验组前测成绩与后测成绩均值间不存在显著差异（双侧检验：$t(19)=-1.71$，$p>.10$）。但是，比照组前测成绩与后测成绩均值间存在显著差异（双侧检验：$t(19)=-4.01$，$p<.01$）。也就是说，在第1部分，按照旧方略授课的比照组，成绩显著上升。但是，按照新方略授课的实验组成绩并未显著上升。第1部分测试的是语法项目，所以旧方略指导对敬语语法习得是有成效的。

1.5.3.2 第2部分的前后比较

表6-6 第2部分两组前测、后测成绩的均值及标准差

	实验组		比照组	
	前测	后测	前测	后测
样本数	20t	20	20	20
均值	23.61	31.16	25.53	27.33
标准差	5.13	5.34	4.81	3.83

表6-6所示为实验组和比照组第2部分前测及后测成绩的均值和标准差。t检验结果显示，实验组前测成绩与后测成绩均值间存在显著差异（双侧检验：$t(19)=-8.80$，$p<.01$）。但是，比照组前测成绩与后测成绩均值间不存在显著差异（双侧检验：$t(19)=-1.59$，$p>.10$）。也就是说，在第2部分，按照新方略授课的实验组成绩显著提高，而按照旧方略授课的比照组成绩并未显著上升。第2部分是测试具体场景中敬语表现使用恰当性（语用）的部分，所以新方略指导对敬语语用习得是有成效的。

1.5.4 对实验组问卷调查结果的考察

一学期的课程结束后，我们对实验组20名CL进行了跟踪问卷调查（参照附录10）。实验组所有CL都对授课内容给予了好评。97%的CL认为礼貌策略理论对敬语习得有帮助。此外，88.83%的CL认为礼貌策略理论较狭义敬语更易理解。授课前，65.63%的CL没有根据受话者不同改变语言表达形式的意识；授课后，所有的CL都建立起了根据受话者不同而改变语言表达形式的意识。调查还表明，授课前，78.79%的CL没有意识到母语中也存在FTA。

综合以上结果我们可知，旧方略的指导对于语法知识习得有效，新方略的指导对于语用知识习得有效。换言之，1.3的假设得到验证。因此，我们可以说，指导CL待遇表现时，引入礼貌策略理论的新方略指导是有效的。

1.6 日语教学中如何应用礼貌策略理论

由以上实践可知，要实现待遇表现教学由重视语言形式向重视语言功能转变，有必要引入礼貌策略理论。因为无论使用日语还是汉语，都必须纠正语言交际所产生的FTA。CL，特别是初、中级阶段的CL，使用日语交际时，大多先用中文思考然后再翻译成日语。使用中文时他们能无意识地运用纠正FTA的策略，可是一旦使用日语，注意力就只集中在如何将汉语翻译成日语。换言之，将重心放在语义翻译和语法组织上，往往会忽略纠正FTA。所以，我们提议待遇表现教学中应该引入礼貌策略理论，从宏观角度说明使用日语待遇表现的原理；通过和母语对比，使CL明白使用礼貌策略纠正FTA的重要性；强化日语交际时使用FTA纠正策略的意识。

1.7 小结

礼貌策略理论为我们提供了超越敬语框架把握日语待遇表现的视角。本实践研究也印证了引入礼貌策略理论进行指导的有效性。可以说，礼貌策略理论为中国日语教育界的待遇表现指导提供了新的方法。

第2节　礼貌策略理论指导下的日语语体教学：
　　　以语体选择为对象

2.1　目的

　　据第二章第4节中与CL存在问题相关的问卷调查结果显示，很多CL使用日语时，无视人际关系、会话场景、表达内容等，滥用「です・ます体」。2012年9月，笔者以西安外国语大学日语专业的200名中、高级学习者为对象，进行了待遇表现能力测试（共计68道小题，语法题23道、语体选择题23道、称呼问题7道、敬语词汇问题8道、其他问题7道）。其中，23道语体选择题的平均正确率为0.59。这表明，语体选择对高级学习者来说也比较困难。因此，笔者拟将B&L的礼貌策略理论引入语体选择的指导中，并对其有效性进行验证。

　　2013年9月，笔者进行了包括语体选择在内的待遇表现教学实践[①]（参照本章第1节，以下称"9月授课"）。但是，9月授课的实验对象为待遇表现整体，未能在语体选择部分倾注足够多的时间进行讲授。基于上述教学实践结果，笔者着眼于"如何选择适当的语体"，于2013年12月进行了第2次教学实践（以下称"12月授课"）。在12月授课中，笔者将礼貌策略理论应用于语体指导，旨在提出有效的方案，以克服学习者说话时不考虑语体的倾向。

　　学习者不考虑语体选择的具体表现为：使用日语时，无视人际关系、会话场景、表达内容等，滥用"安全"的「です・ます体」。究其原因，主要包括以下几个方面：

　　（1）源于汉语的负向迁移

　　汉语中不存在与日语语体相对应的部分。苏德昌（1999）指出："汉语中不存在与日语语体相对应的部分"；"相较汉语来说，日语可以说是将说话人对受话人的态度显露在外边的语言"。由于汉语中不存在语体选择，已经习惯了汉语的学习者要适应日语的语体选择还需要很长的时间。

　　（2）日语教学中语体的处理方式

　　笔者对被试使用的《综合日语》等6种目前的中国日语教科书中会话文的语

[①] 本次教学实践除语体选择外，还包括称呼、敬语词汇、词形等内容。

体进行了考察。结果表明,几乎所有的教科书在初级阶段①的会话文中均使用「です·ます体」。随着向中级过渡,有两种教科书开始导入简体会话文,但是中级阶段会话文的数量减少,一般以用书面语体「である体」书写的正文为主。初级阶段是学习者掌握句子基础结构以及对话能力的关键时期,而初级阶段的教科书中全部使用敬体,却未将简体纳入语言表达的范围是不妥当的。

另外,教科书调查结果显示,虽然中级阶段的教科书中导入了简体会话文,但并未对"为什么说话时必须区分使用语体"进行理论性说明,这也成为学习者难以习得语体选择的原因之一。

2.2 礼貌策略理论在日语语体选择教学中的应用

礼貌策略理论以人类言语行为中共有的礼貌现象为研究对象,其范围涵盖了日语的待遇表现,本节仅讨论如何将礼貌策略理论导入语体选择教学中的问题。

礼貌策略一般用于纠正交际过程中产生的FTA(面子威胁行为)。日语的语体是在意识到受话人的基础上选择的,可将其看作是说话人对受话人面子的顾及。

日语中的敬体表示说话人与受话人的距离,顾及受话人的消极面子,即:"不想被靠近、不想被打扰"之欲求的表达。即,我们可以将选择敬体理解为优先使用了消极礼貌的做法。

日语中的简体表示说话人与受话人的亲密度,顾及受话人的积极面子,即:"想被评价、被赞扬"的表达。即,我们可以将选择简体理解为优先使用了积极礼貌的做法。

综上所述,日语中敬体的使用是通过与受话人保持距离来体现顾及之意的消极礼貌(策略③),简体的使用是通过想和受话人变得亲昵来体现顾及之意的积极礼貌(策略②),日语母语者运用策略③和策略②,恰当地选择敬体和简体,有效地纠正了交际中出现的FTA。

另外,策略①多使用简体表达,策略④多使用敬体表达。这两种策略是在完全掌握语体选择基础上进行的扩展,为方便指导,本次教学实践未将其纳入语体选择的范围。

---

① 在中国的日语专业中,一般将大学一年级这一年称为初级阶段、二年级这一年称为中级阶段、三、四年级这两年称为高级阶段。

在以往的日语教学中,有关语体选择的指导大多基于狭义敬语,将敬体解释为用于对方的较为礼貌的说话方式,将简体解释为用于关系较为亲密之人的亲近的说话方式,但很少提及"为什么在说话时必须区分使用语体"这一语体选择的根本原因。

故此,笔者将基于礼貌策略理论,进行如下指导:

首先,向学习者展示如图6-3所示的流程图(第161页),并说明语体选择的原因。其次,依据FTA计算公式 $Wx=D(S,H)+P(H,S)+Rx$,出示FTA估算图(参照表6-8,第162页),让学习者建立起语体选择的意识。最后,引导学习者理解众多场景都可以通过区分使用语体来纠正FTA。

2.3 方法

2.3.1 假设

假设:在对中国日语学习者进行语体选择指导时,导入礼貌策略理论的指导对学习者理解语体选择是有效的。

在此,将导入礼貌策略理论的指导方略称为"实验性指导方略"(简称新方略),将以往的基于狭义敬语理论的指导方略,即将「です・ます体」看作礼貌语的指导称为"既往指导方略"(简称旧方略)。

2.3.2 实验组和比照组

2012年12月,笔者以西安外国语大学日语专业三年级(15人,平均学习年数为3.53年)、二年级(14人,平均学习年数为2.14年)的学习者为对象,利用68道语体选择题进行了语体测试(参照附录11)。统计测试结果并进行t检验后发现,上述两个班级的成绩均值存在显著差异(参照表6-9),三年级的成绩均值(51.73分)明显高于二年级的成绩均值(46.00分)。为缩小后续测试中实验组和比照组的差距,本研究将日语水平较低的二年级设定为"实验组",将日语水平较高的三年级设定为"比照组"。

2.3.3 语体测试

2.3.3.1 测试题

语体测试主要是为考察学习者根据不同情况区分使用「です・ます体」和「だ体」的能力。共计68道小题(参照附录11),1道题1分,满分68分。另外,所有题目均要求从所给的4个选项中选择1个最合适的选项。

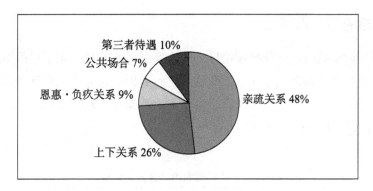

图6-2 语体测试题的场景设置

语体测试题场景设置如图6-2所示。该场景设置参考了9月授课中实施的待遇表现能力测试的结果。在待遇表现能力测试中，初次见面、恩惠·负疚关系相关场景的通过率较高（>0.80）。因此，本次语体测试去掉了学习者容易理解的初次见面场景，减少了恩惠·负疚关系场景，场景设置以面子威胁度公式$Wx=D（S，H）+P（H，S）+Rx$中表示D和P的亲疏关系和上下关系的场面为主，并添加了待遇表现能力测试中通过率较低（<0.40）的第三者待遇、公共场合等相关场景。

2.3.3.2 测试的实施

为了检验实验性指导方略的有效性，笔者分别于授课前后对实验组和比照组进行了相同的语体测试，并比较所得结果。事先不告知受试者测试目的，考试时间为一个小时。

表示该试题信度的克隆巴赫$α$系数为0.75。

2.3.4 任课教师及授课时间

笔者担任实验组和比照组的任课老师，对学生进行了语体选择的指导。授课持续三周，两组的授课课时数均为26课时（45分钟/课时），共计19.5小时。

2.3.5 教材

笔者授课时，向实验组和比照组提供了具有相同语体内容的教材。该教材参考了朱春跃、彭广陆编写的《基础日语教程（1—2）》（外语教学与研究出版社，1998年）中的会话部分，并添加了亲疏、上下、恩惠·负疚关系、第三者待遇、公共场合等场景。该教材由30组会话构成，分别有15个使用敬体和简体的场景。

2.4 两组的指导内容

本研究为检验将礼貌策略理论导入教学实践的有效性，除了对语体进行说明时，在导入礼貌策略理论还是狭义敬语上进行差别化指导外，对其他内容的指导尽可能保持一致。为此，笔者向两组提供了内容相同的教材和练习题。

表6-7为两组授课内容的异同。

表6–7 两组授课内容异同一览表

课堂讲授的内容	实验组	比照组
人际关系的把握（上下・亲疏等）	○	○
狭义敬语（特别是礼貌语）	×	○
待遇表现的概念	○	○
礼貌策略理论	○	×
日汉对比	○	○
语体选择的规则	○	○
语体选择的理由	○	×
日本人语言使用意识的相关知识	○	○
语体选择意识的强化	○	○
练习（替换练习・分角色练习）	○	○

○ 讲授　　× 未讲授

2.4.1 实验组

笔者基于礼貌策略理论，对学习者进行了如下指导：

（1）向学习者展示如图6-3所示的流程图，用礼貌策略的观点就语体选择的理由进行以下说明：语体是纠正交际中产生的FTA的方式之一。简体是采用积极礼貌来纠正FTA的言语行为，敬体是采用消极礼貌来纠正FTA的言语行为。用日语进行交流时，应当巧妙使用以上两种策略，通过选择敬体或简体来纠正交际中产生的FTA。

（2）估算FTA（面子威胁行为）（参照表6-8）。

依据FTA计算公式 $Wx=D(S, H)+P(H, S)+Rx$，出示FTA估算图，并对交际中产生的FTA值进行分类，让学习者意识到要通过选择不同的语体来纠正交际中的FTA。

（3）日汉对比（图6-4），让学习者认识到两种语言之间的差异，进一步强化学习者通过日语的语体选择来纠正FTA的意识。

在对两种语言进行比较时，笔者着眼于汉语中实现"礼貌策略"的方略之一——"语气"①（徐晶凝 2000）。徐晶凝（2000：137）将语气定义为"附加表达自己对交际内容的某种感情、态度或意向"，认为汉语中语气的基本功能包括"礼貌"和"亲近"两种，还指出通过语气的选择可以调节与受话人的距离。如：

你去吧？（语气助词"吧"提升了句子的礼貌程度，体现了对受话人消极面子的顾及。）

你去啊？（语气助词"啊"通过亲近的语气表达与受话人的亲密关系，体现了对受话人积极面子的顾及。）

如上所述，汉语中虽然不存在日语那样的语体选择过程，但存在语气的选择过程，语气也是表示对受话人顾及之意的方式之一，和日语的语体发挥着同样的功能。

（4）设定多种场景，指导学习者通过语体选择来纠正FTA。

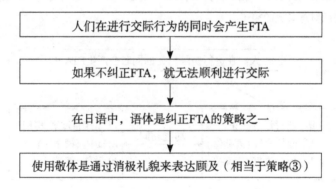

图6-3　语体选择指导流程

---

① a. 汉语中也将陈述、疑问、祈使、感叹等表示mood的词称为"语气"，和徐晶凝（2000）所说的"语气"不同。

b. 徐晶凝（2000）将汉语的语气分为以下6种："语调""语气助词"（吧、啊等）、"叹词"（啧、啊、曬等）、"语气副词"（恐怕、未免、也等）、"句法格式"（通过动词重叠、变换词汇顺序等）、"同义选择"（从"我想""我看""我说"等同义词中选择一种）。

表6-8 FTA的估算图（Rx一定的情况）

D（社会距离）	● 有	● 有	● 有	○ 无	○ 无	○ 无
P（相对权势）	● 有	○ 无	○ 无	● 有	● 有	○ 无
Wx（面子威胁度）	●●	●○	●○	○●	○●	○○
纠正FTA	消极性顾及	消极性顾及	积极性顾及	消极性顾及	积极性顾及	积极性顾及
语体选择	敬体	敬体	简体	敬体	简体	简体
说明	感觉到D和P的时候	相比于P，更能感觉到D的时候	感觉到P比D更弱的时候	相比于D，更能感觉到P的时候	感觉到D比P更弱的时候	未感觉到D和P的时候
人际关系例	学长先生身近でない上司	町で会う人初対面の人	近所の子供下级生	先辈身近な上司	两亲祖父母	亲友兄弟

（符号说明：●：有，○：无，Wx：面子威胁度，D：说话者和受话者之间的社会距离，P：受话者相对于说话者所拥有的"相对权势"，Rx：特定文化中，某行为（x）"给予对方的心理负担程度"的绝对意义上的顺序。）

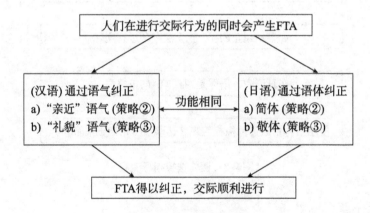

图6-4 语体指导的流程

2.4.2 比照组

比照组的授课主要是从狭义敬语的角度出发，对语体使用的规则进行了如下说明。

语体表示说话人对受话人的顾及。敬体一般用于关系不太亲密（或者是比自己地位高）的对象。简体一般用于关系亲密（或地位相当、亦或是比自己地位低）的对象。

2.4.3 课堂教学

课堂教学中，对两组都实施了重视错误订正、根据人际关系和场景选择恰当语言表达方式的指导。此外，给予被试足够的练习机会（每组会话后附3—4个练习）。要求学习者以教材中的会话为范本，根据教师提供的人际关系和场景，进行替换练习和分角色练习。教师讲评之前，首先请学习者互相讲评，判断语体的选用是否恰当，以此来加深学习者对语体的认识。

以下将详述两组的指导过程。

智子（女性，20多岁，大学生）在邀请他人参加庙会时的语体选择。

场面①（邀请姐姐的场景）お姉さん、今日のお祭り、見に行く？

场面②（邀请前辈的场景）先輩、今日のお祭り、見に行きますか。

旧方略的指导过程：

场面①：兄弟姐妹→关系亲密之人→简体

场面②：前辈→尊长者→敬体

新方略的指导过程（参照表6-8）：

场面①：产生FTA→和汉语一样必须纠正→未感受到D（○），未感受到P（○）→$D+P=○○$→通过积极性顾及纠正FTA→策略②→简体

场面②：产生FTA→和汉语一样必须纠正→未感受到D（○），感受到P（●）→$D+P=○●$→通过消极性顾及纠正FTA→策略③→敬体

2.5 结果和考察

2.5.1 实验组和比照组前测、后测成绩的横向比较

表6—9 两组前测成绩的均值与标准差

	实验组	比照组
样本数	14	15
均值	46.00	51.73
标准差	6.67	4.67

表6-9是两组前测成绩的均值与标准差。t检验结果显示，实验组和比照组的前测成绩均值间存在显著差异（双侧检验：$t(27)=2.70$, $p<.05$）。

表6–10　两组后测成绩的均值与标准差

	实验组	比照组
样本数	14	15
均值	56.35	55.20
标准差	5.32	5.63

表6-10是两组后测成绩的均值与标准差。t检验结果显示，实验组和比照组的后测成绩均值间不存在显著差异（双侧检验：$t(27)=-0.57$, $p>.10$）。

在授课前进行的语体测试中，实验组和比照组的成绩均值间存在显著差异，比照组明显高于实验组。但是，在授课后进行的语体测试中，接受实验性指导方略的实验组与接受既往指导方略的比照组的成绩均值间不存在显著差异。即：经过本次语体指导的教学实践，实验组与比照组之间的差距被填补。也就是说，相较比照组，实验组取得了更好的成绩。这一结果也表明实验性指导方略比既往指导方略更有效。

2.5.2　两组前测、后测成绩的纵向比较

2.5.2.1　实验组

表6–11　实验组的成绩的均值与标准差

	前测	后测
样本数	14	14
均值	46.00	56.36
标准差	6.67	5.33

表6-11是实验组的前测、后测成绩均值以及标准差。实验组的成绩均值提升了10.36分。t检验结果显示，该组的前测与后测成绩均值间存在显著差异（双侧检验：$t(13)=-7.41$, $p<.01$）（参照图6-5），即本次教学实践取得了成效。这一结果也佐证了实验性指导方略的有效性。

2.5.2.2 比照组

表6-12 比照组的成绩均值与标准差

	前测	后测
样本数	15	15
均值	51.73	55.20
标准差	4.67	5.63

表6-12为比照组的前测、后测成绩均值和标准差，比照组的成绩均值提升了3.47分。t检验结果显示，比照组的前测、后测均值间存在显著差异（双侧检验：$t(14)=-3.63$，$p<.05$），即既往指导方略也具有一定的效果，但其均值的提升幅度并没有实验组的明显。

图6-6分别为授课前后两组成绩的散点图。可以看出，授课前，两组成绩之间存在差距，授课后，差距消失。

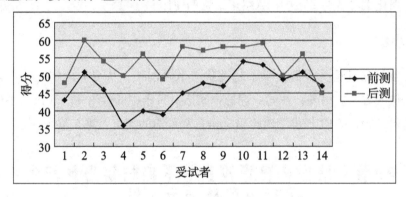

图6-5 实验组的前测成绩和后测成绩

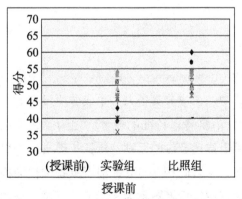
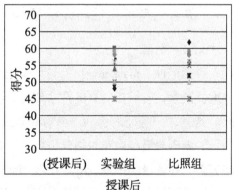

图6-6 授课前后两组成绩的散点图

综合考察2.5.1和2.5.2的结果可以看出,在对中国日语学习者进行语体指导时,导入礼貌策略理论的实验性指导方略是有效的。即2.3.1中的假设成立。

2.6 对日语教学的启示

无论使用日语还是汉语,都必须纠正交际时所产生的FTA。但是,学习者,特别是初级阶段的学习者使用日语时,大多是先用汉语进行思考,然后再翻译成日语。他们使用汉语时,会下意识地使用纠正FTA的策略,可一旦使用日语,注意力就集中在如何将汉语翻译成日语,关注语法的正确与否,而忽略了纠正FTA。据此,笔者主要提出以下几点建议用于对学习者的指导。

a. 采用礼貌策略概念对日语中的语体进行理论性说明。

b. 通过与"汉语中纠正FTA的策略"进行对比,引导学习者意识到用日语交流时需要进行语体选择。

c. 强化学习者对日语中FTA纠正策略的使用。

2.7 小结

礼貌策略理论为我们提供了超越狭义敬语框架,从更加广阔的视点来把握日语语体的方法。另外,在同一理论框架下对日语中的"语体"和汉语中的"语气"进行比较,为CL提供了对比目标语言和母语的契机,意义重大。

第3节 话语礼貌理论指导下的日语语体教学:以语体转换为对象

3.1 敬语的有标记性与无标记性

3.1.1 引言

有标记性(markedness)与无标记性(unmarkedness)是语言学研究中的一个重要概念,一般指对立的两个成分,其中一个成分具备另一个成分所没有的特征。具有这一特征的称为"有标记性",不具备该特征的成分称之为"无标记性"。该概念最早由布拉格学派提出,用于描述音位的区别性特征(转自王鲁男2007)。如音位学中浊音/g/、/z/与清音/k/、/s/之间相互对立,前者具备浊化的特征而后者不具备,故前者被称为有标记性音位,后者被称为无标记性音位。这种

用来研究某个特定语言特征出现与否的现象称之为标记理论。标记理论经过70余年的发展，其研究范畴已扩展至语法、语用、认知等领域。

20世纪50年代以来，针对日语敬语语用功能的探索及研究得到了极大强化，得体表达方式、礼貌策略、话语礼貌等各种新概念被引入敬语研究，极大促进了敬语研究的发展。但是，标记理论却很少被引入敬语研究。据笔者管见，只有日本学者宇佐美まゆみ在其倡导的话语礼貌理论（DP理论）中，初步导入了有标记性与无标记性概念，并做了一些有益的探索。本节拟利用有标记性与无标记性概念，依托宇佐美まゆみ（2001、2002）的DP理论，分析日语敬语研究、特别是敬语分类中屡屡被忽视的语体转换（speech-level shift）现象，以期从新的维度阐释日语敬语体系。

3.1.2　敬语分类的问题所在

敬语分类是百余年来敬语研究的一个重点问题（毋育新 2010：186）。吉冈乡甫（1906：51—53）将敬语分为「尊敬語」（尊他语）、「謙譲語」（自谦语）、「丁寧語」（礼貌语）的三分法，长期以来被日本学校语法所采用，在敬语分类研究史上影响最大。但是，三分法并非完美无缺，不断有学者指出其缺陷，如宫地裕（1968）、菊地康人（1996：17）、柴田武（2004：32）等。宫地裕（1968）以三分法中的自谦语「参る」为切入点，指出「電車が参ります」等句中的「参る」表达的是说话人郑重的语气，形式上也未贬低主语，与自谦语是性质上截然不同的两类词，建议将这类词单列为「丁重語」（郑重语）、与「美化語」（美化语）一并列入敬语分类中。此即敬语五分法（尊他语、自谦语、郑重语、美化语、礼貌语）的雏形。柴田武（2004：32）认为"从说话人的敬意指向视点来看，礼貌语（与尊他语及自谦语）是性质不同的"，也暗示出三分法的问题所在。

此后，菊地康人（1996：102—103、1997：255）基本继承了五分法的思想，将自谦语进一步细化为「謙譲語A」「謙譲語B」「謙譲語AB」三类，又将「美化語」称为准敬语。2007年日本政府（文化审议会）公布了《敬语的指针》，吸纳了宫地裕、菊地康人等学术界新的研究成果，将敬语正式分为「尊敬語」「謙譲語Ⅰ」「謙譲語Ⅱ」「丁寧語」「美化語」五类。

但是，从日语教学（日本語教育）来看，三分法中尊他语与自谦语是词汇层面的分类，而礼貌语却是语体层面的分类。三分法将词汇与语体混淆在一起，不利于日语学习者区分敬语词汇和敬语语体，有碍于日语敬语教学。五分法也没有

解决将词汇与语体混为一谈的问题，又增加了「謙譲語Ⅰ」「謙譲語Ⅱ」等易混淆名词，增加了学习者的负担。

三分法和五分法之所以难以适应日语教学是因为这两种分类法均非来源于面向外国人的日语教学实践，而是立足于日本国内语言教学的产物。我们认为，要适应面向外国人的日语教学实际，必须将泛语言礼貌策略理论——话语礼貌理论引入对敬语分类的考量。

3.1.3　话语礼貌理论

详请参照第四章第2节。

3.1.4　敬语的有标记性与无标记性

结合标记理论我们可知，宇佐美话语礼貌理论中所言的「無標ポライトネス」是无标记性语言行为，话语的基本态就是无标记性语言行为的典型状态；「有標ポライトネス」是脱离基本态的有标记性语言行为。无标记性语言行为是"适当行为"，产生的是"正效果"（有礼貌）；有标记性语言行为既有可能是"适当行为"，也有可能是"不适当行为"。当其为"适当行为"时产生的是"正效果"，反之，当其为"不适当行为"时，产生的是"负效果"（没有礼貌）。

根据宇佐美的话语礼貌理论，任何话语都具有基本态。所谓基本态是指该话语典型的、理所当然被保持的既非礼貌又非失礼的状态。确定基本态有多种方法，最常用的一种是"频率比例"法。如从语体的基本态来说，一段话语中，如敬体使用频率超过50%，则该话语的基本态是敬体。反之，如简体使用频率超过50%，那么该话语的基本态就是简体。

泷浦真人（2005：105）曾指出敬语的本质是"表达距离的产物"。他根据B&L的礼貌策略理论，进一步认为：在人际交往中，是否使用敬语是一种礼貌策略。当我们要和对方拉近距离时，无须使用敬语；而要和对方拉开距离时就需要使用敬语。前者为"积极礼貌策略"（ポジティブ・ポライトネス），后者为"消极礼貌策略"（ネガティブ・ポライトネス）。本节将泷浦所言的这种使用敬语与否的策略称之为"语体转换"①。我们认为，语体转换的实质是无标记性语体和有标记性语体间的互相转换。话语基本态的语体是无标记性语体，而脱离

---

① 关于语体转换的先行研究很多，代表性的如生田少子、井出祥子（1983），宇佐美まゆみ（1995），冈本能里子（1997），杉山ますよ（2000），陈文敏（2003、2004），伊集院郁子（2004），宫武かおり（2007）等。但这些研究均非从标记理论出发的研究。

第六章 日语敬语教学的新展开

基本态的语体则是有标记性语体。

例如，下面是一段发生在老师与学生之间的对话，基本态为敬体，所以无标记性语体应该是敬体。但对话中途却出现了脱离基本态的简体，简体即为有标记性语体。

【语料1】（初対面の大学の先生と大学生が共同で絵カードの並べかえをして話を作っている会話）（转自井出祥子 2006：198）

先生：で、じゃ、これも、どこかにいれましょうか。
学生：はい。
先生：ちょっと顔つきが、違いますけど。
学生：んー
先生：えーっと、歩いて行って、えーっと、ですね。
学生：あなんか
先生：うん
学生：ちょっと思いついたんですけど。
先生：うん
学生：**最初、棒を見つけて**
先生：うん
学生：**なんだこれ、つかえないなあ、って思ってたら**
先生：うんうん
学生：**こう崖にさしかかって**
先生：うん
学生：**あ、あの棒使えるってひらめいたとか。**
先生：ああそうですね。
学生：そういうのはどうですか。

以上对话属于典型的上下关系场景。一般说来，学生对老师应该使用敬体。但在该段会话的中间（黑体画线部分），学生的语体由敬体转换为有标记性的简体①，此处出现了语体转换。关于语体转换的原因，先行研究多有探索（如生田

---

① 严格说应该属于"中途终了句"，这是一种无语体标志的句子，称为「マーカーなし文」。

169

少子、井出祥子1983，宇佐美まゆみ 1995等），一般情况下，由无标记性语体转换为有标记性语体通常会伴随出现某种特殊的语用含义。该段话语中语体转换带来的语用含义，按井出祥子（2006：199）的解释，应该是"活跃了现场气氛"。老师和学生一起做拼图游戏，最初学生和老师使用的都是敬体，但当现场气氛高涨，游戏即将进入白热化阶段后，老师使用了两次简体「うん」。学生第一次使用敬体「ちょっと顔つきが、違いますけど」作答，当老师再次使用简体后，学生也开始使用比敬体随意的「最初、棒を見つけて」这样的省略句作答。学生的话语由无标记性语体转化到了有标记性语体。此时，现场气氛持续高涨，游戏进入白热化阶段。一段时间后，当老师的语体由有标记性语体回归无标记性语体后，学生也随之回归到无标记性语体，现场气氛也回归常态。

3.1.5 将语体转换导入敬语教学的必要性

语体转换是较难习得的日语学习项目之一，即便是能够流利使用日语的高级学习者也往往不能正确地进行语体转换（铃木睦 1997、宫武かおり 2007等）。可是，长期以来，日语敬语教学的重点往往放在敬语使用上，对于语体转换，也就是对敬语使用与否的正确选择却很少触及。

笔者针对全国6所大学共计350名日语学习者所做的问卷调查（见第二章第4节）结果表明，只有18.7%的学习者能根据场所、对象等进行语体选择，而绝大多数学习者总是使用单一的敬体（图6-7）。不会根据说话场所、对象等进行语体选择是日语学习者存在的一大问题。由于学习者总是使用敬体，语体转换也就无从谈起。

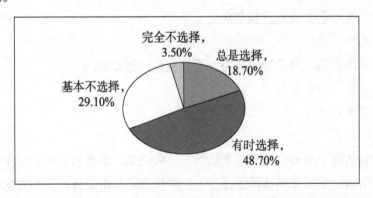

图6-7 说日语时，你是否会根据说话对象的不同而进行语体选择？

究其原因，问卷调查显示主要有以下三点（图6-8）：①日语学习伊始接触

的就是敬体（25%）；②学习者不习惯使用简体（20.8%）；③日语课本中关于简体的讲解太少（18.8%）。以上三点显示出当前日语敬语教学中存在着重视敬体、轻视简体的漏洞，将语体转换导入敬语教学势在必行。

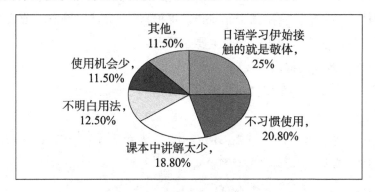

图6-8　不能很好使用简体的原因

3.1.6　语体转换的类型与功能

3.1.6.1　语体转换的类型

简单来说，语体转换可粗略分为"敬体转化为简体"（down shift）和"简体转化为敬体"（up shift）两种。但是，严格地说，"特敬体""敬体""简体""无语体标志的省略句""詈骂语体"[①]等之间的相互转化都应该视为语体转换。图6-9给出了语体转换的主要类型，限于篇幅，本节主要讨论简体和敬体间的互相转换。

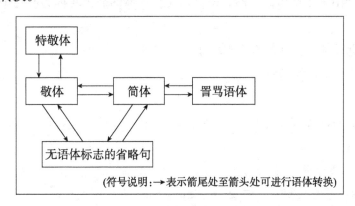

图6-9　语体转换的主要类型

---

①　如「やがる」体、粗鲁表达方式等。

3.1.6.2 有标记性语体的语用功能
3.1.6.2.1 基本态为简体的情形

如话语的基本态为简体，那么该话语的无标记性语体亦为简体，敬体则为有标记性语体。这种语体转换属于up shift。根据宫武かおり（2007）的研究，该类话语中的有标记性语体的语用功能主要如下：

（1）对立意见的提出、反驳

【语料2】[①]（小学生に携帯電話は必要かどうかの討論場面）

A1：もうなんか、"娘に何の用だ"とかそういうのもないもんね。
B1：ないよねー<2人で笑い>。
A2：ないけどさ、そんなの。
B2：でもそれはラクっちゃラクだけどさー。
A3：<笑い>まあねー。
B3：**でも今、今のとこ小学生にはいらないと、思<います>**{<}。
A4：<そうだねー>{>}。
B4：いいの?、意見かえて<笑い>。
A5：あ、いいよ別に。

此话语是关于小学生是否有必要使用手机的讨论。此前的讨论中，A持肯定的观点，当B提出反对意见时，语体由无标记性的简体转换为有标记性的敬体（B3处）。

（2）指责对方、口无遮拦地发言

【语料3】（雑談場面）

A1：/沈黙 5秒/向こう雪降ってないらしいね。
B1：まじ?。
A2：暴風雨とかで。
A3：そんな積もってないらしいよ。
B2：降っててほしいよな、帰った<##>{<}【【。

[①] 语料2、3、4、5引自宫武かおり（2007）。

A4：】】〈私車〉{}乗りたいんだけど。

B3：いやー、ねー…。

B4：**乗れば〈笑いながら〉いいじゃない**です**か。**

A5：だって雪降ったら乗れないじゃん。

B5：大丈夫だって。

　　此话语中A、B两人老家都在日本东北地区，且两人寒假都打算回老家，她们正在谈论回老家后出行时的交通问题。当A提出即便是大雪天外出也想坐车（实际上无法坐车）时，B的语体由无标记性的简体转换为有标记性的敬体，口无遮拦地回敬了一句「乗ればいいじゃないですか」。

（3）对第三者的负面评价和不满情绪的表达

【语料4】（雑談場面）

A1：まあいい気はしねえよなー。

B1：/沈黙3秒/えー〈笑い〉。

A2：##しい、ややヒビ入るよな。

B2：**トラブルメーカー「人名1」、本領発揮じゃない**です**かー〈笑い〉。**

A3：あー、あ、けどあー、「人名1姓」だからしょうがねえなってのは俺はわかる けどー、/少し間/ひでーはひでーよ。

　　此话语中A、B是朋友，A正在和B说他跟另一个人吵架的经过。当话题中涉及对第三者的负面评价时，语体由无标记性的简体转换为有标记性的敬体（B2处）。

（4）会话开始、终了，转换话题

【语料5】（雑談場面）

A1：あ、そう?。

B1：うん。

A2：/沈黙　2秒/そうだねー。

A3：あ、追いコンも無事終わりましたね。

B2：そうですねー。

A4：成功したんじゃないのかな。

B3：うん、なんか、（うん）良かったね。

此话语中，简体是无标记性语体。当B意欲转换话题时（B2处），使用了敬体，故敬体为有标记性语体。

3.1.6.2.2 基本态为敬体的情形

如话语的基本态为敬体，那么该话语的无标记性语体亦为敬体，简体则为有标记性语体。这种语体转换属于down shift。铃木睦（1997：72）认为，语体转换时要注意区别「聞き手の領域」「話し手の領域」「中立の領域」，只有当言语行为涉及「話し手の領域」或者「中立の領域」时，才能进行down shift的语体转换。① 该类话语中的有标记性语体的语用功能主要如下：

（1）表示说话人对受话人的亲近感

【语料6】（論文指導の場面）

A1：〈で、どうして〉{}、この1、2、3、3つ目の構文に、これは、あの、例えば、日本語の（え）直接受身、間接受身というような、そういった違いというものがこれに現されてるわけですか？。

B1：一応そうですね、構文によって少しずつ特徴が違うんですけど、まー、ri-構文が基本的には直接受身に近いものというふうに理解されていて、で、tur-構文、kuan-構文のほうはもうはっきり、特にkuan-構文は迷惑受身っていうふうにいうくこともあるんで〉{〈}，，

A2：〈あ、なるほどね〉{〉}。

B2：もう完全に、この2つに関しては間接受身、のほうしかでてきません。

A3：/少し間/なるほど、〈じゃ〉{〈}【【。

B3：】】〈で〉{〉}、はい。

---

① 详见铃木睦（1997：45—76）。

A4：あ、すいません〈笑い〉。

该话语场景为论文指导，A是老师，B是学生，两人之间一直使用敬体。但当老师听完学生具有说服力的回答后，颇为满意，于是使用了有标记性语体——简体（A2、A3处），表达出对学生的亲近之情。

（2）活跃场景气氛

【语料7】（論文指導の場面）

A1：はい、じゃ、始めましょう〈少々笑い〉。
B1：はい。
A2：今日もらったのは。
B2：今日もらっ、あ、今日…。
A3：**普通でいいんだよ**〈笑い〉〈2人笑い〉。
B3：はい。
A4：**今日の分は続きだ。**
A5：〈続きですね??〉{<}。
B4：〈緊張しますね〉{>}。
A6：続きですね??。
B5：そうですね〈はい〉{>}。

该话语中A是老师，B是学生。老师诘问学生（A2处），学生很紧张（B2处）。看到这一幕，为了活跃气氛，使对方放松下来，老师使用了有标记性语体（A3、A4处），即由敬体转换至简体。

（3）表达说话人自身的强烈感情

【语料8】（本の前書き）

拙著（中略）の中国語訳が出版されました。とても**うれしい**。中日関係の切っても切れない関係を言葉の面から中国の皆さんにお伝えすることが出来るからです。

该话语选自学术专著的前言。作者对自己的书能在中国翻译出版感到十分

高兴。为了表达自己强烈的喜悦之情，使用了有标记性语体——简体「うれしい」。

通过以上分析我们可以看出，语体转换是自然语料的一大特点。而日语教科书中的会话多系人为编写，属于非自然语料，体现不出自然语料的这一特征。在自然语料中，日语会话语体绝不是单一的「一本槍」，当话语基本态为简体时，要表达对立、指责、不满等负面感情，或者开始、结束、转换话题时，经常使用有标记性语体；当话语基本态为敬体时，要表达亲近、喜悦等感情，或者要活跃场景气氛时需要使用有标记性语体。

3.1.7 以中国学习者为对象的敬语教学体系的再建构

3.1.7.1 语体转换的重要性

铃木睦（1997：72）指出，日语学习者由于不会转换语体，会话中往往会陷入两个误区：一个是由于惧怕引起受话人的不悦而在会话时自始至终一直使用敬体；另一个是在会话中全部使用简体。殊不知，这样反而会使对方产生不愉快的感觉。所以，我们认为，只有恰当地进行语体转换才能克服以上问题。语体转换是日语敬语表达中的重要一环，是敬语教学中不可缺少的一部分。日语教学中我们要认识到以下两点：

（1）正确理解语体转换的功能是圆满进行跨交际所不可缺少的要素之一。

语体转换是重要的语言使用策略之一，可以有机调节说话人与受话人的交际距离，达到缩短或拉开与对方心理距离之目的。跨文化交际中，如无视人际关系、场景、表达内容等要素，总是使用单一语体，就无法与对方圆满交际。相反，能恰如其分地进行语体转换，可以产生"正效果"（有礼貌），达到促进跨文化交际的目的。

（2）语体转换应该纳入敬语教学体系之中。

现行敬语教学体系受日本「学校文法」的影响，多从三分法的角度进行敬语教学。近年来，部分学校也从五分法角度进行了教学尝试，但这些都未能满足敬语教学的需要。因为日语学习者不仅是语言的使用者（如按照语法规范使用敬语），同时又是语言的管理者（如有意识地选择敬语回避策略，有意识地选择词汇、语体等）。只有导入语体转换才能实现从狭义敬语到广义「待遇表现」的飞跃，使学习者真正明白语言作为交际工具的重要性，从而增强跨文化交际能力。

3.1.7.2 针对中国学生的敬语教育分类体系

为了避免前文所述三分法、五分法的问题，我们认为，敬语分类体系中应该

将词汇与语体分开考虑。同时，语体转换也必须体现在敬语分类体系中。据此，我们对传统的敬语分类进行了修正，尝试提出一种面向日语教学的敬语分类体系，具体如下：

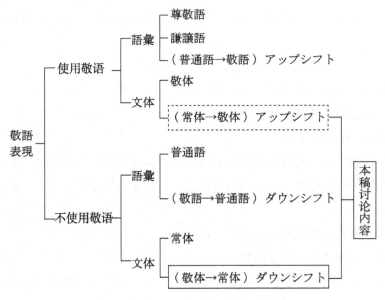

图6-10　面向日语教学的敬语分类

令人欣慰的是近年来新出版的日语教科书，如《综合日语》中有关于语体转换的讲解，对日语教学中的该问题进行了初步探索。下面笔者将按照图6-10所示分类法，将学生分为实验组与比照组，观察其教学效果。

3.2　语体转换教学实践

3.2.1　实验组和比照组

2014年12月，笔者以西安外国语大学日文学院二年级学生（30人，平均学习年数为1.53年）为对象，随机分为甲、乙两个班，每班15人。利用简易日语能力测试题对其进行了日语能力测试（测试结果参见表6-14）。统计测试结果并进行t检验发现，上述两个班级的成绩均值间不存在显著差异。本研究将甲班设定为"实验组"，将乙班设定为"比照组"。

3.2.2 语体转换测试

3.2.2.1 测试题

语体转换测试主要是考察学习者根据不同情况转换使用「です·ます体」和「だ体」的能力。共计3道大题46道小题（参照附录13），满分为60分。具体如下：

Q1：填空题。敬体、简体直接转换，共10小题，计10分。

Q2：填空题。具体场景中的语体填充，共35小题，计35分。

Q3：简答题。有关语体转换的知识，共1小题，计15分。

3.2.2.2 测试的实施

为了检验实验性指导方略的有效性，笔者分别于授课前后对实验组和比照组进行了相同的语体测试，并比较所得结果。事先不告知受试者测试目的，考试时间为30分钟。

表示该试题信度的克隆巴赫α系数为0.7。

3.2.3 任课教师及授课时间

笔者担任实验组和比照组的任课老师，对学生进行了语体转换的指导。授课持续两周，两组的授课课时数均为10课时（45分钟/课时），共计7.5小时。

3.2.4 教材

笔者在授课时，向实验组和比照组提供了相同的教材（参照附录14）。该教材由8组会话构成，各组对话均涉及语体转换内容。这些对话选自《中日交流标准日本语》（人民教育出版社、光村图书出版，1988年）、《基础日语综合教程》（高等教育出版社，2010年）等教材。

3.2.5 两组的指导内容

本研究为检验将DP理论导入教学实践的有效性，除了对语体转换进行说明时，在是否导入有（无）标记性概念方面进行差别化指导外，对其他内容的指导尽可能保持一致。为此，笔者向两组提供了内容相同的教材和练习题。

表6-13为两组授课内容的异同。

表6-13　两组授课内容异同一览表

课堂讲授的内容	实验组	比照组
人际关系的把握	○	○
狭义敬语的导入	×	○

（续）

课堂讲授的内容	实验组	比照组
待遇表现的概念	○	○
DP理论的导入	○	×
语体转换的规则	○	○
有（无）标记性概念	○	×
语体转换意识的强化	○	○
练习（替换练习・分角色练习）	○	○

○ 讲授　× 未讲授

3.2.5.1　实验组

笔者基于DP理论，对学习者进行了如下指导：

（1）向学习者展示如图6-11所示的流程图，用DP理论的观点说明语体转换的必要性。

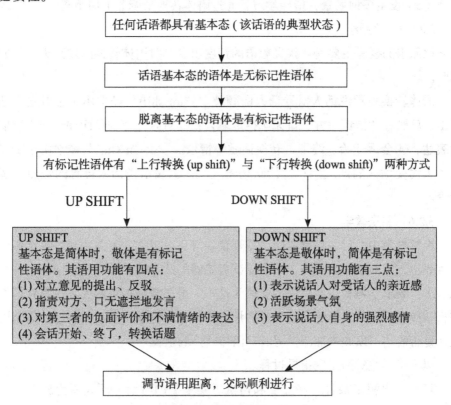

图6-11　语体转换指导的流程

语体转换是自然会话中常用的策略之一。脱离基本态的语体是有标记性语体，使用日语进行交流时，应当巧妙使用有标记性语体，调节和对方的语用距离，达到圆满交际的目的。

（2）对作为话语构成要素的每一句表述行为的语体进行分类统计，计算各种语体（敬体、简体、零语体）的具体构成比。

以句为单位，对句末语体进行分类。注意省略句等没有语体标志的句子要归入零语体。然后计算"敬体：简体：零语体"的具体比率。

（3）根据比率，确定该话语语体的基本态，明确无标记性语体。

根据（2）中的比率，确定该话语的基本态。如"敬体：简体：零语体"为"6：1：3"时，基本态为敬体。基本态如为敬体，则无标记性语体为敬体。

（4）确定有标记性语体，根据表达意图，进行语体转换。

根据（3）中确定的无标记性语体，确定该话语的有标记性语体。如（3）中无标记性语体为敬体，则有标记性语体是简体（或零语体）。

（5）设定多种场景，指导学习者通过语体转换来调节语用距离。

3.2.5.2　比照组

比照组的授课主要是从狭义敬语的角度出发，对语体转换的规则进行了如下说明。

语体转换表示说话人对受话人的顾及。"up shift"经常用于①对立意见的提出、反驳；②指责对方、口无遮拦地发言；③对第三者的负面评价和不满情绪的表达；④会话开始、终了，转换话题等情景。"down shift"经常用于①表示说话人对受话人的亲近感；②活跃场景气氛；③表示说话人自身的强烈感情的情景。

3.2.6　课堂教学

课堂教学中，对两组都实施了重视错误订正、根据人际关系和场景选择恰当语言表达方式的指导。此外，给予受试者足够的练习机会（每组会话后附3—4个练习）。要求学习者以教材中的会话为范本，根据教师提供的人际关系和场景，进行替换练习和分角色练习。教师讲评之前，首先请学习者互相讲评，判断语体转换是否恰当，以此来加深学习者对语体转换的认识。

以下将详述对两组的指导过程。

场景：出租车乘客（修二）和司机（绘里）的对话。两人原为恋人，后来分手。

第六章　日语敬语教学的新展开

```
1   修二：いつからこの仕事を始めたんですか。
2   絵里：皆さん聞き取れるんですよね。
3   修二：方向音痴な人でもこの仕事できるんですか。
4   絵里：これがありますから。
5   修二：ひどいやつがいましてね、
6       2年前に外国に行ったきり、何の連絡もよこさないんですよ。
7   絵里：いいじゃないんですか。
8       そんな薄情なやつ、放っておけば。↓
9   修二：そういうわけにはいかないんです。↑
10  絵里：どうして？↓
11  修二：そいつにだけは幸せになってほしいから。↓
12      そう思って2年前に別れたから。↓
13      （しばらくの沈黙後）運転手さん、海へ行ってください。↑

            注："↑"表示上行转换（up shift）
                "↓"表示下行转换（down shift）
```

旧方略的指导过程（以第11—13句为例）：

11句和12句中，修二沉浸在对往日恋人关系的回忆中：恋人关系→使用简体。

13句中，修二从沉思回到现实中：乘客与司机关系→使用敬体。

此处的「ください」表示上行转换（up shift）是为了结束会话。

新方略的指导过程（以第11—13句为例）：

计算本话语中各语体的比例→敬体9：简体2：零语体2→基本态是敬体→无标记性语体为敬体→简体是有标记性语体→11句和12句的有标记性语体为下行转换→为了表示亲近感→13句为回归基本态，无特殊含义。

从两种方略的指导中我们可以看出，同样是第13句话的上行转换，旧方略判断的是"结束会话"，而新方略判断的是"回归基本态，无特殊含义"。为什么会出现这样的差别呢？

这是因为旧方略关注的是一句话或一个小的会话连锁链，而新方略关注的是

话语整体,也就是本书中我们反复提及的「ディスコース」。从一句话或一个小的会话连锁链来看,往往会曲解本来的含义,而从话语的角度分析往往可以看到"庐山真面目",这也凸显了新方略的客观性。

3.2.7 结果和考察

3.2.7.1 实验组和比照组的前测、后测成绩的横向比较

表6-14 两组前测成绩的均值与标准差

	实验组	比照组
样本数	15	15
均值	35.30	36.13
标准差	5.27	4.65

表6-14是两组前测成绩的均值与标准差。t检验结果显示,实验组和对照组的前测成绩均值间不存在显著差异(双侧检验:$t(28)=7.70$,$p>.05$)。

表6-15 两组后测成绩的均值与标准差

	实验组	比照组
样本数	15	15
均值	53.15	43.22
标准差	4.32	5.60

表6-15是两组后测成绩均值与标准差。t检验结果显示,实验组和比照组的后测成绩均值间存在显著差异(双侧检验:$t(28)=-2.27$,$p<.05$)。

在授课前进行的测试中,实验组和比照组的成绩均值间不存在显著差异。但是,在授课后进行的测试中,接受实验性指导方略的实验组与接受既往指导方略的比照组的成绩均值间出现了显著差异。即:经过本次语体转换指导的教学实践后,实验组成绩优于比照组。这一结果也表明实验性指导方略比既往指导方略更有效。

3.2.7.2 两组前测、后测成绩的纵向比较

3.2.7.2.1 实验组

表6–16 实验组的成绩的均值与标准差

	前测	后测
样本数	15	15
均值	35.30	53.15
标准差	5.27	4.32

表6-16是实验组前测、后测成绩的均值以及标准差。实验组的成绩均值提升了17.85分。t检验结果显示，该组的前测与后测成绩均值间存在显著差异（双侧检验：$t(14)=-7.41, p<.01$），即本次教学实践取得了成效。这一结果也佐证了实验性指导方略的有效性。

3.2.7.2.2 比照组

表6–17 比照组的成绩的均值与标准差

	前测	后测
样本数	15	15
均值	36.13	43.22
标准差	4.65	5.60

表6-17为比照组前测、后测成绩的均值和标准差。比照组的成绩均值提升了7.09分。t检验结果显示，比照组的前测、后测均值间不存在显著差异。（双侧检验：$t(14)=-4.60, p>.05$），即既往指导方略也具有一定的效果，但其均值的提升幅度并没有实验组明显。

综合考察3.2.7.1和3.2.7.2的结果可以看出，在对中国日语学习者进行语体转换指导时，导入DP理论的实验性指导方略是有效的。

3.3 结语

本节将标记理论引入敬语研究，主要讨论了敬语语体的有标记性与无标记性。通过具体语料，分析了有标记性语体带来的特殊语用效果，并将该概念引入

敬语语体转换教学实践中，取得了良好的效果。语体转换可以使学生摆脱日语教科书中语体"从一而终"的桎梏，增强学生跨文化交际能力。

第4节　对教学实践的综合考察

4.1　礼貌策略理论的有效性

敬语表示说话人对受话人或话题中人物的顾及，它作为日语的一大特征，自古以来就备受瞩目。战后的敬语研究被置于更广泛的框架中，即从如何礼遇他人这一视点出发，逐渐发展到待遇表现研究上来。近年来，基于礼貌策略理论，从"对他人的顾及"是人类言语行为中的普遍现象这一观点出发，重新审视敬语和待遇表现的研究越来越多。但据笔者所知，尝试将礼貌策略理论应用于日语教育的研究几乎没有。本研究进行的教学实践，正是为了填补这一研究空白所做的尝试。

笔者基于待遇表现学习中CL存在的三个问题：①使用待遇表现的意识较为薄弱；②难以准确地选择敬体和简体；③难以准确进行语体转换，有所侧重地进行了3次教学实践。第1次教学实践侧重培养学习者纠正FTA（面子威胁行为）的意识；第2次侧重语体选择的指导；第3次侧重语体转换的指导。

参与3次教学实践的所有受试者（共计99人）均被划分为实验组和比照组，对实验组实行导入礼貌策略理论（或DP理论）的"实验性指导方略"，比照组实行未导入礼貌策略理论（或DP理论）的"既往指导方略"。教学实践基于"导入礼貌策略理论（或DP理论）的'实验性指导方略'对学习者习得待遇表现是有效的"这一假设进行，并通过统计分析和调查问卷来验证该教学实践的有效性。

4.1.1　基于统计分析的验证

为测定教学实践的效果，笔者分别于授课前后对全体受试者进行了前测（pre-test）和后测（post-test）。统计分析方面，主要是通过t检验来验证两组的前测结果之间以及后测结果之间是否存在差异、同一组的前后测结果之间是否存在差异。

4.1.1.1　两组授课前后的变化

在第1节和第3节中，对两组前测结果之间以及后测结果之间的差异进行验

证的结果表明，实验组和比照组在第1次和第3次教学实践中的前测成绩不存在显著性差异，授课后，实验组得分明显高于比照组（置信区间为5%），即该两组在授课前水平相当，授课后却出现了差距，实验组的得分超过了比照组。第2节中，两组第2次（语体选择指导课）授课前测的分数存在显著差异，实验组得分明显低于比照组（置信区间为5%），但在后测中，两组之间的差距消失，即授课前，两组水平不同，实验组低于比照组，授课后，两组之间的差距消失，水平变得相当。

4.1.1.2　同一组授课前后的结果变化

对同一组前测和后测的差距进行验证的结果表明，实验组3次前测、后测成绩之间均存在显著差异。即在3次授课后测试中，实验组的成绩均取得了显著的提升。比照组第1次和第3次的前测、后测成绩之间不存在显著差异，但第2次授课（语体指导课）存在显著差异，即第1次和第3次教学实践后，比照组的成绩并没有明显提升，而在第2次教学实践（语体指导课）后，比照组的成绩出现了提升。进一步考察第2次教学实践，比照组的平均分提升了3.47分，而实验组提升了10.36分，可见，实验组平均分值的提升幅度高于比照组。

4.1.1.3　其他统计分析

在第1次教学实践中，笔者尝试将授课内容数量化，并就CL对授课内容的理解程度与CL的后测成绩进行了相关性分析。结果显示，两者之间存在相关关系（相关系数=0.62）。

综合以上结果来看，接受"实验性指导方略"的实验组比接受"既往指导方略"的比照组取得了更好的效果。因此，上述教学实践是有成效的。

4.1.2　基于调查问卷的验证

笔者分别于第1次和第3次授课后，对两组受试者进行了有关教学实践的无记名调查问卷。调查结果出现了多种评述，可以分类归纳为以下几点。另外，由于两次调查问卷内容相同，此处将其调查结果整合在一起。

4.1.2.1　实验组

笔者以第1次和第3次教学实践中实验组的62名受试者为对象，进行了追踪调查问卷，实际回收51份调查问卷，回收率为82.26%。

（1）对敬语和待遇表现的理解加深。

在被问到"如何看待该教学实践中的讲授内容"时，全体受试者都给出了肯定回答。其中，有14名（27.45%）受试者认为讲授内容"新鲜""独特""实

用",而且"有趣",有17名(33.3%)受试者认为通过本次授课,他们对日语中敬语和待遇表现的理解加深。另外,当被问到"在本次授课中最大的收获是什么"时,36名(70.59%)受试者认为自己掌握了根据人际关系和具体场景选取表达策略的能力,11名(21.57%)受试者认为"有助于日语学习,特别是日语口语"。此外,也有受试者给出"以前使用的日语都太过直白,在学了这门课之后要使用更加礼貌的日语""理解了之前精读课上没有讲授过的日本人言语行为的意识"等评述。

(2) FTA计算公式「$Wx=D(S, H)+P(H, S)+Rx$」简明易懂。

调查问卷中虽然没有设置与FTA计算公式「$Wx=D(S, H)+P(H, S)+Rx$」相关的问题,但在回收的问卷中,出现了很多有关该公式的评述。受试者中,指出该公式"令人印象深刻"的有6人、"明白易懂"的有8人、"明白了多个要素,特别是Rx的重要性"的有1人、"说明了使用待遇表现的理由"的有1人。此外,有的被试还具体阐述了自身的感受,如"利用公式将以往抽象的人际关系判断数量化,解决了日语学习中的一个难题""以前都是将尊他语、自谦语制作成表,再死记硬背相关例句,却不会实际运用,通过这次学习,我明白了要根据人际关系、场景、具体事件来选择相应的语言表达方式"。

(3) 学习者使用待遇表现的意识提高。

很多学习者一开始使用待遇表现的意识很薄弱,经过授课,这种情况发生了转变。在被问到"授课之前,用日语进行交流的时候,会有意识地根据对象转换语言表达方式吗"这一问题时,有37名(72.55%)学习者回答"没有"。而被问到"授课之后,用日语进行交流时,会有意识地根据对象的不同转换语言表达方式吗"这一问题时,有46名(88%)学习者回答"有"(参照图6-12)。另外,有3名受试者在问卷中提到,以前自己在说日语的时候,往往是「です・ます体」一用到底。

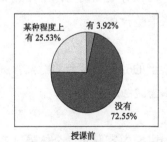

图6-12 学习者授课前后的待遇表现使用意识

（4）纠正学习者的错误观念。

调查问卷结果显示，部分被试将狭义敬语理解为缩小与对方距离的手段。有3名被试提到，授课前，他们对敬语的认识分别为"敬语=尊敬对方"，"敬语是使对方高兴的语言"，"敬语使用越多，和对方的关系越深厚"。但是，通过在教学实践中导入礼貌策略理论，他们逐渐明白了狭义敬语是顾及与对方之间距离的消极礼貌，以往的错误观念得到纠正。此外，他们也明白了要根据FTA（面子威胁行为）来选择合适的语言表达。

（5）开始进行语体选择。

有受试者在问卷中提到"以前总是忽略了FTA，多使用「です・ます体」，礼貌策略理论有助于语体的选择（敬体和简体）"。在回答"礼貌策略理论是否有助于语体选择"这一问题时，回答"有帮助"和"某种程度上有帮助"的受试者共计50名（98.04%），回答"没有帮助"的仅有1人（1.96%）。

（6）开始对目标语言和母语进行比较。

汉语中的狭义敬语和日语中的狭义敬语存在很大差异。因此，学习者往往认为母语和目标语言不存在关联。如使用汉语时，一般会顾及对方面子，而使用日语时却没有了那样的意识。礼貌策略理论中的"面子"概念对学习者来说比较熟悉，以至于学习者也在毫无抵触的情况下自然地接受了FTA这一概念。

在被问到"授课前，有没有考虑过汉语中存在FTA"时，回答"虽然没有考虑过，但还是会不自觉地将FTA最小化"的人数最多，达到了22人（43%）（参照图6-13）。授课后，所有受试者都注意到了汉语中的FTA，并开始将其与日语中的FTA进行比较。当被问到"你认为汉语中的FTA与日语中的FTA一样吗"这一问题时，有47名（92.16%）受试者给出了"功能相同"或"大体相同"的这

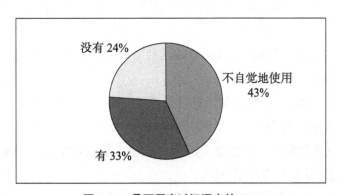

图6-13　是否留意过汉语中的FTA

种接近礼貌策略理论的看法。此外，有的受试者还指出汉语中多使用积极礼貌策略，例如"借钱"行为与其说是威胁对方的消极面子，不如说是满足对方积极面子的亲近的表达行为。

综上所述，受试者们长期接受侧重语言形式的中国日语教育，对狭义敬语以及待遇表现的功能认识不够。以本次教学实践中礼貌策略理论的导入为契机，学习者们开始考虑语言的效果和功能，换句话说，实验组的受试者们正由重视语言形式的日语学习向重视语言功能的日语学习转变。上述内容均说明"实验性指导方略"是有效的。

4.1.2.2 比照组

笔者以第1次教学实践中比照组的20名受试者为对象进行了追踪问卷调查，回收问卷20份，回收率为100%。

（1）加深了对日本人语言表达习惯的理解。

对于"如何看待教学实践过程中的讲授内容"这一问题，所有受试者均给出了肯定的答复。其中，"明白了日本人语言表达的习惯"的有10人（50%），给出"内容比较实用、不同人际关系的相关练习很多"这一评价的有8人（40%）。此外，也有受试者认为"理论和实践很好地结合在一起"（1人）、"对口语有帮助"（1人）。通过采用"既往指导方略"的教学实践，多数受试者加深了对日本人语言表达习惯的理解。

（2）授课前后对待遇表现的认识发生了转变。

授课前，多数受试者认为待遇表现，特别是狭义敬语难以习得，非常欠缺使用待遇表现的意识。但在授课后，他们明白了待遇表现的重要性，产生了使用待遇表现的倾向。

对于"授课前，你是如何看待待遇表现的"这一问题，有11名（55%）受试者回答"狭义敬语比较复杂"，有6人（30%）回答"不会根据人际关系和场景使用敬语""不明白尊他语和自谦语的区别"，有3人（15%）指出"狭义的敬语是封建制度的产物"。

当被问到"授课后，你是如何看待待遇表现的"这一问题时，10名（50%）受试者回答"要根据场景、人际关系进行判断"，5名（25%）受试者回答"明白了待遇表现的重要性"。然而，有5名（25%）受试者指出，"虽然会使用狭义敬语了，但还是觉得有些繁杂"。

综上所述，通过本次教学实践，比照组的受试者们对待遇表现的认识有所加

深,但还没有完全掌握运用待遇表现的能力。这也说明"既往指导方略"存在一定的局限性。

4.2 教学实践中存在的问题

回顾笔者进行的3次教学实践,其中还存在很多问题。在此,主要就以下几点进行说明。

(1)第2次和第3次教学实践中的"测试题""教材""授课内容"三者之间的因果关系问题。

采用多元回归分析,更加客观地对测试题、教材、授课内容这三者之间的因果关系进行探究是十分重要的。但是,由于第2次和第3次教学实践没能解决授课内容的数量问题,因而不得不放弃多元回归分析。

(2)受试者的数量问题。

出于多种原因,3次教学实践中受试者的总人数为310人(实验组76人,比照组234人)。与将近20万之多的CL总人数相比,受试者的人数,尤其是实验组的人数太少。

(3)受试者日语能力的统一性问题。

进行教学实践时,最好选择日语能力相当的实验组和比照组。但是,由于客观原因,不得不以班级为单位进行教学实践。在第2次教学实践中,两组的前测成绩间存在显著性差异,因此,将能力较低的班级设定为实验组,将能力较高的班级设定为比照组。

(4)有关课堂教学的问题。

调查问卷中,有的受试者提出了"希望能再增加一些练习题"的意见。笔者在教学实践的准备阶段,一直忙于测试题和教材的制订,未能准备大量的练习题。第1次和第2次教学实践中的练习大多是在课堂上进行的。

(5)记录授课过程的一些技术性问题。

详细记录授课内容,对于教学实践的分析和反思来说都是非常重要的。第1次授课时,笔者用数码录像机对授课进行了全程录像。但是,录像的收音效果不理想,对后期的教学实践分析造成了很大的影响。因此,笔者在第2次和第3次教学实践中用便携式录音笔进行录音,较好地解决了上述问题。

主要参考文献

[1] Brown, P. & Levinson, S. *Politeness: Some Universals in Language Usage.* Cambridge: Cambridge University Press, 1987.

[2] Kaidi Zhan, *The strategies of politeness in the Chinese language.* Institute of East Asian Studies, University of California, Berkeley, 1992.

[3] Miyaoka, Yayoi. Tamaoka, Katsuo. & Wu, Yuxin. "Acquisition of Japanese honorific expressions by native Chinese speakers with low, middle and high Japanese abilities". *Hiroshima University of Economics, Journal of Humanities, Social and Natural Sciences*, 2003(2): 1-16.

[4] Miyaoka, Yayoi. & Tamaoka, Katsuo. " Use of Japanese honorific expressions by native Chinese speakers". *Psychologia*, 2001, 44(3): 209-222.

[5] 生田少子、井出祥子．「社会言語学における談話研究」．『月刊言語』，1983（12）：77—84.

[6] 伊集院郁子．「母語話者による場面に応じたスピーチスタイルの使い分け―母語場面と接触場面の相違―」．『社会言語科学』，2004（2）：12—26.

[7] 井出祥子．『わきまえの語用論』，東京：大修館書店，2006.

[8] 井出祥子、彭国躍．「敬語表現のタイポロジー」．『月刊言語』，1994（9）：43—50.

[9] 宇佐美まゆみ．「ポライトネス理論の展開1～12」，『月刊言語』第31巻第1号～5号7号～13号，2002.

[10] 宇佐美まゆみ．「談話のポライトネス―ポライトネスの談話理論構想―」．国立国語研究所．『談話のポライトネス』，東京：凡人社，2001：9—58.

[11] 宇佐美まゆみ．「談話レベルから見た敬語使用：スピーチレベルシフト生起の条件と機能」．『学苑』，1995（662）：27—42.

[12] 岡本能里子．「教室談話における文体シフトの指標の機能―丁寧体と普通体の使い分け―」．『日本語学』，1997（5）：39—51.

[13] 蒲谷宏、川口義一、坂本恵．『敬語表現』，東京：大修館書店，1998.

[14] 菊池康人．『敬語』，東京：講談社，1997.

[15] 菊池康人．『敬語再入門』，東京：丸善ライブラリー，1996.

[16] 窪田富男．『敬語教育の基本問題（上・下）』，東京：国立国語研究所，1990.

[17] 国語審議会．『敬語の指針』，東京：文化庁，2007.

[18] 佐治圭三．『外国人が間違えやすい日本語表現の研究』，東京：ひつじ書房，1992.

[19] 柴田武．『ホンモノの敬語』，東京：角川oneテーマ21，2004.

[20] 謝韞．『依頼行為の日中対照研究』，東京：東京外国大学大学院修士論文，2000.

[21] 杉山ますよ．「学生の討論におけるスピーチレベルシフト―丁寧体と普通体の現れ方

第六章　日语敬语教学的新展开

—」．『別科論集』，2000（2）：81—102．

[22] 鈴木睦．「日本語教育における丁寧体世界と普通体世界」．田窪行則編．『視点と言語行動』，東京：くろしお出版，1997：45—76．

[23] 滝浦真人．『日本の敬語論—ポライトネス理論からの再検討』，東京：大修館書店，2005．

[24] 張拓秀．「依頼表現の日中対照研究」．早稲田大学日本語教育センター．『講座日本語教育』第28分冊，1993：157—177．

[25] 陳文敏．「同年代の初対面同士による会話に見られる「ダ体発話」へのシフト—生起しやすい状況とその頻度をめぐって」．『日本語科学』，2003（14）：7—28．

[26] 陳文敏．「台湾人上級日本語学習者の初対面接触会話におけるスピーチレベル・シフト—日本語母語話者同士による会話との比較」．『日本語教育論集』，2004（20）：18—33．

[27] 文化審議会．『敬語の指針』，東京：文化庁，2007．

[28] 毋育新．「待遇表現の習得における中国人学習者の問題点と教科書が与える影響」．『平成11年度日本語教育学会秋季大会予稿集』，1999：165—170．

[29] 毋育新．「待遇表現の習得における中国人学習者の問題点と教科書が与える影響およびその改善策」．『麗澤大学大学院言語教育研究科年報第2号』，2000：33—44．

[30] 毋育新．『高等教育機関で学ぶ中国人日本語学習者に対する待遇表現の指導に関する研究—ポライトネス理論を取り入れた授業の確立を目指して』，千葉：麗澤大学博士論文，2003．

[31] 宮岡弥生、玉岡賀津雄．「中国人日本語学習者の敬語習得」．日本語教育学会．『2000年日本語教育学会秋季大会』，2000：134-141．

[32] 宮田聖子．「ポライトネスを日本語にあてはめる」．『東京大学留学生センター紀要』，2000（10）：87—101．

[33] 宮武かおり．『日本人友人間の会話におけるポライトネス・ストラテジー—スピーチレベルに着目して』．東京：東京外国大学大学院修士論文，2007．

[34] 宮地裕．「現代敬語の一考察」．『国語学』，1968：（72）92—98．

[35] 梁長歳．「日中大学生の敬語行動の対照研究——依頼表現を中心に」．『社会言語科学会第4回研究大会予稿集』，1999：76—81．

[36] 吉岡郷甫．『日本語口語文法』，東京：大日本図書，1906．

[37] 曹大峰主編．《日语教学与教材创新研究——日语专业基础课程综合研究》，北京：高等教育出版社，2006．

[38] 陈融．《面子·留面子·丢面子——介绍Brown和Levinson的礼貌原则》．《外国语（上海外国语学院学报）》1986年第4期：19—23+18．

[39] 大石初太郎、林四郎编著，沈宇澄、陈晓芬、应祥星注释．《日语敬语的使用方法》，

上海：上海译文出版社，1986.

[40] 董将星．《实用敬语指导》，长春：吉林教育出版社，1987.

[41] 何自然、陈新仁．《现代语用学》，北京：外语教学与研究出版社，2004.

[42] 教育部高等学校外语专业教学指导委员会日语组编．《高等院校日语专业基础阶段教学大纲》，大连：大连理工大学出版社，2001.

[43] 刘宏丽．《现代汉语敬谦词》，北京：北京语言文化大学出版社，2001.

[44] 刘金才．《敬语》，北京：外语教学与研究出版社，1998.

[45] 刘金才．《现代日语敬语用法》，北京：北京大学出版社，1992.

[46] 彭广陆、守屋三千代．《综合日语（第二册）（修订版）》，北京：北京大学出版社，2010.

[47] 冉永平，张新红．《语用学纵横》，北京：高等教育出版社，2007.

[48] 王鲁男．《标记性与二语习得》．《四川外语学院学报》2007年第6期：82—88.

[49] 毋育新．《日汉礼貌策略对比研究》．北京：中国社会科学出版社，2008.

[50] 毋育新．《日语中的积极礼貌策略与消极礼貌策略——兼论日语敬语、待遇表现和礼貌策略的区别》．潘钧主编．《现代日语语言学前沿》，北京：外语教学与研究出版社，2010：186—200.

[51] 徐晶凝．《汉语语气表达方式及语气系统的归纳》．《北京大学学报（哲学社会科学版）》2000年第3期：136—141.

[52] 张国生．《日语敬语指南》，北京：北京出版社，1988.

[53] 赵庆尧．《日语敬语辨析》，北京：北京农业大学出版社，1993.

[54] 祝畹瑾．《社会语言学概论》，长沙：湖南教育出版社，1992.

第七章 结论及今后的课题

本书的主旨是探索适合中国日语学习者的敬语教学方略。围绕这一中心，笔者对相关先行研究（汉日对比、敬语习得、敬语教学法）进行梳理后发现先行研究多停留在提出问题阶段，缺少客观、深入的研究。为此，作者通过大规模问卷调查及敬语测试，搞清楚了问题所在。在此基础上，笔者通过通径分析明晰了CL的敬语习得影响因素；通过泛语言礼貌策略就CL的敬语习得问题进行了理论索据。结果表明，CL的问题点主要在于：

（1）使用日语交际时，日语母语者一般使用5种礼貌策略而日语学习者却只使用一种特定的礼貌策略；

（2）日语学习者的常用礼貌策略恰恰是日语母语者经常回避的策略（敬体表述的策略①）。

为解决上述问题，笔者依据原典，介绍了礼貌策略理论及其延长线上的DP理论（话语礼貌理论），通过自然语料，考察了两种理论在汉、日两种语言中的应用。在此基础上，笔者进行了将礼貌策略理论及DP理论引入敬语教学实践的可能性探究。最后，笔者依据以上理论进行了3次教学实践（礼貌策略选择、语体选择、语体转换），验证了将理论引入日语教学中的有效性。

教学方略是本书的重点，第1节将着重叙述该方面的结论。

第1节 如何将礼貌策略及话语礼貌理论引入日语教学

1.1 从重视言语形式到重视言语功能

日本社会中敬语的使用，正在从重视言语形式向重视言语功能转变。关于这一点，我们可从日本国语审议会①的答审《现代社会中的敬语表达》（『现代社会における敬意表现』）窥其一二。我们知道，关于敬语的使用，日本国语审

---

① 日本文部科学省的咨询机构。

议会颁发过两个文件①：一是1952年日本的『これからの敬語』，二是2000年的『現代社会における敬意表現』。前者强调敬语应该"简明、易懂"，为第二次世界大战后的敬语使用定下了基调；后者强调"泛语言礼貌策略"，为21世纪的待遇表现使用定下了基调。在『現代社会における敬意表現』中，没有使用"敬语"，而使用了"敬意表现"这一术语。将其定义为：

敬意表現とは、コミュニケーションにおいて，相互尊重の精神に基づき，相手や場面に配慮して使い分けている言葉遣いを意味する。それらは話し手が相手の人格や立場を尊重し，敬語や敬語以外の様々な表現からその時々にふさわしいものを自己表現として選択するものである。（国語審議会，2000）②

与1952年的『これからの敬語』相比，2000年的『現代社会における敬意表現』最鲜明的特点之一就是不拘泥于敬语，认为敬语以外的表达方式也具有顾及场景及他人的功能。比如，向关系亲密者借书时，可以说：

（1）その本、貸してくれない。↑（使用授受动词及上升调反问句表顾及）

（2）この本、貸してほしいんだけど。（使用省略句表顾及）

该建议虽然没有使用"礼貌策略"这一术语，但其提出的"敬意表现"概念在本质上与B&L的"礼貌策略"并无大别（宇佐美まゆみ 2001）。

敬语教学也应该与时俱进，由重视言语形式向重视言语功能转变。比如，日语课本中经常可以看到类似下面的会话：

---

① 2001年，日本进行政府机构改革，将国语审议会、版权审议会、文化财产保护审议会等机构合并，成立了"日本文化审议会"。该审议会于2007年颁布了《敬语的指针》。

② 笔者译：敬意表达是指人们在交际中基于相互尊重的理念，出于顾及对方及场景而区分使用的语言表达形式，它们是说话人在尊重对方的人格、立场的基础上，从敬语、非敬语等各种表达方式中选择适合该具体交际场景的自我表达方式。（国语审议会，2000）

例1：（AさんとBさんの会話）
A：すみません、図書館はどこでしょうか。
B：<u>知りません。</u>

从言语形式来看，该对话没有任何问题。但是，从言语功能来看，存在着重大缺陷。言语形式上，B使用了敬体，试图顾及A的面子。但是，言语功能上，B却赤裸裸地侵犯了A的面子，因为B使用的是策略①。B本人可能全然没有想侵犯A面子的意思，但因为其使用的礼貌策略不正确，未能纠正交际中产生的FTA，给对方造成相当大的不愉快，从而酿成交际障碍。

例2：（青木さんと李さんの会話）
青木：ところで，ピンポンは李さんのクラスで誰が一番上手ですか。
李：陳さんが一番上手です。
青木：張さんはどうですか。
李：<u>張さんは上手じゃありません。下手です。</u>

（《新编日语1》，第192页）

本段会话中的画线部分也存在着似乎从言语形式上顾及对方的错象，但从言语功能看，实则侵害了话题人物"小张"的面子，使人感觉小李在背后说小张的坏话。

以上问题与第二章2.2中指出的问题一脉相承，要杜绝学习者输出类似这样「慇懃無礼」的会话，就必须将礼貌策略引入日语教学。

CL的日语学习，一般都是从「～は～です」的判断句开始的。他们从学习日语的第一天起就接触到待遇表现，并一直贯穿于整个日语学习过程。但目前的日语教科书很少出现待遇表现的概念，一般是以狭义敬语教学代替待遇表现教学，且将敬语置于初级阶段后半部分的一两课集中提出（张拓秀1993、ウォーカー泉 2011）。关于导入待遇表现的时间问题，川口义一（1987）、毋育新（1999）都认为这种导入方式缺少合理性，应该早期导入待遇表现概念。特别是要避免在被动态、使役态等较难的语法项目出现之后才导入狭义敬语。

此外，学习待遇表现也是CL理解日本人的行为方式乃至日本文化的一个途径。关于待遇表现在日语教学中的重要地位，伦敦大学亚非研究所的バルバ

ラ・ピッツィコーニ（1997）教授如是道："应该将待遇表现置于连接日语和日本文化桥梁的地位来认识。"我们所倡导的待遇表现指导应贯穿于整个日语教学过程的意义也在于此。

1.2　日语敬语教学方略

教学法是为了高效、富有成果地进行外语教学而开发出来的，特别适用于学校等有组织地学习外语的地方。在日本国内，虽然也有对教学法是否能够适应学习者日益多样化需求的疑问（如田中望、齐藤里美1993等）。但是，中国高校的日语专业教学具有学习者年龄、文化背景、学习能力基本一致，团体范畴、目标、学习特点整齐划一等特点。为了高效地实现教学目标，就应该采用合适的教学法。其实，教育部高等学校外语专业教学指导委员会日语组颁布的《高等院校日语专业基础阶段教学大纲》曾提倡采用综合教学法[①]。

但实际上目前中国日语界的教学法普遍采用的是听说法（「オーディオ・リンガル法」），语法讲解法（「文法訳読法」）和直接法（「直接法」）也有一定的影响（张文丽2000）。笔者所调查的6种日语教科书也是依据音声刺激法编写而成的。该教学法的最为人诟病的是不利于培养学生的外语交际能力，故造成学习者不能在具体交际场景中正确选择具体语用策略。笔者认为，为了使学习者掌握礼貌策略，提高语言交际能力，必须引入交际教学法（「コミュニカティブ・アプローチ」）。表7-1为交际教学法和音声刺激法在教室活动中的异同点：

表7-1　两种教学法教室活动项目对照表

音声刺激法	交际教学法
①模仿和背诵	①设置信息差
②机械性练习	②给予选择自由
③受控制的会话（Controlled conversation）	③反馈
④重视口头练习	④问题解决型练习
⑤重视偏误订正	⑤话语（语篇）练习
⑥强调母语的影响（偏误来源是母语负迁移）	⑥不重视偏误订正
⑦重视语言形式	⑦重视语言流畅性

---

① 所谓综合教学法是指吸取各种教学法的优点而形成的教学法。如既重视使用母语进行语法讲解和机械的句型练习，也不否定以日的语为媒介的直接教学法等。

1.3 笔者的提议

本书在第二章明晰了CL的问题点，第三章厘清了其理论索据，第六章进行了导入礼貌策略理论的教学实践。以上成果对指导CL的待遇表现学习具有重要参考意义。笔者在本书将以上成果总结如下：

一、由重视言语形式向重视言语功能转型。

毋育新（1999：170）指出，迄今为止的待遇表现教学以狭义敬语为中心，重视对词汇、词形变化等语法项目及语言形式礼貌程度的指导；忽视语用功能指导（如礼貌策略的选择等），特别是"顾及"方面的指导（如对人际关系的顾及、对场景的顾及、对表达内容的顾及等）。其结果是学习者即便能正确使用敬语词汇、进行词形变化等，也未必能正确使用得体的礼貌策略。因此，日语教学应该从重视言语形式指导向重视言语功能指导转型。

为了实现作为言语功能的"顾及"，不光可以增强言语形式的礼貌度，还可以使用下列方略：

（1）话题选择。交际开始前，通过话题选择，事先过滤不适宜的话题来实现对受话者或者会话场景的顾及。

（2）寒暄。积极主动的寒暄本身就是对受话者的顾及。

（3）附和频率。会话中，受话者通过适当频率的附和，可以对说话者表达自己的合作态度。

（4）语体转换。会话中，通过对语体的下行转换（ダウンシフト）拉近彼此的距离；通过对语体的上行转换（アップシフト）来实现对彼此"距离"的顾及。

（5）中途终了句。通过类似「この本貸してほしいんだけど…」的中途终了句来实现对受话者的顾及。

（6）有无开场白（前置き）。实施请求行为等时，根据受话对象、场景等在正式请求句前插入诸如「すみませんが」、「恐れ入りますが」、「ちょっとお願いがありますが」等开场白，可以起到顾及作用。此外，还可插入如「ちょっと図書館に行きたいので」、「よそのものですから」等表示理由的语句。

（7）表明恩惠关系。通过使用「～てくれる」、「～てもらう」等授受动词来表明恩惠关系，实现对受话者的顾及。

（8）句尾的上升调、半疑问语调等。与策略①中直来直去的表达形式相比，诸如「これ貸してくれない↑」一样的上升调句尾，或者是如同「確認？みたいなァ」一样的半疑问语调可以起到顾及受话者的作用。

（9）使用集团身份标识。呼语、方言、特殊用语、俚语等可以表示自己和对方同属一个团体，是"自己人"，以达到顾及目的。

以上9点内容，虽然没有使用狭义敬语，但从言语功能来看，均表示对受话者的顾及，和狭义敬语起着相同的作用。因此，我们提议，日语教学应该实现从重视言语形式向重视言语功能的转型。

二、不能局限于狭义敬语，要依据礼貌策略理论及DP理论，从广义视点来考察日本人的言语行为。

迄今为止的日语教学，过分重视狭义敬语。如同第四章所述，日语中有5种礼貌策略，日本人使用这5种策略顺畅地进行交际。狭义敬语只是这5种策略中的一部分（属于策略③的子策略⑤）。要在待遇表现指导时恰当认识狭义敬语的位置就必须将其置于礼貌策略的大框架中。

（1）从礼貌策略的视点审视尊他语和自谦语。

日语的尊他语是通过给予对方敬意来抬高对方，自谦语是通过压低自己来抬高对方。两者功能相同，都是通过给予对方敬意（这种敬意可能并非说话人的本意）来实现对双方距离的顾及。用礼貌策略理论来解释的话，尊他语和自谦语都相当于策略③的子策略⑤"表达敬意（give deference）"。因此，我们可以说，尊他语和自谦语是实现策略③的手段之一。

（2）使用礼貌策略理论重新审视礼貌语。

日语的礼貌语属于语体层面，与位于词汇层面的尊他语及自谦语有本质的不同。迄今为止的教学活动中，日语的语体被僵化为"对关系较远的人使用敬体，对关系较近的人使用简体"。这种解释只考虑了面子威胁度公式中的D（说话者与受话者的社会距离）和P（受话者针对说话者的权势），全然未考虑Rx（行为给予对方的心理负担程度）。但是，交际中的会话场景都是动态的，对于亲近的人也可能使用敬体，对于不太熟悉的人也可能使用简体。因此有必要使用礼貌策略理论来重新审视日语的语体。

从礼貌策略理论来看，语体是纠正交际过程中产生的FTA的手段之一。简体是使用积极礼貌策略来纠正FTA的言语行为，属于策略②的一种；敬体是使用消极礼貌策略来纠正FTA的言语行为，属于策略③的一种。

第七章　结论及今后的课题

三、使用礼貌策略来解释日语的语体选择及语体转换现象。

日语教学中，一般将敬体解释为礼貌表达方式，将简体解释为随意的表达方式。因为"礼貌"是褒义词，"随意"是贬义词，故而对深受中国传统"阴阳"观念影响的CL来说，容易产生敬体正向，应该多用；简体负向，应该慎用的意识。我们认为，从礼貌策略理论和DP理论的观点重新审视日语中的语体选择和语体转换问题势在必行。

语体是纠正交际中产生的FTA的方式之一。选择简体是采用积极礼貌来纠正FTA的言语行为，选择敬体是采用消极礼貌来纠正FTA的言语行为。语体是对登场人物、场景等的顾及方式之一，不存在优劣之分，只要使用得当，都是得体的。

与语体选择一样，语体转换也是重要的语言使用策略之一，可以有机调节说话人与受话人的交际距离，达到缩短或拉开与对方心理距离之目的。跨文化交际中，如无视人际关系、场景、表达内容等要素，总是使用一种单一语体，就无法与对方圆满交际。

四、强化FTA计算公式"$Wx=D（S，H）+P（H，S）+Rx$"的使用。

该公式是礼貌策略理论的一大亮点。以往的敬语研究中，虽然也强调亲疏关系（D）、上下关系（P），但鲜有提及文化性因素Rx。再者，该公式将三者相加，根据结果预测应该选择的言语行为，使得该公式能动态捕捉言语行为，"产出"性大大增强。

简而言之，该公式将传统敬语研究中抽象的言语使用原则具体化，便于应用于语言教学。在笔者教学实践后进行的调查中，学习者也多用"印象深刻""便于掌握""明快"等词语积极评价该公式。该公式是礼貌策略理论的核心概念之一，左右着言语行为的选择，在一线教学中必须强化CL的使用意识。

此外，让学习者明白Rx因文化而异这一点也很重要。例如，询问初次见面者的收入在中国的某些地区属于拉近人际关系的策略②，但在日本属于应该回避的言语行为（策略⑤）。原因在于该行为在中国文化中属于给予对方较小负担的行为，而在日本文化中是给予对方较大负担的行为。如此，汉语中理所当然的言语行为一旦用日语来表示的话，其FTA有增大（或减小）的可能，应该慎重对待。

五、适应多顾及消极面子的日语礼貌表达习惯。

正如第五章所述，中国人喜欢使用顾及对方积极面子的礼貌策略而日本人喜

欢使用顾及对方消极面子的礼貌策略。从这一点来看，汉语中的礼貌策略和日语中的礼貌策略有很大的区别。教学中，如何让学生适应顾及消极面子的日语礼貌表达习惯是一大课题。故此，让学生认知汉、日两种语言的差异，特别是在把握Rx上的差异后，根据FTA的数值选择具体的策略尤显重要。

例如，以下是笔者在日本留学时，日本老师给笔者讲过的一个实例。

这位老师认识的一个中国留学生在学校附近的便利店打工，有一天这位老师去店里购买了两张演唱会的票。留学生给老师递票的时候，问了一句：「先生、誰と一緒に行くんですか」，这位日本老师顿觉困惑，不知如何回答是好。

该例中的语言策略使用就是受到了汉语的负向迁移。中国留学生为了表达对老师的亲近感使用了策略②。但是，在日本文化中，该行为给予老师的负担远远大于中国文化中的负担。因为日本社会有「親しき仲にも礼儀あり」的传统，所以这位留学生使用的礼貌策略给老师以摸不着头脑的感觉。

综上，在待遇表现指导中，让学生把握以下两点很有必要：

（1）不能将汉语中的礼貌策略原封不动地套用到日语中。

（2）运用面子威胁度公式计算FTA大小之后，再选择日语中应该采用的礼貌策略。

六、合理导入礼貌策略理论及DP理论的基础知识。

为加深学习者对待遇表现的理解，可以将下表作为礼貌策略理论及DP理论的要点介绍给学生。让学生据此理解"在交际活动中，不论是汉语母语者还是日语母语者都应按照FTA的数值使用5种超级礼貌策略进行交际"。

第七章 结论及今后的课题

表7-2 礼貌策略及DP理论基础知识点

礼貌策略理论	话语礼貌理论
1. 会話の方略 　1.1. ポライトネスとは何か？ 　　面子（ネガティブ・フェイス／ポジティブ・フェイス）／FTA（フェイス侵害行為） 　1.2. FTAの見積もり公式（「Wx=D（S, H）+P（H, S）+Rx」） 2. 配慮を示す言い方 　(1) 相手のポジティブ・フェイスに配慮するストラテジー（ストラテジー②） 　(2) 相手のネガティブ・フェイスに配慮するストラテジー（ストラテジー③） 　(3) 暗示するストラテジー（ストラテジー④） 　(4) FTAを避けるストラテジー（ストラテジー⑤） 3. 配慮が要らない言い方 　相手の面子を配慮しないストラテジー（ストラテジー①）	1. DPとポライトネス理論の関連 2. DPの鍵概念 　2.1 基本状態 　2.2 有標ポライトネスと無標ポライトネス 　2.3 相対的ポライトネスと絶対的ポライトネス 　2.4 プラス・マイナスポライトネス効果 　2.5 ポライトネス値 　2.6 有標行動と無標行動 3. 基本状態の同定 4. De値の計算方法 　De=Se—He 5. スピーチレベル・シフト

第2节 今后的课题

　　本书以探索适合中国日语学习者的敬语教学方略为目的，进行了理论考察和教学实践，验证了假设，得出了结论，但还存在以下诸多不足之处：

　　一、未能详述汉日礼貌策略对比问题。

　　笔者在《现代日语礼貌现象研究》（浙江工商大学出版社，2014年）一书中已经详述过这一问题，故本书未具体展开。此处就该著作中的结论简述如下：

　　（1）日语和汉语都依据FTA的大小，实施由5个超级礼貌策略组成的待遇表现行为。

　　（2）汉语母语者和日语母语者对礼貌的认识存在差异。

　　（3）与日语母语者相比，汉语母语者更倾向使用积极礼貌策略。

　　（4）日语母语者有意识区分使用待遇表现行为的情况较多，而汉语母语者无意识区分使用待遇表现行为的情况较多。

（5）在日本社会，注意语言使用被认为是礼貌，而在中国社会则被认为是一种教养。

（6）中国和日本对上下关系的认知存在差异。

（7）日本重视亲疏关系，而中国重视辈分关系。

（8）非言语行为中，汉语母语者经常使用握手、对视等接触行为，而日本人多使用鞠躬、点头等非接触行为。

二、FTA及De值数量化问题。

礼貌策略理论的一个创新之处是给出了"$Wx=D(S, H)+P(H, S)+Rx$"的公式，将FTA值的计算公式化。但是，该公式只指出了方向，理论的提出者B&L并未给出具体的数量化方法。因此，客观计算FTA大小存在一定的难度，这会直接影响礼貌策略的选择。笔者在第1次教学实践中，提出了数量化的基本想法，对D、P、Rx分别赋值，初步解决了数量化问题。但是，仍然存在赋值场景范围较小、基准有待进一步提高的不足，需要今后进一步研究。

三、教材开发问题。

日本以外的日语学习者对教材的依赖度很高，CL也是如此。推动礼貌策略理论和DP理论指导下的CL日语待遇表现教材的开发是本书的研究目的。第1次教学实践的教材以待遇表现整体为目的，第2次和第3次教学实践的教材分别以语体选择和语体转换为目的。被试者对这些教材给予了积极评价。今后应该大幅度增加相关内容，特别是礼貌策略的汉日对比内容。此外，也应该开发适合不同日语水平学习者的教材。

四、长期教学实践问题。

本研究中，笔者共进行了3次教学实践，共计6个月。今后应该以1年为单位，进行长期实践，进一步深入观察引入礼貌策略理论及DP理论后的教学效果。

主要参考文献

[1] Brown, P. & Levinson, S. *Politeness: Some Universals in Language Usage*. Cambridge: Cambridge University Press, 1987.

[2] ウォーカー泉.『初級日本語学習者のための待遇コミュニケーション教育—スピーチスタイルに関する「気づき」を中心に—』, 東京：スリーエーネットワーク, 2011.

[3] 宇佐美まゆみ.「ポライトネス理論から見た《敬意表現》どこが根本的に異なるか」.『月刊言語』, 2001（12）：18—25.

[4] 川口義一．「日本語初級教科書における敬語の扱われかた」．『日本語教育』，1987（61）：126—139．

[5] 国語審議会．『これからの敬語』，東京：文化庁，1952．

[6] 国語審議会．『現代社会における敬意表現』，東京：文化庁，2000．

[7] 田中望、斉藤里美．『日本語教育の実践―学習支援システムの開発―』，東京：大修館書店，1993．

[8] 張文麗．『教科書から見た中国における日本語教育の沿革についての研究―日本語専攻基礎段階教科書への分析を中心に』，西安：西安交通大学修士論文，2000．

[9] 張拓秀．「依頼表現の日中対照研究」．『講座日本語教育』第28分冊，早稲田大学日本語教育センター，1993：57—77．

[10] バルバラ・ピッツィコーニ．『待遇表現から見た日本語教科書-初級教科書五種の分析と批判-』，東京：くろしお出版，1997．

[11] 母育新．「待遇表現の習得における中国人学習者の問題点と教科書が与える影響．日本語教育学会．『平成11年度日本語教育学会秋季大会予稿集』，1999：165—170．

[12] 文化審議会．『敬語の指針』，東京：文化庁，2007．

[13] 教育部高等学校外语专业教学指导委员会日语组编．《高等院校日语专业基础阶段教学大纲》，大连：大连理工大学出版社，2001．

[14] 母育新．《现代日语礼貌现象研究》，杭州：浙江工商大学出版社，2014．

[15] 周平、陈小芬编．《新编日语1》，上海：上海外语教育出版社，1993．

【附录1】 敬语习得情况调查

日本語の敬語に関するアンケート

名前：_____　　　　　性別：　男　,　女

年齢：____歳　　　　　　　　　大学：_____大学_____学部

今まで一番長く住んだ所：_____省（市、自治区）

第一外国語（初めて勉強した外国語）：_____語

第二外国語（二番目勉強した外国語）：_____語

日本語学習期間：_____年_____ヶ月

日本語能力試験受験したことの有無：　有（___級合格）　,　無

日本語の敬語学習経験の有無：　有　,　無

日本滞在経験の有無：　有（_____年_____ヶ月）　,　無

下記の質問に，あなたのお考えに一番近い選択肢に"○"をつけてください。
(1) 日本語学習の中で一番難しいと思うものは何ですか？
  a. 助詞　　　　　　　　b. 動詞の活用
  c. 敬語
  d. その他（あれば書いてください）_____
(2) 第(1)問でcと答えだ人はその理由を教えてください。（回答は中国語可）
  理由：_____
(3) 日本語でクラスメートと話すとき，丁寧体（「です・ます体」）と普通体（「だ体」）のどちらをよく使いますか。
  a. 丁寧体　　　　　　　　b. 普通体
(4) 日本語の普通体（「だ体」）をうまく使えますか。
  a. 使える　　　　　　　　b. 使えない（理由_____）

(5) あなたは，日本語で日本人と話す時，話す相手によって言葉遣いを変えますか。
　　a. 変える　　　　　　　　　b. 時々変える
　　c. あまり変えない　　　　　d. 全然変えない
(6) あなたは日本人と話す時、敬語をよく使いますか。
　　a. よく使う　　　　　　　　b. 時々使う
　　c. あまり使わない　　　　　d. 全然使わない
(7) 言葉遣いで人間関係を調節することができるということを聞いたことがありますか。
　　a. ある　　　　　　　　　　b. ない
(8) 「待遇表現」という言葉を聞いたことがありますか？
　　a. ある　　　　　　　　　　b. ない
(9) 日本語の敬語についてどう思いますか？
　　a. 他人との間に距離を置くために使うもの
　　b. 他人に対して尊敬の気持ちを伝えるために使うもの
　　c. 社会生活をスムーズに営むために使うもの
　　d. 封建的な遺品
(10) もし，日本語の中に敬語体系が存在していなければ，どうなると思いますか？
　　a. 日本社会に混乱が起きる　　b. 日本語の勉強が楽になる
　　c. 日本語の特徴が失われる　　d. 人間関係が単純になる
(11) ①敬語を勉強する前に，日本語に敬語があるということを聞きましたか？
　　a. はい　　　　　　　　　　b. いいえ
　　②「はい」の場合，その時どう思いましたか？
　　a. 敬語は難しい　　　　　　b. 敬語は複雑だ
　　c. 敬語は日本語の特徴の1つ　d. 敬語はそんなに難しくない
(12) 敬語を勉強したあと，どう思いましたか？
　　a. 難しかった　　　　b. 易しかった　　　　c. 複雑すぎた
(13) 敬語が難しいと思うならば，どういう点が難しいですか？
　　a. 誰に対して，どの程度の敬語を使うか

b. 尊敬語と謙譲語の使い分け
c. 敬語語彙
d. 普通体と丁寧体の使い分け
e. 尊敬及び丁寧を表わす形式が複数ある
f. その他

(14) 尊敬語，謙譲語，丁寧語の中で，一番難しいと思うのは
  a. 尊敬語   b. 謙譲語
  c. 丁寧語

(15) 尊敬語，謙譲語，丁寧語の使い分けが分かりますか？
  a. よく分からない   b. 分からない点が多い
  c. 大体分かる   d. よく分かる

(16) 尊敬語と謙譲語を勉強する意味があると思いますか？
  a. はい，そう思う   b. いいえ，そう思わない

(17) あなたは，日本人と話すとき敬語を使ったことがありますか？
  a. よくある   b. 時々ある
  c. あんまりない   d. 全くない

(18) 「敬語がお上手ですね」と日本人に誉められたことがありますか？
  a. ときどきある   b. たまにある
  c. あんまりない   d. まったくない

(19) ①日本人はあなたと話したとき，敬語を使っていましたか？
  a. はい，いつでも   b. はい，しばしば
  c. いいえ，ほとんどない d. いいえ，全くない
  ②あなたと話した日本人はどんな人ですか？
  a. 友人   b. 先生
  c. よく知らない年長者 d. よく知らない同年輩のもの

(20) 敬語が分からないせいで日本人と話すとき困ったことがありますか？
  a. よくある   b. 時々ある
  c. あまりない   d. 全くない

(21) 敬語は日本人との交流に役に立ちます／ましたか？
  a. 役立つ   b. あまり役立たない
  c. まったく役立たない

(22) ①中国語の中にも，敬語があると思いますか？
　　　a．はい，そう思う　　　　　b．いいえ，そう思わない
　　②「はい」の場合は，例を1つ挙げてください。
　　　_____

(23) あなたは中国語で人と話すとき，人によって言葉使いが変りますか？
　　（例えば，先生と話すときの言葉遣いは，友達と話すときの言葉遣いと違うなど）
　　　a．全く変らない　　　　　　b．あまり変らない
　　　c．少し変る

(24) あなたは日本人と話すとき，「この人に対してどんな言葉（例えば，です・ます体か，だ体か）を使えばいいのか」のような判断をしますか？
　　　a．そんな判断をする　　　　b．そんな判断をしない
　　　c．時々する

(25) 敬語を勉強したとき使った教材は
　　　a．分かりやすく説明している　b．説明は複雑すぎる
　　　c．説明は簡単すぎる　　　　　d．説明は分かりにくい

(26) 敬語を勉強したときの先生の説明は
　　　a．よく分からなかった　　　　b．分からないことが少しあった
　　　c．よく分かった

(27) 敬語のことについて
　　　a．もっと知りたい　　　　　b．あんまり知りたくない
　　　c．今の敬語知識で充分

(28) ①あなたの在学する日本語教育機関の敬語教育について
　　　a．いいと思う　　　　　　　b．改善すべきだ
　　　c．その他
　　②改善すべきだと思うならば，どういう点を期待していますか。
　　　a．教材の改善　　　　　　　b．教室での教授技術の改善

(29) 敬語の未来がどうなればいいと思いますか？
　　　a．敬語の簡略化　　　　　　b．敬語は消えるべきだ
　　　c．今のままのほうがいい
　　　d．日本社会の発展に相応しい敬語の変化

【附录2】 简易日语能力测试

簡易型日本語能力テスト（SF－JAT）

1. じっ（　）いすにすわっていることができなかった。
2. 鳥のように、空（　）飛んでみたい。
3. いつま（　）待たせるの。
4. 今朝お茶を飲んだ（　）りで何も食べていない。
5. この本は、私の本ではない。友達（　）だ。
6. 「約束の時間に遅れるよ。何やってるの。」、「だって私行きたくない（　）だもん。」
7. 今日（　）そ彼に本当のことを話そう。
8. 若気のいたり（　）結婚してしまった。
9. 彼の住所も電話番号も知らないので、連絡のしよう（　）ない。
10. パーティーの参加者は多く（　）も70人といったところでしょう。
11. 「えっ、知らない。私、そんなこと言ったっ（　）」。
12. 私は、人間として当たり前のことをした（　）すぎません。
13. このことは、誰にも言う（　）。
14. 春が来れ（　）、花が咲く。
15. もう締め切りまで時間がない。一分たり（　）も無駄にはできない。
16. 今朝、頭が痛（　）て、起きようにも起きられなかった。
17. 「火事だ」とさけぶがはや（　）か、彼は外へとびだしていった。
18. 子どもじゃあるまい（　）、夜ひとりでトイレに行けないわけないでしょう。
19. 彼が今まで（　）かに苦労してきたか、想像にかたくない。
20. このシャツは、色は（　）もかくデザインが気に入らない。
21. 彼は最近怒りっぽ（　）なった。

22. 隣の犬ときたら、誰か通る度にワンワン吠えて、うる（　）くてたまらない。
23. （　）ろそろ学校に行こうと思う。
24. 私は小学校の頃、体育がきら（　）だった。
25. なんでも聞（　）たそばから忘れてしまう。
26. 息子さんが東京大学に合格するとは、うらやまし（　）かぎりです。
27. 今から行ったって、間に合（　）っこないよ。
28. 実際にやってみないことには、（　）んな結果が出るかわからない。
29. 実力から（　）って、彼女が合格するには間違いない。
30. この曲を聞（　）たび、昔のことを思い出す。
31. このケーキは、あなたのために私が心をこ（　）て作りました。
32. あの人にこん（　）いい絵がかけるもんか。
33. 私は将来、医者にな（　）たい。
34. この絵本は、絵もさること（　）がら、文章もすばらしい。
35. 映画（　）も見ようか。
36. 今日はやけにまわりがしず（　）だ。
37. あの人はにぎやか（　）人ですね。
38. 彼がうそをついていることは、明ら（　）だった。
39. 彼の健康状態か（　）、旅行は無理だろう。
40. 景気は、徐々（　）回復しつつあります。
41. トイレの電気をつけ（　）ぱなしにしないようにしましょう。
42. 彼は俳優にして画家で（　）ある。
43. ずいぶん部屋がきれい（　）なった。
44. 彼女は、（　）くさん食べるわりには太らない。
45. （　）まり騒ぐと、人のめいわくになる。
46. 約束したのに、彼はま（　）来ない。
47. こんなにひどい雨では、遠足は中止（　）ざるをえない。
48. 彼女は、寂（　）げな目をした女の子だった。
49. 私はあなたにうそな（　）かつきませんよ。
50. 彼は、悲（　）そうな顔をして立っていた。

【附录3】 敬语水平测试

敬語調査

　次の下線部で言い方は、いいと思いますが。いいと思えば、線の下に○を書いてください。よくないと思えば、線の下に、いいと思う言い方を書いてください。

　文の中に出てくる人は、あなた、あなたのお父さん、山田先生、佐藤先生の4人です。

　山田先生も佐藤先生も、大学の教授で、男の人です。あなたは、山田先生と佐藤先生のどちらかひとりと、二人だけで話します。そばには、誰もいません。

1（あなたが、佐藤先生に言います。）明日、山田先生がコンピューターを<u>使われます</u>。

（　　）

2（あなたが、佐藤先生に言います。）山田先生は、駅まで<u>お歩かれになります</u>。

（　　）

3（あなたが、佐藤先生に言います。）その写真は、山田先生が<u>撮りました</u>。

（　　）

4（あなたが、山田先生に言います。）私は、毎日、テレビを1時間<u>ごらんになります</u>。

（　　）

5（あなたが、山田先生にたずねます。）山田先生、テストを<u>集めましたか</u>？

（　　）

6（あなたが、山田先生にたずねます。）山田先生は、毎日何時間、テレビを<u>見るられますか</u>？

（　　）

7 (あなたが、山田先生に言います。) 私の父は、その話をご存じです。
( )

8 (あなたが、山田先生にたずねます。) 山田先生は、ケーキをお召し上がりますか?
( )

9 (あなたが、山田先生にたずねます。) 山田先生は、毎朝、テレビを見ますか?
( )

10 (あなたが、山田先生に言います。) 私は、昨日、山田先生からそのことをお聞きました。
( )

11 (あなたが、山田先生に言います。) 山田先生は、昨日、その本を私にお貸ししました。
( )

12 (あなたが、山田先生に言います。) 私の父は、毎朝、新聞をごらんになります。
( )

13 (あなたが、山田先生に言います。) 山田先生、昨日、私に本をさしあげまして、ありがとうございました。
( )

14 (あなたが、山田先生に言います。) 私は、いつも、西条駅で電車を降りられます。
( )

15 (あなたが、山田先生に言います。) 私の父は、佐藤先生に手紙を出しました。
( )

16 (あなたが、山田先生に言います。) 私は昨日、3時間本をお読みになりました。
( )

17 (あなたが、山田先生に言います。) 山田先生、どうぞパーティーにいらしてください。
( )

18 (あなたが、山田先生にたずねます。) 山田先生は、佐藤先生に、そのことをご報告なさいましたか？

(　　)

19 (あなたが、山田先生に言います。) 山田先生、私も協力させていただきます。

(　　)

20 (あなたが、山田先生に言います。) 私はその歌をもう覚えました。

(　　)

21 (あなたが、山田先生に言います。) すみませんが、明日の授業は欠席させていただきます。

(　　)

22 (あなたが、山田先生に言います。) 昨日、佐藤先生に、本を郵送いたしました。

(　　)

23 (あなたが、山田先生にたずねます。) 佐藤先生は、いつ帰国なさいますか？

(　　)

24 (あなたが、山田先生に言います。) 昨日、佐藤先生のお母さんが、入院なさいました。

(　　)

25 (あなたが、山田先生に言います。) 山田先生、少し休憩なさってはいかがですか？

(　　)

26 (あなたが、山田先生にたずねます。) 山田先生は、昨日、そのことを私に申しましたか？

(　　)

27 (あなたが、山田先生に言います。) 佐藤先生は、昨日、私の父にパーティーの場所をお教えしたそうです。

(　　)

28 (あなたが、山田先生に言います。) その本は、昨日、山田先生にもらいました。

(　　)

29 (あなたが、山田先生に言います。)山田先生、私がかばんを持ちます。
　　　　　　　　　　　　　　　　　　　　　　　　　　　　　　(　　)

30 (あなたが、山田先生に言います。)私の父は、明日、佐藤先生にお会いをするそうです。
　　　　　　　　　　　　　　　　　　　　　　　　　　　　　　(　　)

31 (あなたが、山田先生にたずねます。)山田先生は、どこの銀行にお金をお預けられになりますか？
　　　　　　　　　　　　　　　　　　　　　　　　　　　　　　(　　)

32 (あなたが、佐藤先生に言います。)山田先生は、週に一度、そばを食べれます。
　　　　　　　　　　　　　　　　　　　　　　　　　　　　　　(　　)

33 (あなたが、山田先生にたずねます。)山田先生、今、何か言いましたか？
　　　　　　　　　　　　　　　　　　　　　　　　　　　　　　(　　)

34 (あなたが、山田先生にたずねます。)山田先生、今朝、コーヒーを飲みましたか？
　　　　　　　　　　　　　　　　　　　　　　　　　　　　　　(　　)

35 (あなたが、佐藤先生に言います。)その本は、昨日、山田先生がそこに置きました。
　　　　　　　　　　　　　　　　　　　　　　　　　　　　　　(　　)

36 (あなたが、山田先生にたずねます。)山田先生は、明日のパーティーに行かられますか？
　　　　　　　　　　　　　　　　　　　　　　　　　　　　　　(　　)

37 (あなたが、山田先生に言います。)私の父は、タバコを吸われます。
　　　　　　　　　　　　　　　　　　　　　　　　　　　　　　(　　)

38 (あなたが、山田先生にたずねます。)山田先生、駅までタクシーにお乗られになりますか？
　　　　　　　　　　　　　　　　　　　　　　　　　　　　　　(　　)

39 (あなたが、佐藤先生に言います。)山田先生は、毎朝、パンをお召し上がりられます。
　　　　　　　　　　　　　　　　　　　　　　　　　　　　　　(　　)

40 (あなたが、佐藤先生に言います。) 山田先生は、そのことを昨日私に<u>言いました</u>。

( )

41 (あなたが、山田先生に言います。) 私の父は、いつも、コーヒーに砂糖を<u>入れられます</u>。

( )

42 (あなたが、佐藤先生に言います。) 山田先生は、何でも<u>おできられになります</u>。

( )

43 (あなたが、山田先生にたずねます。) 山田先生、<u>疲れましたか</u>？

( )

44 (あなたが、佐藤先生に言います。) 山田先生は、今日、学校を休むと<u>おっしゃられました</u>。

( )

45 (あなたが、佐藤先生に言います。) 昨日、佐藤先生の本を<u>拝見しました</u>。

( )

46 (あなたが、山田先生に言います。) 私は、明日、山田先生に、いい本を<u>お見せされます</u>。

( )

47 (あなたが、山田先生に言います。) 私の父は、佐藤先生から車を<u>借りました</u>。

( )

48 (あなたが、山田先生にたずねます。) 山田先生は、家で料理を<u>なさいますか</u>？

( )

49 (あなたが、山田先生にたずねます。) 山田先生、もう、会場を<u>予約なさいましたか</u>？

( )

50 (あなたが、山田先生に言います。) 佐藤先生は、大学時代、とても<u>努力なさったそうです</u>。

( )

51 (あなたが、山田先生に言います。) パーティーの場所は、私の父が佐藤先生に言いました。

( )

52 (あなたが、山田先生にたずねます。) 山田先生は、車を運転なさいますか？

( )

53 (あなたが、山田先生に言います。) すみませんが、窓を開けてくださいますか？

( )

54 (あなたが、山田先生に言います。) 山田先生、時間がないので、お急ぎください。

( )

55 (あなたが、山田先生にたずねます。) 山田先生は、昨日、私に電話をおかけしましたか？

( )

56 (あなたが、山田先生に言います。) 佐藤先生は、昨日、私の父に本をさしあげたそうです。

( )

57 (あなたが、山田先生に言います。) 私は昨日、山田先生からその本をいただき申しました。

( )

58 (あなたが、山田先生に言います。) あとで、山田先生に本を届けます。

( )

59 (あなたが、山田先生に言います。) これが、佐藤先生がご説明くださった本ですか？

( )

60 (あなたが、山田先生にたずねます。) 山田先生、質問してもよろしいですか？

( )

61 (あなたが、山田先生に言います。) 山田先生、どうぞご安心下さい。

( )

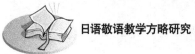

62 (あなたが、山田先生に言います。) 昨日はおいしいケーキを<u>もらいまして</u>、ありがとうございました。

( )

63 (あなたが、山田先生に言います。) 佐藤先生は、日本語教育を<u>ご研究なさっています</u>。

( )

64 (あなたが、山田先生に言います。) 私の父は、昨日、佐藤先生からそのことを<u>うかがわれたそうです</u>

( )

65 (あなたが、山田先生に言います。) 私の父は、昨日、佐藤先生から、パーティーの場所を<u>聞きました</u>。

( )

66 (あなたが、山田先生に言います。) 佐藤先生は、私の父に本を<u>お送りしたそうです</u>。

( )

67 (あなたが、山田先生に言います。) 私の父は、佐藤先生から本を<u>いただかれました</u>。

( )

68 (あなたが、佐藤先生に言います。) 山田先生は、今日、私との約束を<u>忘れました</u>。

( )

69 (あなたが、山田先生に言います。) 私は、昨日、山田先生からその話を<u>おうかがいました</u>。

( )

70 (あなたが、山田先生に言います。) 私の父は、昨日、佐藤先生を<u>お見かけされたそうです</u>。

( )

71 (あなたが、佐藤先生に言います。) 山田先生は、毎朝7時にごはんを<u>食べます</u>。

( )

72 （あなたが、山田先生に言います。）私の父は、車を買うことをお決めになりました。
（　）

73 （あなたが、山田先生に言います。）私は、その本をご存じです。
（　）

74 （あなたが、佐藤先生に言います。）山田先生は、毎朝、8時に家を出ます。
（　）

75 （あなたが、山田先生にたずねます。）山田先生は、明日の食事会にいらっしゃられますか？
（　）

76 （あなたが、山田先生にたずねます。）山田先生、もう、論文を書きましたか？
（　）

77 （あなたが、山田先生に言います。）私の父は、先週車を買われました。
（　）

78 （あなたが、山田先生に言います。）私は、昨日、学校を休まれました。
（　）

79 （あなたが、山田先生に言います。）私は、明日、図書館にこの本を返されます。
（　）

80 （あなたが、山田先生に言います。）佐藤先生は、私の父に、そのことを申し上げたそうです。
（　）

【附录4】 第三者待遇表現測試

① 先生の家への電話
柳：もしもし、山口先生のお宅ですか。
奥さん：はい、山口でございます。
柳：横浜大学日本語学部の柳と申しますが、山口先生は（　）。
　　a. いますか　b. おりますか　c. いらっしゃいますか　d. いるか
奥さん：はい、（　）。少々お待ちください。
　　a. います　b. おります　c. いらっしゃいます　d. おる

② よその会社からかかってきた電話に出る場合
山川：はい、高橋工業でございます。
小沢：太陽物産の小沢と申しますが、いつもお世話になっております。
山川：こちらこそ、お世話になっております。
小沢：恐れ入りますが、（　）いらっしゃいますか。
　　a. 課長の山田　b. 山田課長　c. 山田課長さん　d. 課長の山田様
山川：申し訳ございません、（　）は、あいにく席をはずしておりますが。
　　a. 山田　b. 山田課長　c. 課長の山田　d. 課長の山田様
小沢：それでは高橋工業の小沢に電話するように、お伝えいただけますでしょうか。
山川：かしこまりました。お伝えいたします。

③ 鈴木（男性　30代）と雄太（八歳の子供）との電話
鈴木：もしもし、田中さんのお宅でしょうか。
雄太：はい、田中雄太です。おじさんはだれ？
鈴木：雄太君、鈴木のおじさんだよ。お父さん（　）？

雄太：いいえ、まだうちに帰っていない。
　　　a. います　b. いらっしゃいおます　c. いる　d. お帰りになりました

④ 楊先生のことについて友達同士の会話
李：楊先生、どこにおられる？
張：さっきまで、ここに（　）んだけど。
李：あ、そう。
　　　a. いた　b. おった　c. 参った　d. いらっしゃった

⑤ 研究室の飲み会のとき、その場にいない鈴木が話題となった
野村：鈴木ってすごいね。また論文一本を出したって。
木村：あいつは頭がいいから。
大木：人柄もいいし…
竹中：あいつは、（　）。
　　　a. すごい方だ　b. すごい人だ　c. すごいやつだ　d. すごい者だ

⑥ 山田は親友の竹下博に電話したが留守だった。それで博のお母さんに伝言をお願いする場面（山田は博のお母さんとは面識がない）
竹下：竹下です。
山田：山田と申しますが、博君、（　）。
　　　a. いるか　b. いらっしゃいますか　c. いますか　d. いるかい
竹下：まだ帰ってないです。
竹下：そうですか。では、山田から電話があったことをお伝えいただけますでしょうか。

⑦ 高校生の鈴木と山田先生の会話
鈴木：山田先生、「本能寺の乱」について調べていますが、どんな本を読んだらよろしいでしょうか。
山田：中原先生に聞いてみたらどうかい。中原先生は、歴史学を研究（　）から。
　　　a. している　b. しています　c. されている　d. されています

⑧ 大学生の北川（女性）と酒井（男性）の会話（北川と酒井は友人である）
北川：山本先生にレポートを提出しようと思って、研究室に行ったら、いらっしゃらないようなんだけど・・・。
酒井：あっ、山本先生はまだ見えて（　）かな。
  a. ません　b. ない　c. いらっしゃらない　d. ないです

⑨ 同期入社の同僚の会話（張と郭，男性同士）
張：来週も会議、やるかな？
郭：やるだろう。
張：部長も出席されるかな？
郭：（　）。
  a. 出席されますでしょう　　b. 出席されるだろう
  c. 出席するだろう　　　　　d. 出席します

⑩ 見学者と博物館の係員との会話
見学者：特別公演の先生はいつごろ（　）？
係　員：10時にいらっしゃいます。
見学者：そうですか。ありがとうございます。
  a. 来るの　b. 見える　c. いらっしゃる　d. いらっしゃいますか

【附录5】 语料转写符号范例

本书中自然语料的文字化按照宇佐美まゆみ的《基本的文字化原则》进行转写，所使用符号范例如下：

。 　　　　　标记在一个句子的最后。

，， 　　　　说话途中插入对方的话语时，前面的发话还没有结束的符号，重新起一行，输入对方的话语。

、 　　　　　①一个句子及一行中，跟日语表记的习惯一样标记。
　　　　　　②话语之间有很短的停顿时用作标记。

' ' 　　　　①有多种读法的词用汉字来表示的时候。不是最普遍的读法，为了表示发生特殊读法，将其读法用平假名标记在' '中。
　　　　　　②当词汇和平时发音不同时或者只用音声记录很难理解其含义时要用' '正式表示出来。

『 』 　　　便于视觉上的区分而使用的符号。例如：书籍、电影名称等固有名词，以及发话人在谈话中所解释的汉字的读法等部分时使用。

" " 　　　　在谈话中，引用说话人以及说话人以外的人所讲的话，或思考、判断、感知的内容时，要用" "。

? 　　　　　关于疑问句，无论是否有疑问词出现，当出现句尾上扬等具有疑问性质的句子时，句末要用「?。」表示。倒装疑问句要在句中加上「?、」。

? ? 　　　　用于表示确认时，句尾上扬的半疑问句。

[↑][→][↓] 　当有必要特别记录语调时，用[↑][→][↓]来表示上升、平调、下降等语气。

/稍作停顿/ 　在话题发展过程当中，感到有停顿时使用的符号。

/沉默 秒/ 　1秒以上的停顿，作为沉默处理，将秒数记录在案。沉默本身构成回答时，作为1个句子占1行。基本上，为了可以判断沉默后是由谁发话的，将其记录在打破沉默后发话句的句首。

符号	说明
==	改行后发话之间的停顿如果比该会话中的平均间隔相对要短，或者根本就没有间隔的情况。这表示两个句子之间即使是在改行之后，在声音上还是连续的。这种情况下，在前一句末尾加上「=」，然后在句尾添上「。」或者「,,」。接下来在下一行的开头加上「=」。
…	无论句中或者句尾，当出现含糊不清的声音时，要用此符号表示。
<>{<}	当双方同时发话时，重叠的部分要用< >，或发话人一方发话内容结束后。
<>{>}	要用{>}表示，然后在句尾添上「。」，或者「,,」。插话人一方插话内容结束后要用{>}表示。
【 】	在第1发话人发话内容结束之前，第2发话人以插话的形式开始发话，结果使第1发话人的发话结束时，要用【 】表示。在第1发话人发话内容结束之后，「。」之前加上【，在第2发话人发话内容之前加上】。
[ ]	表示前后文的逻辑性。为了更加清楚地记录发话状况，将声音上所显出的特征（声调、声音的高低、大小、语速等）需要特殊标记的部分，记录在句子的最后。
( )	对于短促，没有特殊含义的"反馈标记词"，要在离对方发话内容最近的部分用（ ）表示出来。
< >	对于边笑边发话的内容或者笑声，要在< >中具体表示出是<边笑边说>还是<两人一起笑>等情况。笑本身成为一种回答时，要作为1个句子来处理。基本上是在含有发笑的发话句中或者发话句最后明确表示出来，然后在句尾添上「。」或者「,,」。
(<>)	在对方发话途中，和对方发话内容重叠而插入笑声时，与短促的反馈标记词作同样处理，表示出（<笑>）。
#	当发话内容无法听清时，根据推测出的拍数适当添加#字符号。
「 」	当转写资料内容公开时，为了保护会话人的个人隐私，不能明确公开的部分要用此符号表示。

注：本书语料如无特殊标注，均选自东京外国语大学宇佐美研究室公开发行的《基于BTS的多语言口语语料库》。

【附录6】 实验组教材

日本語の表現

Politeness in Japanese

教材1　理論部分（ポライトネス理論）

1. フェイス（面子）

1.1 フェイス（面子）の概念

フェイス：社会の中で人々が得た正の社会価値であり、個人の自己表現である。

$$\text{フェイス} \begin{cases} \text{ポジティブ・フェイス（積極的な面子）} \\ \text{ネガティブ・フェイス（消極的な面子）} \end{cases}$$

すべての人間には、「ポジティブ・フェイス（positive face）」と「ネガティブ・フェイス（negative face）」という二種類のフェイスがある。これが、人間としての基本的な欲求である。

1.2 ポジティブ・フェイス（積極的な面子）とネガティブ・フェイス（消極的な面子）

　　ポジティブ・フェイス：他人に評価されたい、賞賛されたい、理解されたいという欲求。
　　ネガティブ・フェイス：賞賛されないまでも、少なくとも、他人に邪魔されたくない、立ち入ってほしくないという欲求。

人間のコミュニケーション（伝達行為）の中には、常に相手のフェイスを脅かす行為FTA（face threatening act）が含まれる。コミュニケーションの中でのフェイス侵害度（FTAの度合い）は次の公式で表示する。

2. フェイス侵害度（FTA）の見積もり公式

2.1 FTAの度合いを算出する方法

コミュニケーションでの行為xが、相手のフェイスを脅かす度合い（Wx）は、話し手（S）と聞き手（H）の社会的距離Dと、聞き手の話し手に対する力

(P) 及びその文化における x が相手にかける負荷度の度合い (Rx) の和である。

$$Wx=D（S, H）+P（H, S）+Rx$$

Wx：行為 x が相手のフェイスを脅かす度合い（FTAの度合い）の重み（weightiness）

D：話し手（Speaker）と聞き手（Hearer）の社会的距離遠近（Social Distance）

P：聞き手（Hearer）の話し手（Speaker）に対する力（Power）

Rx：特定の文化で、ある行為 x が「相手にかける負荷度」の絶対的順位（Ranking）に基づく重み

D，P，Rを合算したWxの値がフェイス侵害度（FTAの度合い）を表す。

例えば、タバコを吸っている人にタバコを止めるよう命令するという行為のフェイス侵害度は話し手と聞き手の「社会的距離」及び聞き手の話し手に対する「力」と、「タバコを止めさせる」という行為の相手にかける「負荷度（心理的負担）」の三要素によって決められる。Wxの値が高ければFTAの侵害度が高い。逆にその値が低ければFTAの侵害度も低い。

2.2 FTAを解消するためのストラテジー（方略）

円滑にコミュニケーションをするには、FTAを解消しなければならない。そのために、FTAの重み（Wx）の値に応じて、

①無修正・あからさまに言う

②ポジティブ・ポライトネス（相手のポジティブ・フェイスに配慮するように言う）

③ネガティブ・ポライトネス（相手のネガティブ・フェイスに配慮するように言う）

④オフ・レコード（露骨に言わずに、言外にほのめかす）

⑤FTAをしない（話さない）

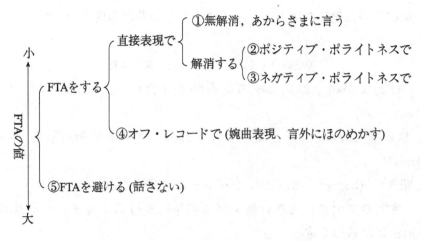

图1　ストラテジーの選択決定する状況

　ストラテジー①は、FTAの値が小さく，FTAを解消する必要がないときに使う。特別に配慮しなくてもいいと位置付けた相手に頻繁に使う。例えば、緊急時の発話、家族，親しい友人間で使われる発話の多くがこれに当たる。
　ストラテジー②は、FTAの値が比較的小さいときに使う。相手と親しくなることを目的とした、相手のポジティブ・フェイスの欲求を満たすための表現がこれに当たる。例えば、相手を誉めたり、相手との共通点を強調したり、ジョークを言ったりすることなど。
　ストラテジー③aは，FTAの値が比較的に大きいときに使う。相手との距離を弁えることを目的とした、相手のネガティブ・フェイスの欲求を満たすための表現がこれに当たる。ただしここでは、文の述部には相手への配慮を表す形式である「尊敬語」と「謙譲語」が含まれていない表現をストラテジー③の手法とする。例えば「明日、京都へ行きます」のような表現。
　ストラテジー③bは、FTAの値が比較的大きいときに使う。ストラテジー③と同様に、相手との距離を弁えることを目的とした、相手のネガティブ・フェイスの欲求を満たすための表現がこれに当たる。ただしここでは、文の述部には、相手への配慮を表す形式である「尊敬語」と「謙譲語」が含まれている表現をストラテイー③'とする。例えば、「明日、京都へいらっしゃいますか」など。
　ストラテジー④は，FTAの値が大きいときに使い、言いたいことを言外にほのめかすことである。例えば，「窓を開けてください」という直接の依頼の

代わりに，「この部屋は暑いですね」と言うなど遠まわしに表現することである。

ストラテジー⑤は、FTAの値があまりにも大きいために、言語行動をやめることである。例えば、危険な話題をさけたり、沈黙したりする行動など。

日本語母語話者は，ストラテジー⑤を除いた上記の⑤つのストラテジーを使って，巧みに言葉遣いを変え，コミュニケーションによって生じるFTAをうまく解消している。例えば、「昨日、どこへ行ったのか」と聞く場合、ストラテジー別に言葉遣いを選択しようとすれば、下記のとおりになる（一例）。

　　ストラテジー①：（友人に）昨日，どこ行った？
　　ストラテジー②：（親しくない人に）昨日，どこ行ったの？
　　ストラテジー③a：（親しくない人に）昨日，どこへ行きましたか。
　　ストラテジー③b：（先輩に）昨日，どこへいらっしゃったんですか。
　　ストラテジー④：（先生に）昨日，見かけなかったんですけど…
　　ストラテジー⑤：（学長に）聞くこと自体をやめる。

ポライトネスの度合いは、ストラテジー①から、ストラテジー⑤まで、順次高くなる。

3. ポライトネス理論の由来

ポライトネス理論（Universal Theory of Politeness）は，Brown, P. & Levinson, S.（1987）によって発表されたものである。同理論は，主に英語，ツェルタル語，タミル語を考察した上，まとめた人間の言語行動の中にある丁寧さを表す普遍的ものである。前掲したように、同理論はGoffman（1967）の面子行為理論（The theory of face-work）に基づいたものである。

Goffmanは、面子は社会交際中自分が得た正の社会価値であり、個人の自己表現であると論じる。BrownとLevinsonは、この面子を２種類と区別する。つまり、人間には、他人から賞賛、理解されたいというpositive faceと立ち入ってほしくない、邪魔されたくないというnegative faceの２種類の面子がある。人間のコミュニケーションの中には、常に相手の面子（positive face&negative face) を脅かす行為FTA (Face-threatening Acts, 面子侵害行為) が含まれる。従って、円滑にコミュニケーションをするには、面子侵害行為を解消するための5つのポライトネス・ストラテジー (politeness strategies) が求められている。

☆1～3は、ポライトネス理論の概要を示している。一口で言えば、ポライトネス理論はコミュニケーションをするとき、相手への配慮を実現するためのストラテジー（方略）である。

4. ポライトネス理論で中国語を考える

中国語の中で、言葉の丁寧さを表す表現を「礼貌語言」（敬辞と謙辞なども含む）という。これは、中国語でのポライトネスの現われである。ポライトネス理論を次のように中国語に当てはめることができる。

　　ストラテジー①は、専用の言語要素（敬辞と謙辞）を使わず、裸の表現内容のみを述べる表現の多くはこれに当たる。
　　ストラテジー②は、裸の表現内容のみを述べる親近表現が多く、中国語では、親族名詞を親族以外の人まで拡張して親しみを表すことは1つの特徴である。
　　ストラテジー③は、敬辞、謙辞などの専用言語要素を用いた表現が多い。
　　ストラテジー④は、言外にほのめかす表現である。
　　ストラテジー⑤は、FTAの値が高いため話題に触れない行為である（例えば、危険な話題を避けたり、沈黙したりする行動など）。

例えば、相手に「昨天你去哪儿了？」（昨日どこへ行ったのか）」と聞く場合）、ストラテジー別に言葉遣いを選択しようとすれば、下記のとおりになる（一例）。

　　ストラテジー①
　　（例：昨天你去哪儿了？）（昨日、どこ行った？）
　　ストラテジー②
　　（哥们儿，昨天去哪儿了？）（兄貴、昨日どこ行ったの？）

ストラテジー③
（例：昨天您去哪儿了？）（昨日、あなた様はどこへ行きましたか。）
ストラテジー④
（例：昨天没有看到你啊……）（昨日、見かけなかったんですけど…）
ストラテジー⑤
（例：什么都不说。）（何も言わない。）

5. ポライトネス理論で日本語を考える

日本語ではいかに相手を待遇するために使われる言語表現を「待遇表現」と言う。「待遇表現」はポライトネスの日本語での現れであろう。

　ストラテジー①は、親しい相手（友人、家族）に用いる「普通体」（だ体）の文の中で多く現れるのであろう。
　ストラテジー②は、相手に近づこう、或いは親しみを表そうという親近表現である。内輪の言葉、丁寧体から普通体への切り替えなどは、これに相当するであろう。
　ストラテジー③は、親しくない人に使う「丁寧体」（です・ます体）の文の中で多く現れるのであろう。
　ストラテジー③'は、目上または親しくない人に使う、「尊敬語」と「丁寧語」が入った文の中で多く現れるのであろう。
　ストラテジー④は、言外にほのめかし表現である。丁寧体の文も、普通体の文もよく使用されるのであろう。
　ストラテジー⑤は、発話しない行為である。

日本人は、この５つのストラテジーを使って、巧みに言葉遣いを変えて、コミュニケーションによって生じたFTAをうまく解消している。

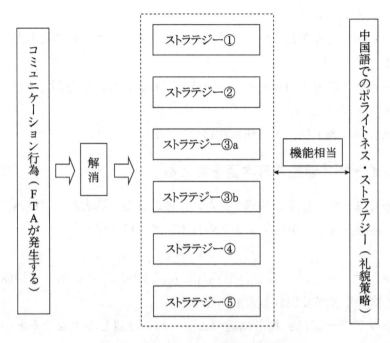

図2　ポライトネス理論指導の流れ

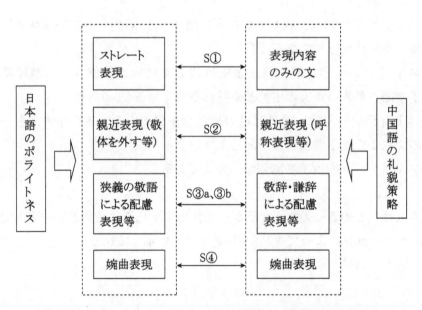

図3　日本語の「ポライトネス」と中国語の「礼貌策略」の対応

表1　数量化の基本的な考え

	1	2	3	4	5
Dの値	（親友、家族、後輩）	（友達、同級生、親戚、児童）	（先輩、余親しくない人）	（初対面の人、先生）	（学部長、学長）
Pの値	（親友、家族、後輩）	（友達、同級生、親戚、児童）	（先輩、余親しくない人）	（初対面の人、先生）	（学部長、学長）
Rの値	（雑談）	（評価、相手に負担がかからない依頼）	（催促、苦情、公的場面）	（断り、公的場面）	（相手に負担がかかる依頼、公的場面）
D+P+Rの値	3～7	5～9	7～11	9～13	11～15
Sの選択	3～4　① 5～7　③	5～6　② 7～9　③	7～8　③ 9～11　③'	9　③ 10～11　③' 12～13　④	11　③' 12～13　④ 14～15　⑤

教材2　会話部分

ストラテジー①

会話1：雑談の場面

　　　　　　　　　　　登場人物：鈴木（男性，20代）、高橋（男性，20代）
　　　　　　　　　　　人間関係：二人は親友である
　　　　　　　　　　　用　　件：食事についての相談
　　　　　　　　　　　場　　所：駅前

鈴木：おなか（が）空いた。どこかで食事しよう。
高橋：うん。どこか安い店（が）あるかな。
鈴木：あそこのマクドナルドはどう？
高橋：そうしよっか。半額セールやってるみたいだね。

会話2：依頼

　　　　　　　　登場人物：斎藤（女性，20代）、小沢（男性，20代）
　　　　　　　　人間関係：小沢は斎藤の先輩である
　　　　　　　　用　　件：小沢は斎藤に本を借りる
　　　　　　　　場　　所：大学の教室

小沢：斎藤さん。はい、「一太郎」のマニュアル持ってる？
斎藤：「一太郎」って、ワープロソフトのことでしょうか。
小沢：うん、そうだよ。
斎藤：マニュアルっていうのかどうか、わからないですけど、『一太郎12を楽しむ』っていう本なら持ってますけど。
小沢：あ、それ。それ貸して。
斎藤：あ、いいですよ。明日持ってきますね。
小沢：お願い。

会話3：催促

　　　　　　　　登場人物：田中さん（男性，20代）、周さん
　　　　　　　　　　　　　（男性，20代）
　　　　　　　　人間関係：二人は友達同士である
　　　　　　　　用　　件：頼んだ件に催促をする
　　　　　　　　場　　所：図書館前

田中：周さん、この間頼んだ翻訳、まだ？
周：あ、あと四分の一ぐらい残ってる。ごめん、早速訳すよ。
田中：じゃ、出来上がった分とりあえずもらおうかな。残った分ゆっくりでいいよ。
周：　じゃ、できた分をあとで渡すよ。

会話4：断り

　　　　　　　　登場人物：山田朝美（女性，20代），小林綾（女性，20代）
　　　　　　　　人間関係：二人は親友である
　　　　　　　　用　　件：飲み会の誘いを断る

　　　　　　　場　　所：大学の教室内
山田：綾ちゃん、明日、みんなで飲みに行くんだけど。
綾：どこ（に）行くの？
山田：新宿西口の甘太郎っていう店。
綾：行けない。
山田：え、明日デートでもあるの？
綾：ううん、明日はお父さんの誕生日なの。

会話5：依頼

　　　　　　　登場人物：翔太（男性，10代，弟）、健史（男性，
　　　　　　　　　　　　20代，兄）
　　　　　　　人間関係：二人は兄弟である
　　　　　　　用　　件：弟がお兄さんにお金を借りる
　　　　　　　場　　所：うち
翔太：お兄ちゃん、千円貸して。
健史：またゲームセンター（に）行くの？
翔太：違うよ。買いたい本があるから。
健史：本なら、千円じゃ足りないだろ。
翔太：千円持ってるから。
健史：そうか、はい。
翔太：ありがとう。

会話6：依頼

　　　　　　　登場人物：山田朝美（女性，20代）、小林綾（女
　　　　　　　　　　　　性，20代）
　　　　　　　人間関係：二人は親友である
　　　　　　　用　　件：パソコンを教えてもらう
　　　　　　　場　　所：パソコン・ルーム
小林：ねえ、これ（を）ちょっと見てくれる？
山田：何？
小林：エクセルで作った表をワードに貼り付けたいんだけど。

山田：だったら、切り取ってから直接貼り付ければいいよ。
小林：あ、そっか。ありがとう。

会話7：純子が親友の智子のアパートに遊びに行った。智子が出してくれたケーキに対する評価

　　　　　　　　　　登場人物：純子（女性，20代）、智子（女性，20代）
　　　　　　　　　　人間関係：二人は親友である
　　　　　　　　　　用　　件：相手が作った料理を評価する
　　　　　　　　　　場　　所：智子のアパート

純子：智子、またケーキ作ってみたんだけど、食べてみてくれない？
智子：いいよ。
純子：どう？
智子：うーん、甘すぎると思う。
純子：そっか、砂糖が多くて、甘すぎたね。

会話8：後輩からの誘いを断る。

　　　　　　　　　　登場人物：佐藤（男性，20代）、長谷川（男性，20代）
　　　　　　　　　　人間関係：長谷川は佐藤の先輩である
　　　　　　　　　　用　　件：サッカー観戦の誘いを断る
　　　　　　　　　　場　　所：大学の部活室

佐藤：長谷川さん、今週の日曜日に、日立サッカー場でＪリーグの試合があるんですが、一緒に見に行きませんか。チケット二枚持ってるんですよ。
長谷川：どことどこの試合？
佐藤：柏レイソルと浦和レッズだそうです。
長谷川：その日は、用事があっていけない。
佐藤：そうですか。残念ですね。
長谷川：今度また誘って。

会話9：感情的（怒る）場面

　　　　　　　　登場人物：山田朝美（女性，20代）、小林綾（女性，20代）

　　　　　　　　人間関係：二人は親友である

　　　　　　　　用　　件：約束について問い詰る

　　　　　　　　場　　所：大学のキャンパス内

山田：昨日、どこ行ったの？ 5時にココスでコーヒーを飲むって約束してたのに。

小林：朝美ちゃん、ごめんね。昨日彼氏と海へドライブに行ってたの。渋滞に巻き込まれて、5時までに戻れなくて……。朝美ちゃんの携帯に電話したんだけど、つながんなかったの。

山田：そうなんだ。あ、昨日、携帯のバッテリーが切れてた。

会話10：友達に苦情を言う。

　　　　　　　　登場人物：鈴木学（男性，20代）、高橋（男性，20代）

　　　　　　　　人間関係：二人は友人である

　　　　　　　　用　　件：高橋は鈴木に苦情を言う

　　　　　　　　場　　所：鈴木がバイトしている店（店長がその場にいる）

高橋：あのさ、学君、さっき買ったCD。傷があるんだよ。

鈴木：そうですか。すみませんでした。

高橋：いえいえ。

鈴木：じゃあ、交換します。

高橋：お願いします。

ストラテジー②

会話1：反論（大学生協の会議で）

　　　　　　　　登場人物：鈴木（男性，20代）、高橋（男性，20代）

　　　　　　　　人間関係：二人は親友である

　　　　　　　　　　　用　　件：高橋は鈴木の意見に反論する
　　　　　　　　　　　場　　所：会議場
議長：次回の生協総会の時間について皆さんのご意見を伺いたいのですが……
鈴木：四月初旬あたりがいいと思いますが、新学期の始まりですから。
高橋：そういう考えもありますけれど、やはり初旬は避けたほうが無難だと思います。新学期の始まりですと、いろいろ用事が多いですからね。
議長：そうですね。初旬だけは避けたいですね。

会話2：反論（会社の会議で）

　　　　　　　　　　　登場人物：北村（男性，20代）、井上（男性，30代）
　　　　　　　　　　　人間関係：井上は北村の先輩である
　　　　　　　　　　　用　　件：新製品の発売時期について
　　　　　　　　　　　場　　所：会議室
井上：来月をめどに新しいビールを市場に投入すべきだと思います。ビール業界での競争が激しくなって、我が社のライバル社も新商品の開発を急ピッチに進めているそうです。
北村：井上さんがおっしゃる通りかもしれませんが、私はビールより新しい発泡酒を市場に投入したほうがいいと思います。不況が長引く中、値段の高いビールの消費量は伸び悩んでいます。それに引き換え、安い発泡酒の売れ行きはなかなか好調なようですから。……

会話3：反論（知らない人に対する）

　　　　　　　　　　　登場人物：村上（女性，20代）、黒田（女性，30代）
　　　　　　　　　　　人間関係：二人は初対面である
　　　　　　　　　　　用　　件：村上は黒田の意見に反論する
　　　　　　　　　　　場　　所：IT討論会会場
黒田：インターネットを利用した、青少年に対する凶悪犯罪が増えている今

日、青少年のインターネット利用を制限しないと、この種の犯罪がますますエスカレートするに違いありません。
村上：それは そうかもしれませんが、 インターネットの利用を制限するのは根本的な解決策にならないと思います。青少年たちの自衛意識を高めることが重要ではないかと思います。

会話4：依頼（道端で遊んでいる子どもに道を尋ねる）

　　　　　　　　登場人物：由香（女の子，10歳くらい）、伊藤（女性，20代）
　　　　　　　　人間関係：二人は面識がない
　　　　　　　　用　　件：伊藤は由香に道を尋ねる
　　　　　　　　場　　所：渋谷駅前

伊藤：あのう、ごめんね。ちょっと道を教えてくれる？
由香：うん、いいよ。
伊藤： 八公の銅像に行きたいんだけど、どうやっていくの？
由香：この細い道の突き当たりだよ。
伊藤：そっか、ありがとう。
由香：ううん。

会話5：第3者待遇（迷子になった子どもにお母さんのことを聞く）

　　　　　　　　登場人物：迷子（男の子，5歳くらい）、高橋（男性，20代）
　　　　　　　　人間関係：二人は面識がない
　　　　　　　　用　　件：迷子になって、泣いている子どもに高橋が話をかける
　　　　　　　　場　　所：公園

高橋：おい、ぼく、どうしたの。
迷子：道が分からなくなったの。
高橋：だれと公園に来たの？ お母さんはどこにいる？
迷子：一人で来たの。お母さんはうちだよ。
高橋：うちの住所分かる？

迷子：うちは、この公園近くにある大きなアパート。
高橋：あ、あそこの都営住宅のことか。分かった。じゃうちまで送ってってあげる。

会話6：誉める（自分の口に合わないが、相手が作ってくれた料理を誉める）

      登場人物：劉（女性，20代）、伊藤（女性，20代）
      人間関係：二人は普通の知り合い
      用　　件：初めて伊藤のアパートに招待された劉
      　　　　　は、伊藤の作った料理を評価する
      場　　所：伊藤のアパート

伊藤：劉さん、お口に合うかどうか分からないですが、私流のスパゲッティを食べてみてください。
劉：美味しそうですね。（劉は一口賞味したが、口に合わなかった。）
伊藤：味はどうですか？
劉：|魚介類がたくさん入っていて、面白いですね。|
伊藤：そうですか。お世辞でも嬉しいです。

会話7：第3者待遇（会話の場にいない親しい友達のことを言う）

      登場人物：鈴木（男性，20代）、高橋（男性，20代）
      人間関係：二人は親友である
      用　　件：二人は親友の田中のことについて話す
      場　　所：教室

鈴木：田中今日来てないね。＜うん＞ |あいつ|（は）めったに授業をさぼらないのにね。
高橋：うん、何でだろう。|あいつ|（は）いつも真面目に来てるのに。
鈴木：風邪でも引いたのかな。インフルエンザがはやってるから。
高橋：分からないね。じゃ、電話してみようか。
鈴木：うん、そうしよう。

会話8：誉める（国際交流パーティーに招待された王さんは、主催者の佐藤さんに料理の味はどうかと聞かれ、料理を誉める。）

　　　　　　　　　　　登場人物：王（男性，20代）、佐藤（男性，40代）
　　　　　　　　　　　人間関係：二人は面識がない
　　　　　　　　　　　用　　件：あまり好きではない料理についての評価
　　　　　　　　　　　場　　所：パーティー

佐藤：王さん、今日はわざわざ来てくださって、ありがとうございました。
　　　＜いいえ＞今日の料理は純和風で、中国の方のお口に合わないかもしれませんが、味は如何でしたか。
王　：とても日本料理らしかったです。いっぱい頂きました。
佐藤：お好きな料理はありましたか。
王　：はい。刺身がとても新鮮で、美味しかったです。
佐藤：それはよかったです。

会話9：誉める（相手の新聞投書を誉める）

　　　　　　　　　　　登場人物：石田（女性，20代、大学生）
　　　　　　　　　　　　　　　　加藤（男性，40代、花屋のオーナー）
　　　　　　　　　　　人間関係：二人は近所の顔見知りである
　　　　　　　　　　　用　　件：加藤は石田の投書をほめる
　　　　　　　　　　　場　　所：商店街にある花屋

加藤：石田さん、『朝日新聞』のコラムに投書したでしょう。
石田：あ、あれですか。読んでくれたんですか。
加藤：ええ。石田さんが書いた携帯のマナーの文章は実にうまかったと思いますよ。
石田：そうですか、ありがとうございます。

会話10：誉める（井上が親戚のうちに遊びに行った。しかし出してくれた料理が口に合わなかった。その時の会話。）

　　　　　　　　　　　登場人物：井上亮（男性，20代）、叔母（女性，50代）
　　　　　　　　　　　人間関係：二人は親戚である

　　　　　　　　　用　　件：料理の味を評価する
　　　　　　　　　場　　所：親戚の家
叔母：亮くん、この春巻は初めて作ってみたんだけど、食べてみて。
井上：中華レストランのものとそっくりだ。
（井上は1個食べてみたが、口に合わなかった）
叔母：どう？
井上：うん、「春巻きおばちゃんスペシャル」って感じだね。
叔母：本当？おじさんにまずいって言われたの。
井上：へええ。……

ストラテジー③a

会話1：会議（会議での親しい友人同士の会話）
　　　　　　　　　登場人物：野村（男性，20代）、村田（男性，20代）
　　　　　　　　　人間関係：二人は親しい友人である
　　　　　　　　　用　　件：野村は一発言者として村田に聞く
　　　　　　　　　場　　所：会議室
野村：私の提案について、ぜひとも皆さんのご意見を聞かせていただきたいんですが。……村田さんのお立場からするとどう見えますでしょうか。
村田：立派なご提案だと思います。
野村：何か付け加えることがあったら、どんどんおっしゃってください。
村田：気になるのは、どのように実施に移すかということだと思います。実施方法についてしっかり検討する必要があるのではないかと思います。
野村：そうですね。まったくおっしゃる通りです。実施方法をまた考えさせていただきます。

会話2：会議（議長を務める鈴木と親友の高橋との会話）
　　　　　　　　　登場人物：鈴木（男性，20代）、高橋（男性，20代）
　　　　　　　　　人間関係：二人は親しい友達である

用　　　件：学生総会準備委員会で、議長の鈴木は連
　　　　　　　　　　　　　絡係の高橋に聞く
　　　　　　　場　　　所：会議室
鈴木：高橋さん、連絡の準備は どうでしたか。
高橋：順調です。学生総会開催の案内状はもう先生方と学生の皆さんのところに届いていると思います。
鈴木：関係者の皆さん、後援会、OB会などにも案内状を 送ったんですか。
高橋：ええと、後援会は送りましたが、OB会はまだです。
鈴木：そうですか。じゃ、なるべく早いうちに送ってください。
高橋：はい、分かりました。

会話3：反論（授業での発言）
　　　　　　　登場人物：伊藤（女性，20代）、斎藤（女性，20代）
　　　　　　　人間関係：二人はあまり親しくない
　　　　　　　用　　　件：伊藤は狂牛病についての討論で斎藤の意
　　　　　　　　　　　　　見に反論する
　　　　　　　場　　　所：教室
斎藤：狂牛病の騒ぎは飲食業に致命的な打撃を与えて、人々の牛肉離れを加速させたと思います。その一番の解決策は狂牛病の検査体制を整えて、消費者の不安を払拭することです。
伊藤： 私はこう思います。 検査体制を整えることよりまず、狂牛病の感染ルートを解明して、再感染防止策を取るべきだと思います。そうしないと、また再発するんじゃないかと消費者が常に不安に陥るからです。
斎藤：確かにそうですね。しかし、検査体制の整備も大切ですよ。
伊藤：ええ。

会話4：苦情（店への苦情）
　　　　　　　登場人物：田中さ（男性，20代）、店員（女性，30代）
　　　　　　　人間関係：お客さんと店員

　　　　　　　　　　用　　件：パソコンを交換してもらう
　　　　　　　　　　場　　所：パソコンショップ
田中：あのう、すみません。
店員：いらっしゃいませ。何でしょうか。
田中：昨日こちらで買ったパソコンが ちょっと変なんですが……。
店員：申し訳ございませんが、どういうところでしょうか。
田中：電源を入れても、システムが起動しないんです。 修理するか、いっそ替えてもらってもいいかなとおもうんですが。
店員：はい、分かりました。交換いたします。

会話5：断り（親しくない人の誘いを断る）

　　　　　　　　　　登場人物：小林（女性，20代）、石田（女性，20代）
　　　　　　　　　　人間関係：二人は同じ学部だがそれほど親しくない
　　　　　　　　　　用　　件：大学祭で、石田は小林に自分たちの売店
　　　　　　　　　　　　　　　へ来るようと誘われたが、それを断る
　　　　　　　　　　場　　所：大学祭店のテナント前
小林：石田さん、うちのゼミは、焼きそばの店を出しているんですが……。
石田：へええ、店も出してるんですか。すごいですね。
小林：よかったら、食べに来て下さい。美味しいですよ。
石田： すみません、今、ちょっと用事があって、行けないんですけど。
小林：用事が済んだら、来てください。
石田：はい。

会話6：断り（先輩からの誘いを断る）

　　　　　　　　　　登場人物：佐藤（男性，20代）、佐々木（男性，20代）
　　　　　　　　　　人間関係：佐々木は佐藤の部活の先輩である
　　　　　　　　　　用　　件：佐藤は部活の先輩からの誘いを断る
　　　　　　　　　　場　　所：研究室
佐々木：佐藤君、月末、皆で長野へスキーに行くんだけど……。
佐藤：長野ですか。いいですね。日にちを教えていただけますか。

佐々木：ええと、週末の三連休、つまり、27、28、29の三日間。（佐藤は手帳でスケジュールを確認）
佐藤：ああ、すみません、用事があってちょっと行けません。
佐々木：残念だね。用事って……。
佐藤：親戚の結婚式があって、親と一緒に田舎へ帰るんです。
佐々木：そりぁ仕方がないね。

会話7：断り（先生からの誘いを断る）

　　　　　　　　登場人物：伊藤（女性，20歳）、岡田先生（男性，50歳）
　　　　　　　　人間関係：岡田は伊藤の指導教官である
　　　　　　　　用　　件：伊藤は先生の誘いを断る
　　　　　　　　場　　所：研究室

岡田：伊藤さんがこの間質問した統計ソフトの使い方なんですが、都内で講習会をやるそうですよ。
伊藤：そうですか。
岡田：ええ、恵比寿のエス・ピー・エス・ジャパン本社で土日に開催するそうです。皆一緒に聴きに行くんですけど……。
伊藤：そうですか。その日は抜けられない用事がありまして行けないんですよ。
岡田：そうですか、じゃ、後、レジュメを見せてあげましょう。
伊藤：ありがとうございまさす。

会話8：依頼（顔見知りの人にものを借りる）

　　　　　　　　登場人物：井上（男性，20代）、山本（女性，20代）
　　　　　　　　人間関係：二人は顔見知りである
　　　　　　　　用　　件：井上は隣席の山本に辞書を借りる
　　　　　　　　場　　所：図書館

井上：山本さん、英語の辞書持ってますか。
山本：ええ。和英も、英和も持ってますけど。
井上：英和のほうをちょっと貸してくれませんか。

井上：いいですよ。英和辞書ですね。どうぞ。

会話9：依頼（見知らぬ人に窓を閉めてもらう）

　　　　　　　　　登場人物：竹中（男性，20代）、見知らぬ人A（男性，20代）
　　　　　　　　　人間関係：二人は見知らぬ人同士である
　　　　　　　　　用　　件：竹中は窓際に座っている、見知らぬ学生に窓を閉めてもらう
　　　　　　　　　場　　所：大学の教室

竹中：あのう、すみません。
A：はい。
竹中：ちょっと寒いんですが、　窓を閉めてもらえますか。
A：はい、いいですよ。
竹中：すいません。

会話10：依頼（年齢の近い人に道を尋ねる）

　　　　　　　　　登場人物：雨宮（女性，20代）、見知らぬ人B（女性，20代）
　　　　　　　　　人間関係：二人は見知らぬ人同士である
　　　　　　　　　用　　件：雨宮は見知らぬ人に道を尋ねる
　　　　　　　　　場　　所：東京駅

雨宮：あのう、すみませんが。
B：はい。何でしょうか。
雨宮：東京タワーは　どうやって行くんですか。
B：東京タワーですか。＜はい＞　ちょっと離れて（い）ますが、山手線に乗って、三つ目の駅、浜松町で降りてください。駅を出たら、すぐ見えますよ。
雨宮：そうですか。ありがとうございました。
B：いいえ。

ストラテジー③b

会話1：依頼（店員に道を尋ねる）

　　　　　　　　　登場人物：鈴木（男性，20代）、店員（男性，50代）
　　　　　　　　　人間関係：店員とお客さんの関係
　　　　　　　　　用　　件：買い物を済ませた鈴木が店員に道を尋ねる
　　　　　　　　　場　　所：コンビニ店内

店員：全部で2,580円になります。
鈴木：はい。（お金を渡す）
店員：はい、420円のお釣りです。ありがとうございました。
鈴木：あのう、すみませんが、＜はい＞ 千葉銀行に行く道を教えていただけませんか。
店員：店を出て、右へ曲がって、50メートルぐらい歩いていただきますと、千葉銀行柏支店があります。
鈴木：右へ、50メートルですね。ありがとうございます。
店員：どういたしまして。またお越しくださいませ。

会話2：依頼（年寄りの方に道を尋ねる）

登場人物：鈴木（男性，20代）、お婆さん（70歳ぐらい）
人間関係：二人は見知らぬ人同士である
用　　件：本屋を探している鈴木はお婆さんに道を尋ねる
場　　所：道端

鈴木：あのう、この近くに本屋さんがありますか。
お婆さん：はい。ジュンク堂書店がありますけど。
鈴木：すみません、その書店に行く道を教えていただいていいですか。
お婆さん：明治通りをまっすぐ行って、突き当たりを右です。
鈴木：明治通りってこの道ですね。
お婆さん：ええ、そうです。
鈴木：突き当りを右ですね。＜ええ＞　ありがとうございました。

会話3：第3者待遇（その場にいない人を待遇する）

　　　　　　　　　　登場人物：劉さん（男性，20代）、ちえ（先生の娘，20代）

　　　　　　　　　　人間関係：二人は面識がない

　　　　　　　　　　用　　件：劉さんは鈴木先生の娘に伝言を依頼する

　　　　　　　　　　場　　所：電話

劉：もしもし、鈴木先生のお宅でしょうか。
ちえ：はい、鈴木です。
劉：東京経済大学経営学科の劉と申しますが、鈴木先生、ご在宅でいらっしゃいますでしょうか。
ちえ：まだ帰っておりませんが。
劉：あ、そうですか。＜はい＞じゃ、おことづけお願いできますか。
ちえ：はい。どうぞ。
劉：明日2限、「経営学概論」の授業があるんですが、私、熱が出してしまって、授業を休ませていただきたいと思うんですが。
ちえ：あ、そうですか。
劉：すみませんが、鈴木先生にどうぞよろしくお伝えください。
ちえ：はい、伝えます。お大事に。
劉：ありがとうございました。

会話4：第3者待遇（職場で他社からの電話を受け、その場にいない人を待遇する）

　　　　　　　　　　登場人物：受付（女性，20代）、山口（男性，30代，他の会社の人）

　　　　　　　　　　人間関係：二人は面識がない

　　　　　　　　　　用　　件：山口は他社の受付の人に伝言を頼む

　　　　　　　　　　場　　所：電話

受付：はい、太陽石油です。
山口：国友商事の山口と申しますが、いつもお世話になっております。
受付：こちらこそ、いつもお世話になっております。
山口：部長の佐藤様、いらっしゃいますか。

受付：佐藤でございますね。少々お待ちください。（メロディーを流す）……
受付：お待たせしました。佐藤はあいにく席を外しておりますが、いかがいたしましょうか。
山口：あっ、そうですか。何時頃お戻りになりますか。
受付：ちょっと分からないんですが……
山口：じゃ、国友商事の山口に電話くださるようにと、お伝えいただけますでしょうか。
受付：承知しました。国友商事の山口様ですね。
山口：よろしくお願いします。

会話5：第3者待遇（その場にいない親しい友人を待遇する）

　　　　　　　　　　登場人物：大石（男性，20代）、山下望のお母さん
　　　　　　　　　　　　　　　（女性，40代）
　　　　　　　　　　人間関係：大石と山下は親友であるが、山下のお母
　　　　　　　　　　　　　　　さんと話すのは初めてである
　　　　　　　　　　用　　件：大石が山下のお母さんに伝言を依頼する。
　　　　　　　　　　場　　所：電話

望のお母さん：はい、山下です。
大石：大石と申しますが、望君、いらっしゃいますでしょうか。
望のお母さん：先ほど出かけましたが……。
大石：そうですか。実は、明日の鈴木先生の講義は休講になりました。そのことを望君にお伝えしたくてお電話をしたんですが。
望のお母さん：あ、そうですが。望は午後3時ごろ戻ると思いますが。
大石：じゃ、午後もう一度お電話させていただきます。
望のお母さん：じゃ、大石さんからお電話があったことだけ望にお伝えします。
大石：はい。お願いします。

会話6：第3者待遇（その場にいない第3者を待遇する）

　　　　　　　　　登場人物：高橋（男性，20代）、担当者（女性，20代）

　　　　　　　　　人間関係：二人は面識がある

　　　　　　　　　用　　件：高橋は風邪のため、通っている英会話教室に電話をして、授業に欠席をする事を伝える

　　　　　　　　　場　　所：電話

担当：英会話教室のジオスでございます。
高橋：あのう、初級クラスの高橋ですが。
担当：あ、高橋さん。
高橋：実は今日、用事があって、今晩のクラスを1回休ませていただきたいんですが。
担当：あ、そうですか。分かりました。じゃ、担当のケヴィン先生にも お伝えしましょう 。
高橋：ケヴィン先生には先週、申しあげました。
担当：はい。分かりました。
高橋：それでは、失礼します。
担当：失礼します。

会話7：第3者待遇（その場にいない第3者を待遇する）

　　　　　　　　　登場人物：広瀬（男性，30代）、岡田（男性，30代）

　　　　　　　　　人間関係：二人は同じ部署の親友である

　　　　　　　　　用　　件：社内のことについての雑談

　　　　　　　　　場　　所：社員食堂

広瀬：今日の会議、めちゃめちゃ怖かったね。
岡田：そうだね。部長があれほど 怒ってらっしゃる のは初めてだね。
広瀬：営業成績の不振が一番の理由かな。
岡田：うん。それで部長がずっと 悩んでいらっしゃった ようだ。
広瀬：僕らもがんばらなくちゃね。
岡田：そうだね。

会話8：依頼（中年女性に道を尋ねる）

　　　　　　　　　　　登場人物：伊藤（女性，20代）、中年女性（40代）
　　　　　　　　　　　人間関係：二人は見知らぬ人同士である
　　　　　　　　　　　用　　件：伊藤が中年女性に道を尋ねる
　　　　　　　　　　　場　　所：駅の改札口前

伊藤：あのう、すみません。
女性：はい。
伊藤：ちょっとお尋ねしたいんですが。
女性：はい。何でしょうか。
伊藤：ええと。都庁へ行く道を教えていただけませんか。
女性：都庁ですか。＜はい＞西口を出て、＜はい＞右へ曲がって、＜はい＞まっすぐ行くと陸橋があります。＜はい＞その陸橋を渡れば、都庁の入り口が見えます。
伊藤：どのぐらい離れてますか。
女性：そうですね。歩いて5、6分かかると思います。
伊藤：そうですか。分かりました。ありがとうございました。
女性：いいえ。

会話9：依頼（中年男性に道を尋ねる）

　　　　　　　　　　　登場人物：佐々木（女性，20代）、作業服を着た中年男性（40代）
　　　　　　　　　　　人間関係：二人は知らない人同士である
　　　　　　　　　　　用　　件：佐々木は道端で工事をしている中年男性に道を尋ねる
　　　　　　　　　　　場　　所：駅の近く

佐々木：あのう、すみません。
中年男性：はい。
佐々木：ちょっとお聞きしたいんですが。
中年男性：はい。
佐々木：この近くにNEC本社ビルはないでしょうか。
中年男性：NECさんですか。

佐々木：はい。どう行ったらよろしいでしょうか。
中年男性：この方向になりますが、＜ああ＞、えーと、自動車がたくさん展示してあるビルが見えるでしょう。＜はい＞ それは三菱自動車本社ビルです。その前を左折してください。＜はい＞。信号を渡って、50メートルぐらい行くと右側にNEC本社ビルがあります。
佐々木：三菱自動車の前を左へ曲がって、まっすぐ行くんですね。
中年男性：ええ、そうです。このあたりで一番高いビルだから、すぐ分かると思います。
佐々木：はい、分かりました。ありがとうございました。
中年男性：いえいえ。

会話10：依頼（知識人風の中年男性に道を尋ねる）

　　　　　　　　　　登場人物：鈴木（女性，20代）、中年男性（40代）
　　　　　　　　　　人間関係：二人は面識がない
　　　　　　　　　　用　　件：鈴木は中年男性に道を尋ねる
　　　　　　　　　　場　　所：他の大学の構内

鈴木：あのう、すみません。
男性：はい。何でしょうか。
鈴木：食堂に行く道を教えていただけませんか。
男性：食堂は、生協のほうです。
鈴木：生協はどこにあるんでしょうか。
男性：手前のこのビルを抜けて、右へ曲がって下さい。＜はい＞ まっすぐ行くと講義棟にぶつかります。＜はい＞ 講義棟を抜けたら、突き当たりが生協です。
鈴木：このビルを抜けて、＜はい＞ 右折して、＜はい＞ さらに、講義棟を抜けるんですね。
男性：そうです。それほど遠くないですよ。
鈴木：ありがとうございました。
男性：いいえ。

ストラテジー④

会話1：反論（親友の意見に反論する）

　　　　　　　　　登場人物：鈴木（男性，20代）、高橋（男性，20代）
　　　　　　　　　人間関係：鈴木と高橋は親友である
　　　　　　　　　用　　件：高橋は鈴木の意見に反論する
　　　　　　　　　場　　所：食堂

高橋：最近の国会での騒ぎについてどう思う？
鈴木：騒ぎって、田中真紀子大臣が更迭されたこと？
高橋：うん。
鈴木：僕は当然な結果だと思うんだけど……。
高橋：そうかな……。

会話2：反論（先生の意見に反論する）

　　　　　　　　　登場人物：佐々木（女性，20代）、先生（40代）
　　　　　　　　　人間関係：学生と先生
　　　　　　　　　用　　件：佐々木は先生の意見に反論する
　　　　　　　　　場　　所：レストランでの雑談

佐々木：先生、オリンピックのフィギュア・スケートでの採点の不正疑惑をどう思いますか。
先生：カナダのペアに金メダルを追加授与したこと？
佐々木：はい。そうです。
先生：金メダルを与えたのはあたりまえのことだと思うよ。まあ、人が採点する以上、間違いは無くせないでしょう。
佐々木：私はこう思うんですが、でも間違っているかもしれません。採点のルールをより完璧に修正したら、ある程度防げるんじゃないか……。不正採点はやはり許しがたいことです。
先生：それはそうだ。

会話3：催促（会社の先輩に催促をする）

　　　　　　　　　登場人物：山本（女性，20代）、高橋（男性，30代）

　　　　　　　　　人間関係：高橋は山本の先輩である
　　　　　　　　　用　　件：仕事の件で山本は先輩の高橋に催促をする
　　　　　　　　　場　　所：社内

山本：高橋さん、ちょっとよろしいですか。
高橋：何？
山本：この間お願いした件ですか……。
高橋：あっ、お客様のデータベースをメールで山本さんに送ることでしょ。
山本：はい。そうです。
高橋：最近忙しくて、すっかり忘れてた。ごめん。
山本：いいえ。ちょっとそれを使いたいんですが。
高橋：だったら、すぐ送るよ。
山本：お願いします。

会話4：催促（後輩に催促をする）
　　　　　　　　　登場人物：伊藤（女性，20代）、岡村（男性，20代）
　　　　　　　　　人間関係：岡村は伊藤の部活での後輩である
　　　　　　　　　用　　件：計画書のことで伊藤は岡村に催促をする
　　　　　　　　　場　　所：キャンパス内

伊藤：岡村君、＜はい＞、今、忙しいの？
岡村：いいえ、別に。
伊藤：この間頼んだ来年の計画書の件だけど……。
岡村：ああ、今、それで頭を悩ませているんですよ。
伊藤：そんなに難しいの？
岡田：文書を書くのが苦手なもんで…。
伊藤：へええ、そうなの？そうは見えないけど。
岡田：いつ伊藤さんに渡せばいいですか。
伊藤：木曜日までに書いてくれれば。
岡田：分かりました。木曜日までに渡します。

会話5：依頼（会社の先輩からものを借りる）

　　　　　　　　　登場人物：山本（女性，20代）、房江（女性，30代）
　　　　　　　　　人間関係：房江は山本の先輩である
　　　　　　　　　用　　件：昼食の時、山本は房江に金を借りる
　　　　　　　　　場　　所：食堂

山本：房江さん、ちょっといいですか。
房江：はい。
山本：あのう、今日、財布忘れてきちゃったんですが……。
房江：あっ、そうなの。じゃ、お金を貸してあげようか。
山本：すみません。
房江：いいえ。五千円でどう？
山本：千円でいいです。
房江：はい。
山本：ありがとうございます。

会話6：催促（先輩に催促をする）

　　　　　　　　　登場人物：山本（女性，20代）、石橋（男性，20代）
　　　　　　　　　人間関係：石橋は山本の先輩である
　　　　　　　　　用　　件：ゼミ旅行の件で山本は石橋に催促をする
　　　　　　　　　場　　所：研究室

山本：石橋さん、＜何？＞この間お知らせしたゼミ旅行の件ですが、参加するかどうかもう決められましたか。
石橋：まだ決めてないんだ。旅行の日にちはいつだっけ？
山本：来週の土日ですけど。
石橋：じゃ、今週の週末までに返事するよ。
山本：ホテルの予約などもあって……。
石橋：あ、そうだね。じゃ、僕は欠席にしといてください。
山本：はい、分かりました。

会話7：依頼（先生に奨学金の推薦状を書いてもらう）

　　　　　　　　　　登場人物：周（女性，20代）、山田先生（男性，50代）

　　　　　　　　　　人間関係：山田は周の指導教官である
　　　　　　　　　　用　　件：周は先生に推薦状を書いてもらう
　　　　　　　　　　場　　所：先生の研究室

周：先生。＜はい＞お忙しいところ申し訳ありません。
先生：いえいえ。何でしょうか。
周：実は、渥美という奨学金の募集がありまして、応募したいと思うんです。
先生：あ、あれはけっこういい奨学金ですよ。もらえたらいいですね。
周：はい。
先生：ぜひ申請してみてください。
周：はい。そのつもりです。あのう、これが申請書類のリストなんですが……。
先生：分かりました。じゃあ、用意します。明日の午後、取りに来て下さい。
周：分かりました。お願いします。

会話8：催促（先生に催促をする）

　　　　　　　　　　登場人物：伊藤（女性，20代）、鈴木先生（男性，50代）

　　　　　　　　　　人間関係：鈴木は伊藤の履修科目の先生である
　　　　　　　　　　用　　件：鈴木先生が伊藤に本を貸すと言ったため、休憩時間に、伊藤は先生に催促をする
　　　　　　　　　　場　　所：教室

伊藤：あのう、鈴木先生。
鈴木：はい。
伊藤：この間、先生にお願いした件ですが……。
鈴木：あっ、『ホームページ作成入門』のことですね。

伊藤：はい。
鈴木：ああ、最近忙しくて、すっかり忘れてしまいました。来週、持ってきます。
伊藤：はい。それでは、お願いします。

会話9：依頼（警察官に道を尋ねる）

　　　　　　　　　　　登場人物：佐々木（女性，20代）、警察官（男性、50代）
　　　　　　　　　　　人間関係：知らない人同士
　　　　　　　　　　　用　　件：佐々木は警察官に道を尋ねる
　　　　　　　　　　　場　　所：交番の前

佐々木：あのう、すみませんが、ちょっとお尋ねします。
警察官：はい。
佐々木：グリーン・ドミトリーっていう女子寮に行きたいんですが……。
警察官：グリーン・ドミトリーですか。＜はい＞　あんまり聞いたことがないですが。
住所お分かりですか。
佐々木：はい。確か小菅二丁目だと思います。
警察官：じゃ、ちょっと中に入って、地図がありますから、それで調べましょう。
佐々木：すいません、お手数おかけします。

会話10：断り（交流会の誘いを断る）

　　　　　　　　　　　登場人物：王（男性，20代）、渡辺（女性，20代，大学国際交流センターの職員）
　　　　　　　　　　　人間関係：二人は知り合い同士
　　　　　　　　　　　用　　件：王は渡辺からの交流会の誘いを断る
　　　　　　　　　　　場　　所：大学の国際交流センター

渡辺：王さん、ちょっといいですか。
王：はい。
渡辺：来週の日曜日、お時間ありますか。

王：別に予定はないですが。

渡辺：実は来週の日曜日に留学生と地元の小学生の交流会があるんですが。

王：どんなことをするんですか。

渡辺：自分の国を紹介したり、学生に自分の国の歌を教えたりする会なんです。王さんも参加していただけませんか。

王：ええ、あのう。大変申しわけないですが、期末レポートが三つもありまして……。

渡辺：そうですか。あんまり時間はかからないと思いますが。

王：ええと。準備にも時間がかかりますし、歌も下手ですから。

渡辺：そうですか。じゃ、またお願いするかもしれません。

王：お役に立てなくてすみません。

【附录7】 理解程度测试

授業内容の理解力テスト

一回目のチェック・ポイント

1. 什么叫"面子"？（面子とは何か？）
2. 什么是积极的面子？什么又是消极的面子？（ポジティブ・フェイスとは何か？ネガティブ・フェイスとは何か？）
3. 语言交际行为在本质上有什么特点？（コミュニケーションの本質には何の特徴がある？）
4. 威胁面子行为的三因素是什么？（面子を脅かす行為の三要素とは何か？）
5. 试判断下列行为是积极还是消极的礼貌策略。（以下の行為はポジティブ・ポライトネスか、それともネガティブ・ポライトネスか判断してください。）
    a. 称赞，表扬对方。（相手を賞賛、誉めること）
    b. 向对方道歉。（相手に謝ること）
    c. 减少对对方的强加。（相手への押し付けを軽減すること）
    d. 避免与对方的不一致。（相手との不一致を避けること）
    e. 尊重对方。（相手を尊重すること）

二回目のチェック・ポイント

①ストラテジー①を日本語に当てはめると、何に相当しますか。
②普段、私たちが言う「敬語」は、何番のストラテジーに当たりますか。
③ストラテジーの番号（①〜⑤）とFTAの値の間には、どんな関係がありますか。

④会話を作ってください
登場人物：尚美（女性，20代）、智子（女性，20代）
人間関係：二人は姉妹である
用件：尚美はお姉さんの智子に漢字の読み方を教えてもらう
場所：うち

⑤会話を作ってください
登場人物：周（男性，20代）、王（男性，20代）
人間関係：二人は親友である
用件：周は王からの誘い（インターネットカフェへ行くこと）を断る
場所：教室内

三回目のチェックポイント（下記の言葉は何番のストラテジーに相当するか判断してください。）

① （親しい友達同士）悪いけど、明日ちょっと行けない。　　　　　（　）
② （兄弟）お姉さん、千円貸して。　　　　　　　　　　　　　　　（　）
③ （知らない留学生に）中国語お上手ですね。　　　　　　　　　　（　）
④ （友達の作った料理を評価）おいしい！　　　　　　　　　　　　（　）
⑤ （会議で親友に尋ねる）準備はいかがでしたか。　　　　　　　　（　）
⑥ （知らない人に道を尋ねる）大雁塔はどうやって行くんですか。　（　）
⑦ （先生のうちに電話する）鈴木先生、いらっしゃいますか。　　　（　）
⑧ （知らない人に道を尋ねる）郵便局に行く道を教えていただけませんか。
　　　　　　　　　　　　　　　　　　　　　　　　　　　　　　　（　）
⑨ （先輩に催促をする）ちょっと急いでるんですが…。　　　　　　（　）
⑩ （先生に催促をする）先生にお願いした件ですが…。　　　　　　（　）

四回目のチェックポイント

「鐘楼へ行く道を尋ねる」と「辞書を借りる」という表現をストラテジー①〜ストラテジー④のそれぞれのストラテジーで表現してください。

【附录8】 待遇表现能力测试

待遇表现テスト問題

パート1

以下の選択肢から文に一番ふさわしい表現を一つ選びなさい。

①私は、（　）です。
　a．田中　b．田中さん　c．田中部長　d．田中先生

②甲：スミスさんは学校の（　）ですか。
　スミス：いいえ、先生ではありません。
　a．教師　b．先生　c．者　d．教師のもの

③（　）かと一緒に美術館へ行きたい。
　a．どなた　b．だれ　c．どれ　d．あなた

④田中さんの（　）は、郵便局で働いています。
　a．妻　b．家内　c．奥さん　d．女房

⑤隣の家の（　）は、とてもきれいです。
　a．女　b．娘　c．お嬢さん　d．姉

⑥甲：すみません。小銭がありませんから、10000円でおつりいただけますか。
　乙：はい。10000円（　）します。
　a．いただき　b．もらい　c．ちょうだい　d．あずかり

⑦甲：いっしょに行きませんか。
　乙：ええ。ぜひ（　）。
　a．行きません　b．行きましょう　c．行かない　d．ほしいです

⑧甲：明日は会社に（　）か。

　　乙：ええ、午前中におります。

　　a. おります　b. いらっしゃいます　c. います　d. いる

⑨新しい技術を勉強（　）と思います。

　　a. します　b. するだ　c. したい　d. したいだ

⑩先生は、ピアノがたいへん（　）ですね。

　　a. お上手　b. ご上手　c. 上手　d. 下手

⑪友達が私にこの切手を（　）。

　　a. くれました　b. あげました　c. くださいました　d. さしあげました

⑫「レポートを提出してください」と鈴木先生が（　）。

　　a. 言いました　b. 申し上げました

　　c. おっしゃいました　d. 申されました

⑬先生は先週入院（　）そうです。

　　a. した　b. しました　c. する　d. なさった

⑭先生に（　）になったら、よろしくお伝えください。

　　a. お会い　b. お目にかかり　c. 会われ　d. 会うこと

⑮妹は「お菓子を買ってきて」と（　）。

　　a. おっしゃいました　b. 申し上げました　c. 話されました　d. 言いました

⑯「中国の（　）ですか」といつも日本人に聞かれます。

　　a. 人　b. 者　c. 方　d. 人間

⑰昨日、部長に家まで車で送って（　）。

　　a. くれました　b. もらいました　d. くださいました　d. いただきました

⑱お荷物を（　）しましょう。

　　a. 持ち　b. お持ち　c. 持たれて　d. お持ちになって

⑲ご案内するのは、私（　）。

　　a. です　b. であります　c. だよ　d. でございます

⑳甲：週末に何を（　）か。　a. いたしました　　　b. なさいました

　　　　　　　　　　　　　　c. 参りました　　　　d. おいでになりました

　　乙：旅行を（　）。　　　a. いたしました　　　b. なさいました

　　　　　　　　　　　　　　c. 参りました　　　　d. おいでになりました

　　甲：どちらに（　）か。　a. いたしました　　　b. なさいました

　　　　　　　　　　　　c. 参りました　　d. おいでになりました
　乙：奈良に（　）。　　a. いたしました　b. なさいました
　　　　　　　　　　　　c. 参りました　　d. おいでになりました

パート2

下記の場面に応じて適切な表現を一つ選びなさい。
①初対面の会話：新入社員の木村（女性、20代）と上司の伊藤（男性、50代）
伊藤：はじめまして、伊藤です。どうぞ、よろしく。
木村：はじめまして、木村（　）、どうぞ、よろしくお願いします。
a. と申します　b. です　c. という人です　d. でいらっしゃいます

②社員の田中がほかの会社の人に自分の会社の佐藤係長を紹介する場面
田中：こちらは、うちの会社の（　）です。
佐藤：佐藤です。どうぞよろしく。
a. 佐藤さん　b. 佐藤　c. 佐藤様　d. 佐藤係長

③甲さんと乙さんは通りかかった張さんについての会話
甲：あの方はどなたですか。
乙：かれは（　）です。
a. 張　b. 張というやつ　c. 張というもの　d. 張さん

④デパートの服売り場
店員：いらっしゃいませ。
客　：ワイシャツをください。
店員：5000円でございます。
客　：5000円ですね。（お金を店員に渡す）
店員：ありがとうございます。5000円ちょうど（　）。
a. もらう　b. いたدく　c. いただきます　d. くれます

⑤劉さんは会社の同僚の田中さんとの会話
劉：田中さんの（　）はおいくつですか。
a．娘　b．娘さん　c．女の子　d．女の子供
田中：うちの（　）は5歳です。
a．娘　b．娘さん　c．女の子　d．女の子供

⑥試験のとき、学生と監督の先生との会話
学生：鉛筆で書いても（　）。
先生：いいえ、鉛筆で書いてはいけません。
a．いい　b．よろしい　c．いいですか　d．いけません

⑦留学生の張と保証人田中との会話
田中：張さん、しっかり勉強してくださいね。
張：　はい、中国の科学技術の進歩に役立ちたいと（　）。
a．思う　b．思われます　c．思っていらっしゃいます　d．思っています

⑧田中（会社員）と李（別の会社の社員）との電話
田中：清水建設でございます。
李：すみませんが、営業部の田中さんはいらっしゃいますか。
田中：はい、私です。失礼ですが、（　）さまですか。
a．だれ　b．どちら　c．どなた　d．どれ

⑨王さん（大学生　20代）と大学の助手の会話
王：今日の竹下先生の講義は休講だそうですね。
助手：ええ、先週、交通事故に（　）んですよ。
a．遭う　b．遭われた　c．遭います　d．お目にかかった
今、入院して（　）。
a．おります　b．なさいます　c．います　d．いらっしゃいます
王：えっ、本当ですか。

⑩先生の家への電話

柳：もしもし、山口先生のお宅ですか。

奥さん：はい、山口でございます。

柳：横浜大学日本語学部の柳と申しますが、山口先生は（　）。

a. いますか　b. おりますか　c. いらっしゃいますか　d. いるか

奥さん：はい、（　）。少々お待ちください。

a. います　b. おります　c. いらっしゃいます　d. おる

⑪先生に貸してもらった本についての王と先生との会話

王：先月貸していただいた本ですが、もう少し（　）いて、かまいませんか。

先生：ええ、いいですよ。

a. お借りして　b. お借りになって　c. 借りて　d. 借りたいですが

⑫平社員王と課長の石田との会話

王：課長、東洋エレベータ上海駐在員の田中さんをご存知ですか。

石田：（　）。

a. はい、ご存知です　b. はい、知ります

c. いいえ、知っていません　d. いいや、知らない

⑬よその会社からかかってきた電話に出る場合

山川：はい、高橋工業でございます。

小沢：太陽物産の小沢と申しますが、いつもお世話になっております。

山川：こちらこそ、お世話になっております。

小沢：恐れ入りますが、（　）いらっしゃいますか。

a. 課長の山田　b. 山田課長　c. 山田課長さん　d. 課長の山田様

山川：申し訳ございません、（　）は、あいにく席をはずしておりますが。

a. 山田　b. 山田課長　c. 課長の山田　d. 課長の山田様

小沢：それでは高橋工業の小沢に電話するように、お伝えいただけますでしょうか。

山川：かしこまりました。（　）。
a. お伝えいたします　b. 伝えます　c. 伝えてさしあげます　d. 伝える

⑭アリは指導教官の渡辺先生への電話
渡辺先生：はい、渡辺です。
アリ：　留学生のアリですが、ちょっと（　）んですが、よろしいですか。
渡辺先生：今ですか。
a. 行きたい　b. お訪ねする　c. 行く　d. お邪魔したい

⑮岩村の同期入社の山下への電話
山下：はい、生産部の山下でございます。
岩村：あ、おれ、岩村だよ。
山下：君か。
岩村：お昼、飯喰いに（　）？
山下：ああ、いいね。
a. 行かない　b. 行かれる　c. いらっしゃらない　d. 行きます

⑯張（男性）が間違い電話をかけてしまった場面
張：もしもし、コスモ商事さんですか。
女の人：は？
張：あのう、コスモ商事さんじゃありませんか。
女の人：いいえ、違います。
張：番号を間違えました。（　）。
女の人：いいえ。
a. 失礼　b. ごめんね　c. 失礼しました　d. 悪かった

⑰鈴木（男性　30代）と雄太（八歳の子供）との電話
鈴木：もしもし、田中さんのお宅でしょうか。
雄太：はい、田中雄太です。おじさんはだれ？
鈴木：雄太君、鈴木のおじさんだよ。お父さん（　）？

雄太：いいえ、まだうちに帰っていない。
a. います　b. いらっしゃいおます　c. いる　d. お帰りになりました

⑱道に迷った王は、警察に道を教えてもらう
王：すいません、ちょっと（　）が。
警察：はい、何でしょうか。
a. 聞いてもいいか　b. 伺います　c. 教えて　d. 尋ねる

⑲道に迷った王は、見知らぬおばあさんに道を教えてもらう
王：すいません、ちょっとよろしいでしょうか。
おばあさん：はい、何でございますか。
王：ええと、国立博物館に行きたいんですが、道に迷ってしまって…
おばあさん：国立博物館（　）。ほら、すぐそこですよ。
王：ありがとうございました。
a. ですか　b. だろう　c. だね　d. わね

⑳順子は同級生の智子にパソコンを教えてもらう
順子：智ちゃん、ちょっと教えて。
智子：いいよ。何？
順子：パソコンが動かなくなってしまったんだけど。ちょっと見て
　　　（　）？
智子：いいよ。
a. くださいますか　b. いただけますか　c. くれますか　d. くれる

㉑留学生の李さんのアルバイトについての問い合わせ
店長：毎度ありがとうございます。セブンイレブン駅前店です。
李：すみません。アルバイト（　）。
店長：はい、ただいま募集しております。
a. 募集なさっていますか　b. 募集しているか
c. 募集いたしますか　d. 募集やっているか

日语敬语教学方略研究

㉒山田は友人の高野弘を訪ねに行ったら留守だった。それで弘君のお母さんに伝言をお願いする場面（山田と高野のお母さんが知らない）
山田：あのう、山田と申しますが、弘さん、いらっしゃいますか。
お母さん：まだ帰ってないです。
山田：あ、そうですか。実は、明日、学校を休まなければならないので、弘君に教材を受け取っておいてほしい、このように（　）。
a. 伝えてもらえる　b. 伝えておいてください　c. 伝えてね
d. お伝えいただけますでしょうか

㉓仕事に失敗したときの場面。（社員の王：女性、20代　課長：男性、30代）
王：課長、この資料に目を通していただけますか。
課長：あ、王さん、両面コピー、ちょっと間違えたんじゃないの。
王：あ、そうですか。（　）。
a. ごめんね　b. 悪かった　c. ごめんなさい　d. 申し訳ありません

㉔大学のレストランでの友達同士（女性）の会話
王：趙さん、（　）、お塩、とってくれる？
趙：はい、どうぞ。
王：ありがとう。
a. 申し訳ありません　b. すみません　c. 悪かった　d. すまないけど

㉕社員の鈴木（女性、20代）と課長（男性、30代）の会話
鈴木：課長、お仕事中申し訳ございません。この書類に印鑑をいただきたいんですが。
課長：うん、いいよ。
鈴木：はい、お願いします。
課長：はい、どうぞ。
鈴木：（　）。
a. サンキュー　b. どうもありがとう　c. ありがとうございました
d. おかげさまで本当に助かりました。

㉖親しい友達の会話（馬：女性、20代　黄：女性、20代）
馬：黄さん、昨日、（　）、助けてくれて。
黄：いいえ。そんな。
a. ありがとう　b. どうもありがとうございました
c. 助かったよ　d. どうも

㉗楊先生のことについて友達同士の会話
李：楊先生、どこにおられる？
張：さっきまで、ここに（　）んだけど。
李：あ、そう。
a. いた　b. おった　c. 参った　d. いらっしゃった

㉘木崎への電話を後輩の石田が取り次ぐ場面
石田：ダイヤモンド商事でございます。
客：港町物産の野口と申しますが、販売課の木崎さんをお願いします。
石田：販売課の木崎でございますね。少々お待ちください。
石田：（　）。
a. 木崎さん、電話だよ
b. 木崎さん、港町物産の野口様からお電話です
c. 木崎さん、港町物産の野口からお電話です
d. 木崎、港町物産の野口からお電話だよ

㉙営業の田島が訪問先の会社社長の佐藤と話をする場面
佐藤：実は、午後、アメリカ出張が入っていますが…
田島：そうですか、（　）。
a. 午後の会議にご出席になってから、すぐ出発するんですか
b. 午後の会議にご出席になってから、すぐご出発なさるんですか
c. 午後の会議に出席してから、すぐご出発になるんですか
d. 午後の会議に出席してから、すぐご出発いたしますか

㉚石井が相手の会社の社長の小鳥を誉める場面
社長：これが、私の飼っているメジロです。
石井：そうですか、（　）。
a. そんなにおきれいなお声で鳴かれるんですか
b. そんなにおきれいなお声で鳴くんですか
c. そんなにきれいな声で鳴かれるんですか
d. そんなにきれいな声で鳴くんですか

㉛スミスが訪問先のお父さんと話をする場面
お父さん：さあ、どうぞ、どんどん召し上がってください。
スミス：ありがとうございます。
お父さん：ビールもう一杯（　）。
スミス：いただきます。
a. どうかい　b. いただきますか　c. 飲むか　d. いかがですか

㉜留学生のアンがホームステイ先の家族と別れるとき、6歳の雄太との会話
雄太：お姉ちゃん、また来てね。
アン：イギリスに来たら、かならず（　）。
a. 連絡してくれ。　b. ご連絡ください　c. ご連絡ね　d. 連絡してね

㉝劉さんが友達の田中さんを美術館に誘う場面（2人とも女性）
劉：田中さんはNHKの「四大文明」って番組を見た？
田中：ええ、とても面白かったわ。現地へ見に行きたくなるわね。
劉：横浜美術館で展示会をやっているんだけど、いつか見に行かない。
田中：（　）。
a. ええ、行きましょう　b. そうだね　c. そうしよう　d. 行こうぜ

㉞劉さんは友達の田中さんからの誘いを上手に断る
山田：劉さん、歌舞伎見たことある。
劉：一度テレビで見たことがあるけど。

山田：ああ、そう。実は友達からチケットを2枚もらったけど、一緒に見に行かない。
劉：ええ、でも、言葉が難しくて分からないし、それに（　）。
山田：あ、そうか。
劉：せっかく誘ってもらって、ごめん。
a．最近学校の勉強が忙しくて
b．君と一緒に行くのがあんまり好きじゃないから
c．歌舞伎が嫌いだし
d．行く気にならないし

㉟山田と留学生の王との初対面の時の会話
山田：日本語、お上手ですね。
王：いえ、まだまだです。
山田：そのくらいできれば、もう勉強する必要がないでしょう。
王：（　）。
a．お世辞ですね　　　　b．そんなことありませんよ
c．それはうそです　　　d．嘘つき

㊱留学生の崔は、寮の隣室の加藤をほめる
加藤：崔さんの出身は中国のどこ。
崔：延辺というところだけど。
加藤：吉林省の延辺だね。
崔：うん、そう。（　）。
a．よく知っているね　b．よく知っていますね
c．いい町だよ　d．いい町ですよ

㊲鈴木さんは卒業後の進路について先生に相談にのってもらう
鈴木：先生、お忙しいところ申し訳ないですが、（　）。
先生：何でしょう。
a．相談にのってくれますか
b．相談にのってください

c. 相談にのってもらいたいです
d. ちょっとご相談にのっていただきたいことがありまして…

㊳王さんは後輩の田中に助言を求める
王：田中君、ちょっとこれを見てくれる。
田中：はい、何でしょうか。
王：製本カバーだけど、色は（　）？
田中：ブルーのほうがいいと思いますけど。
a. どっちがいい　b. どちらがいいです
c. どっちがよろしい　d. どっちがいいです

㊴研究室の飲み会のとき、その場にいない鈴木が話題となった
野村：鈴木ってすごいね。また論文一本を出したって。
木村：あいつは頭がいいから。
大木：人柄もいいし…
竹中：あいつは、（　）。
a. すごい方だ　b. すごい人だ　c. すごいやつだ　d. すごい者だ

㊵国際交流センターの田中は、空港で中国から来た周先生を出迎える。2人は初対面
田中：すみませんが、中国からいらっしゃった周先生ですか。
周：はい、周でございます。
田中：横浜大学国際交流センターの田中でございます。周先生が日本にいらっしゃる間、お供させていただくことになっていますので、よろしくお願いします。
周：いろいろ（　）と思いますが、よろしくお願いいたします。
a. 迷惑になる　b. お迷惑をおかけする
c. ご迷惑をおかけする　d. ご迷惑をおかけになる

【附录9】 练习题

ロールプレイ（40問）

1. あなたは日本語を勉強している学生の劉です。日本人の先生に、金曜日夜の食事を土曜日の夜に変更するよう頼みます。（現在の約束：金曜日の夜に、駅前で食事をする。7時に学校の正門の前で会う。）
1' あなたは日本人教師の松田です。教え子の劉さんから約束した食事時間を変更する電話がありました。変更を引き受けてください。

2. あなたは日本語を勉強している学生の陳です。鈴木先生を金曜日の夜の食事に誘います。
2' あなたは日本人教師の鈴木です。教え子の陳さんからの食事の誘いがありました。それを断ってください。

3. あなたは日本語を学習している学生の王です。日本人留学生に昼ご飯に誘われました。
3' あなたは日本人留学生の高橋です。日本語学部の王さんを昼ご飯に誘ってください。

4. あなたは日本建設の大橋です。山本商事に電話して営業しに行くことをお願いする。
4' あなたは山本商事の受付の田中です。日本建設の大橋さんから営業に来る電話がありました。水曜日の午後3時に来るようにと相手に伝えてください。

5. あなたは日本語を学習している学生の周です。学校に来る途中で会った鈴木先生に挨拶する。

5' あなたは日本人教師の鈴木です。学校に来る途中教え子の周に会った。適切な挨拶をしてください。

6. あなたは、日本語を勉強している学生の黄です。昨日、日本人の留学生の高橋さんから日本のお菓子をもらいました。高橋さんに昨日のお菓子のお礼を言います。

6' あなたは、日本人留学生の高橋です。日本語学部の黄さんから前日のプレゼントのお礼を言われた。適切に対応してください。

7. あなたは、日本語を勉強している学生の劉です。知り合いの日本人からの食事の誘いを断ります。

7' あなたは日本人駐在員の武藤です。知り合いの劉さんを食事に誘ってください。

8. あなたは日本語学科の孟です。知り合いの日本人の橋本さんに大雁塔へ連れて行ってくれるようと頼まれたが、それをうまく断ってください。

8' あなたは日本人の橋本です。孟さんに大雁塔へ連れて行ってくれるようと頼みます。

9. あなたは日本語を勉強している学生です。日本人の松田先生に作文を直してくれるようと依頼の電話を入れます。

9' あなたは日本語教師松田です。「作文を直して下さるよう」という学生からの依頼を電話で引き受けます。

10. あなたは劉です。「日本史」のレポートのタイトルを忘れた。電話で親友の陳さんに聞きます。

10' あなたは陳です。親友の劉さんからの電話に出て、「日本史」レポートのタイトル及び枚数の制限を劉に教える。
（「日本史」レポートのタイトル：「律令国家の成立における唐の影響」 A4サイズ用紙 ワープロで3枚以上書くこと）

11. あなたは、社員旅行を企画している王です。旅行の目的地についての意見がまとまらないので、社長の鄭に決めてもらいます。
（目的地候補：洛陽、蘭州、成都）
11' あなたは社長の鄭です。社員旅行の目的地を決めてもらいたいという部下の王からの電話を受けて、目的地についてのあなたの意見を出す。（社員旅行の目的地を洛陽にする）

12. あなたは鈴木です。友人の青木さん電話をしたら留守でした。お父さんに伝言を頼みなさい。伝言の内容：青木に辞書を貸してある。その辞書を明日学校に持ってきてほしい。
12' あなたは青木のお父さんです。鈴木君からの電話に出ます。青木がいないことを伝えます。そして、「貸してある辞書を明日学校に持ってきてほしい」という青木の伝言を引き受けます。

13. あなたは、太陽石油の岡田です。山本運送の野口から石田課長への電話に出ます。課長が会議中のことを伝えます。
13' あなたは、山本運送の野口です。太陽石油の石田課長に電話をかけます。石田課長が会議中だそうです。また電話をすると伝言します。

14. あなたは、留学生の王です。中華料理店のアルバイト募集のチラシを見た。料理店の担当者に電話して応募する。
14' あなたは、中華料理店の店長です。王さんからのアルバイトの応募を許可します。そして、面接の日を決める。

15. あなたは大学生の野村です。朝寝坊したため、授業に遅刻しました。授業後、担当の鈴木教授にお詫びをします。
15' あなたは大学の鈴木先生です。野村君からの遅刻についてのお詫びを受けます。夜は早めに寝るようとアドバイスをしてあげます。

16. あなたは大阪大学国際交流センターの田中です。空港で中国から来た周先生を出迎えます。日本滞在する間の世話をすると周先生に伝えます。

16' あなたは上海大学の周です。学会参加のため来日しました。迎えに来てくれた大阪大学の田中にお礼を言います。

17. あなたは森下です。懇親会の司会者をやっています。親友の竹下に乾杯の音頭をとってもらいます。

17' あなたは、竹下です。懇親会のとき親友の森下に指名されて、乾杯の音頭をとる約束をする。

18. あなたは、レストランで食事をするお客さんです。注文と違うものが運ばれてきたことを店員に文句を言います。

18'「あなたは、レストランの店員です。お客さんの注文を間違えました。お客さんに詫びます。

19. あなたは王です。高先生の息子のわがままに耐えられず、親友の趙さんから助言をもらいます。

19' あなたは趙です。高先生の息子のことについての王の相談にのってあげてください。

20. あなたは、日本語を勉強している陳です。加藤先生の家に遊びに行きました。先生の8歳の息子のともき君が挨拶してくれました。「将来何になりたい」について聞いてください。

20' あなたは、加藤先生の8歳の息子のともき君です。家に遊びに来ているお父さんの教え子の陳さんに「将来何になりたい」と聞かれた。「大工さんになりたい」と応えてください。

【附录10】 实验组问卷调查

講座の授業に関するアンケート

1. 本授業で取り上げられたポライトネスの内容についてどう思いますか。（你对于这门课所讲礼貌原则的内容有何看法？）

2. 本授業を受ける前、日本語を話すとき、相手によって言葉遣いを変える意識がありましたか。（在上这门课之前，你讲日语时有没有根据讲话对象不同而改变语言的意识？）

3. 本授業を受ける後、日本語を話すとき、相手によって言葉遣いを変えるようになりましたか。（在上这门课之后，你讲日语时有没有根据讲话对象不同而改变语言的意识？）

4. ポライトネスの理論を用いて、日本語の文体（「です・ます体」と「だ体」）を理論的に説明できると思いますか。（你觉得利用礼貌原则的理论对说明日语文体（「です・ます体」と「だ体」）的变化有帮助吗？）

5. 本授業を受ける前、中国語にもFTA（面子脅かす行為）があると思いましたか。（在上这门课之前，你想没想过汉语中也有FTA（威胁面子的行为）呢？）

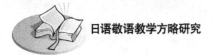

6. 本授業を受けて、中国語のFTA（面子を脅かす行為）と日本語のFTAは、同じものだと思うようになりましたか。（上了这门课之后，你觉得汉语的FTA和日语的FTA在本质上是相同的吗？）

7. ポライトネスは、日本語の勉強（特に口語）に役立つと思いますか。（礼貌原则的理论对日语的学习，特别是口语有帮助吗？）

8. あなたにとって、ポライトネスと敬語、どっちが理解しやすいですか。（你觉得礼貌原则和敬语这两个概念，哪个容易理解？）

9. ポライトネスに対して理解を書いてください。（请写出你对礼貌原则的理解。）

10. この授業で一番得たものは何でしょうか？（你觉得这门课最大的收获是什么？）

11. 本授業について何かご意見があれば書いてください。（最后请写上你对这门课的意见。）

【附录11】 语体测试

下記の場面に応じて一番適切な表現を一つ選びなさい（68問）
1 クラスメートの李（男性）と王（女性）の会話
　　李：劉先生のIT産業についての講演会に出る？
　　王：うん、出る。李君も出るの？
　　李：もちろん（　）。
　　　a. 出ます　b. 出ますよ　c. 出るよ　d. 出るのですよ

2 後輩の小川（男性）と先輩の高橋（男性）の会話
　　小川：先輩は、明日の展覧会を見に行かれますか？
　　高橋：ううん。（　）。君は？
　　小川：僕も行きません。
　　　a. 行く　b. 行きますよ　c. 行かない　d. 行きません

3 大学生の林（男性）と高校時代の友達の周（女性）の会話
　　周：大学の勉強って難しいの？
　　林：うん、結構難しいよ。
　　周：林君、頑張屋だから、大丈夫よ。
　　林：いや、（　）。
　　　a. そんなことないのです　　　b. そんなことありません
　　　c. そんなことないよ　　　　　d. そんなことないんだよ

4 親しくない女子学生同士の会話
　　張：朱さんは家によく手紙を書きますか。
　　朱：ええ、だいたい毎週書きます。
　　張：電話もよく（　）。

朱：いいえ、月に１、２回程度だけです。
a. かけるの　b. かける　c. かけますか　d. かけませんか

5　大学生の佐藤（女性）と近くの知り合いの井上（女性）の会話
井上：日曜日、普通は何をしますか。
佐藤：はい、大抵ショッピングしたりとかします。時には勉強もします。
井上：ショッピングはいつも商店街で（　）。
佐藤：いいえ、ショッピングセンターへよく行きます。
a. する　b. するの　c. しますか　d. なさいますか

6　親しくない大学生同士の会話
陳：今日の集中講義って、こちらの教室ですか。
丁：はい、そう（　）。
a. です　b. でございます　c. だよ　d. だ

7　友達同士の会話　郭（女性）呉（男性）
郭：呉君はゆうべ、約束の場所に来なかったね。
周：ごめん。間に合わなかった。
郭：会場に直接行ったの？
周：うん、ちょっと（　）。
a. 遅れた　b. 遅れました　c. お遅れになった　d. お遅れしました

8　友達同士の会話
高橋：あれ、ここはどこ？
清水：西新宿だよ。
高橋：西新宿？すると、都庁は（　）。
清水：都庁はそっちの方向だ。
a. どちらですか　b. どっち　c. どっちですか　d. どっちだ

9　王と日本人留学生田中の会話
　　田中：あのう、ここは交流会の会場ですね。
　　王：ええ、そう（　）。失礼ですが、留学生ですか。
　　田中：はい、留学生の田中です。
　　a．だ　b．だよ　c．です　d．でございます

10　女子学生同士
　　劉：どこに行っていたの？部屋に鍵がかかっていなかった（　）。
　　徐：ちょっと隣の部屋の人と明日の会の相談をしていたの。
　　a．ですわ　b．わ　c．ぜ　d．ですよ

11　クラスメートの会話
　　王：李さん、急にお金を使うことがあって、100元くらい借りたいんですが。
　　李：は、100元？そんなたくさんお金持って（　）よ。
　　a．ません　b．いる　c．います　d．おりません

12　大学生の北川（女性）と酒井（男性）の会話（北川と酒井は友人である）
　　北川：山本先生にレポートを提出しようと思って、研究室に行ったら、いらっしゃらないようなんだけど・・・。
　　酒井：あっ、山本先生はまだ見えて（　）かな。
　　a．ません　b．ない　c．いらっしゃらない　d．ないです

13　ホテルの予約
　　係：はい、東京スターホテルでございます。
　　趙：あのう、すみません、7日のシングル部屋を1つ予約したいですが。
　　係：申し訳ございません、すでに満室になって（　）。
　　a．いる　b．おります　c．いるのだよ　d．おる

14　夫婦同士の会話
　　妻：今日のお料理はどうだった？

夫：いつもより辛かったけど、（　）。
妻：そう。よかった。
a．おいしいでございます　b．おいしかったです
c．おいしかったよ　d．おいしい

15　社員の小島（男性）と社長の会話
小島：これは大阪のお土産ですが、よろしかったら、どうぞ。
社長：あ、関西風お好み焼きだね。1ついただこうか。（　）。
a．おいしいですよ　b．おいしいね
c．おいしゅうございます　d．おいしいだよ

16　患者のアリとお医者さんの会話
アリ：この2、3日、耳鳴りがよくするんです。
医者：痛みが（　）。
アリ：別にないんです。
a．あるの　b．おありですか　c．ある　d．ありますか

17　留学生の劉と市役所の人の会話
劉：あのう、すみません、外国人登録をしたいんですが。
係：はい。まずは、こちらの用紙に（　）。
a．記入してね　b．記入しろ　c．ご記入ください
d．記入してもらおう

18　田村（女性）とクラブの先輩（野村、男性）の会話
田村：野村先輩、水曜日にコンパにがあるんですか、どう（　）。
野村：ごめんね。水曜日に既に予定が入ったから、欠席する。
田村：そうですか。分かりました。
a．する　b．なさる　c．される　d．されますか

19　陳さんと野口先生のレストランでの会話
陳：野口先生、ビールいかが（　）。

野口：ありがとう。いただきます。
a. かい　b. ですか　c. か　d. だ

20　友達同士の会話
劉：王、ちょっとその辞書持って来てくれる？
王：うん。（　）。
a. いいよ　b. いいです　c. いいだ　d. いいですよ

21　観光客（山田　男性）とガイド（張　女性）の会話
山田：何か西安の特色のある料理を食べたいと思いますが。
張：そうですか。油っこいものでも大丈夫ですか。
山田：ええ、大丈夫です。
張：では、すぐ手配を（　）。
a. する　b. いたします　c. させていただくわ　d. いたす

22　クラスメート（男性同士）の会話
李：どなたが学長？
周：学長か。学長は真中の方（　）。
a. です　b. でございます　c. でしょう　d. だろう

23　劉（女性）は学校に行く途中、下校中の小学生の雄太君に会った。そのときの会話
雄太：今日は。
劉：今日は。学校はもう（　）。
雄太：うん、今日は早かったよ。
a. 終わりましたか　b. 終わったの　c. 終わったか　d. 終わった

24　住宅の断水についての主婦同士の会話
山本：あら、また断水ね。いつから（　）。
林：火曜日の10時から、水曜日の6時までらしいわよ。
a. だろう　b. ですか　d. でございますか　d. かしら

25　岩本先生が林さんのところへ家庭訪問にやってきた。そのときの会話
　　先生：ごめんください。
　　林夫人：あ、岩本先生、いつも正道がお世話になっております。どうぞ
　　　　　　（　　）。
　　先生：正道君、おうちではどうですか。
　　林夫人：勉強しないで、テレビばかり見てるんですよ。
　　a．上がってください　b．上がって　c．お上がりください
　　d．上がろう

26　井上さんと新聞勧誘員の会話
　　新聞屋：東日本新聞ですけど、お宅は今何新聞ですか。
　　井上：うち、新聞とってないん（　　）。
　　新聞や：東日本新聞をとってもらえませんか。
　　井上：いいえ、けっこうです。
　　a．ですけど　b．だよ　c．だけど　d．でございます

27　留学生の劉（女性）とホストファミリーのお母さん（山田　主婦）の会話
　　山田：劉さん、中国って冬至のとき何を食べるの？
　　劉：冬至のとき、餃子を食べますけど。
　　山田：そう。日本ではね、その日に南瓜を（　　）。
　　a．召し上がります　b．食べます　c．喰う　d．食べるの

28　親しい友達同士に携帯電話による会話
　　北山：あのさ、金曜日はさ、例の飲み屋のサービスデーなんだけど、飲
　　　　　みに（　　）。
　　大沢：例の飲み屋って、駅前の白木屋かのこと。
　　北山：そう、そう。
　　大沢：うん。行くか。
　　a．行きますか　b．行かれますか　c．行かない　d．行きませんか

29　会社員の王（女性　20代）と課長（男性　30代）の会話
　　王：課長、この書類に目を通していただけますか。
　　課長：あ、王さん、悪いけど、これをコピー3部とって（　　）？
　　王：はい。分かりました。
　　a．くれますか　b．くださいますか　c．くれる　d．くれるんですか

30　お母さんと娘の会話
　　母：みちこ。
　　みちこ：はい。
　　母：ちょっとお使いに行ってきて（　　）。
　　みちこ：うん。いいよ。
　　a．くれますか　b．くださいますか　c．くれませんか　d．くれない

31　課長と部下の会話
　　課長：今度の海外出張なんだけど、誰かに行ってもらいたいんだが。
　　鈴木：ぜひぼくに行かせてください。
　　課長：じゃ、鈴木君、（　　）。
　　a．お願いします　b．頼むよ　c．頼みます　d．任せますよ

32　夫婦の会話
　　妻：翔太（孫）がほしがっていた漫画、買ってきてくださった？
　　夫：うん、（　　）。ほら。
　　a．買ってきたよ　b．買ってきました　c．買ってきましたよ
　　d．買わせていただきました

33　お客さん（50代　男性）とタクシー運転手（20代　男性）の会話
　　客：京王の新宿駅まで行きたいんだけど、10分ぐらいで行くだろうかね。
　　運転手：そうですね。今の道路状況なら、10分で（　　）。
　　客：じゃ、頼むよ。
　　a．行くんだよ　b．行くんだね　c．行きます　d．行くよ

34 他社からの電話を受ける（受付，山口）
　受付：はい、日本印刷でございます。
　山口：中野建設の山口と申しますが、部長の佐藤様いらっしゃいますか。
　受付：佐藤（　）。少々お待ちください。
　a. ですね　b. だね　c. でございますね　d. でありますね

35 職場で他社に電話をかける　（田中，他社の受付）
　受付：はい、さくら銀行日本橋支店でございます。
　田中：京葉銀行の田中と申しますが、部長の山田様お願いいたします。
　受付：山田はあいにく席を外しておりますが、いかが（　）。
　a. しようか　b. いたす　c. いたしましょう　d. するか

36 大学生同士の会話　〔高橋（男性）石井（女性）〕
　高橋：あのね、昨日、うちのゼミ全員で、佐藤先生のお宅へ遊びに行ったんだよ。
　石井：そうなの。うらやましい。私、ずっと佐藤先生のお宅に行きたかったの。
　高橋：そう。だったら石井さんを誘ったら、（　）のにねえ…。
　a. いいです　b. よかった　c. よかったです　d. よいです

37 会社員の鈴木（女性　20代）と部長（男性　40代）の会話
　鈴木：部長、お仕事中申し訳ありません。ちょっとお時間いただけますか。
　部長：うん、（　）。
　a. よろしいですよ　b. いいですよ　c. よろしゅうございます　d. いいよ

38 間違い電話をかけてしまった場合の会話（女の人，張）
　張：もしもし、張と申しますが、井上さんのお宅でしょうか。
　女の人：は？
　張：あのう、井上さんのお宅じゃありませんか。

女の人：いいえ、違います。
張：番号を間違えました。（　　）。
女の人：いいえ。
a. 失礼だ　b. ごめんね　c. 失礼しました　d. 悪かった

39　劉先生のことについての親しい友達同士の会話（女性同士　李，張）
李：劉先生はどこに（　　）？
張：分からない。
a. いらっしゃいますか　b. いるか　c. いらっしゃる　d. おる

40　同期入社の同僚の会話（張と郭，男性同士）
張：来週も会議、やるかな？
郭：やるだろう。
張：部長も出席されるかな？
郭：（　　）。
a. 出席されますでしょう　b. 出席されるだろう　c. 出席するだろう
d. 出席します

41　山田は親友の竹下博に電話したが留守だった。それで博のお母さんに伝言をお願いする場面（山田は博のお母さんとは面識がない）
竹下：竹下です。
山田：山田と申しますが、博君、（　　）。
a. いるか　b. いらっしゃいますか　c. いますか　d. いるかい
竹下：まだ帰ってないです。
竹下：そうですか。では、山田から電話があったことを（　　）。
a. 伝えてもらえる　b. 伝えておいてください
c. 伝えてね　d. お伝えいただけますでしょうか

42　父と息子の会話
父：まもる、タバコ、買ってきてくれる？

285

息子：おやじ、タバコ、やめといたほうが（　）。
a. いいですよ　b. いいと思います　c. いいんだ　d. いいと思うよ

43　OL同士の会話（竹中，鈴木）
竹中：風邪、引いたの？
鈴木：ええ、気をつけていたんだけど。
竹中：よく効く薬あるわ。コンタクって言うの。
鈴木：じゃ、それ飲んで（　）。
a. みますわ　b. みるわ　c. みたいです　d. みたいんです

44　ルームメート（女性同士：熊，徐）
熊：街で知らない人に「お久しぶりだね」と声をかけられたよ。
徐：誰かと（　）？
熊：そうみたいね。
a. 間違えられたの　b. 間違えられましたか
c. 間違えられた　d. 間違えられました

45　クラスメートの朱と候が先生の息子についての会話
朱：朱先生の息子さんにお会いしたこと（　）？
候：1回会ったことがある。
a. ある　b. ありますか　c. ございます　d. あるか

46　女子学生同士の会話（唐，丁）
唐：ワープロって便利ね。文章を簡単に直せるし。
丁：でも、ワープロを使っているうちにかけない漢字が多くなったわ。
唐：でも読めることは読める（　）？
丁：それはそうだけど。
a. だろう　b. でしょう　c. ですね　d. だろうか

47　弟と姉の会話
弟：お姉さん、これをやってくれる？

姉：何？
弟：僕の宿題だけど。
姉：だめ。ちゃんと自分で（　）。
a．してください　b．しろ　c．おやりになってください
d．やりなさい

48　胡（女性）と日本人の友達の鈴木（女性）の会話（胡と鈴木は同世代）
胡：私は小学校時代、李白とか杜甫とか、唐詩をずいぶん暗誦させられたわ。
鈴木：日本でも、百人一首や古典を覚えさせられたり（　）。
a．するのよ　b．します　c．するんです　d．する

49　渡辺が親友の佐藤の修士論文の中間発表会に出て、質疑応答中の会話
渡辺：面白いご発表を聞かせていただき、ありがとうございました。ただ、問題点をもっと深く掘り下げてゆけばいいのではないかと思います。
佐藤：ありがとうございます。これを今後の課題とさせて（　）。
a．いただく　b．いただくわ　c．いただきます
d．いただいてください

50　見学者と博物館の係員との会話
見学者：特別公演の先生はいつごろ（　）？
係員：10時にいらっしゃいます。
見学者：そうですか。ありがとうございます。
a．来るの　b．見える　c．いらっしゃる　d．いらっしゃいますか

51　同僚の秦と劉の会議での会話（秦，劉）
秦：恐れ入りますが、その資料をこちらに回して（　）？
劉：あっ、気がつきませんで失礼いたしました。どうぞご覧ください
秦：はい。ありがとうございます。
a．くれる　b．もらえる　c．いただけませんか　d．いただける

52 男子生徒がコピーをしているところを先生に注意された。
　　先生：おい、おまえらそこで何をしているんだ？
　　生徒：クラスの名簿をコピーしているんですが。
　　先生：勝手に職員室のコピー機を（　）。
　　a. 使わないでください　b. 使ってはいけません
　　c. 使うな　d. 使っていただけません

53 勇と弟の徹の会話
　　勇：コーヒー飲む？
　　徹：うん、（　）。
　　a. 飲みます　b. 飲む　c. もらいます　d. いただきます

54 恋人同士の会話
　　女：いい天気ね。
　　男：うん、どこか行きたいね。
　　女：山下公園へ遊びに（　）？
　　男：いいね。
　　a. 行きます　b. 行きませんか　c. 行くかい　d. 行かない

55 高橋（男性40代）と友樹（10歳の子供）との電話
　　高橋：もしもし、井上さんのお宅でしょうか。
　　友樹：はい。おじさんは誰？
　　高橋：友樹君かい？高橋のおじさんだよ。お父さんさん（　）？
　　友樹：うん。待ってて。
　　a. います　b. いらっしゃいます　c. いる　d. お帰りになりました

56 後輩の木崎への電話を先輩の石田が取り次ぐ場面
　　石田：ダイヤモンド商事でございます。
　　客：源商事の野口と申しますが、販売課の木崎さんをお願いします。
　　石田：販売課の木崎でございますね。少々お待ちください。（石田は向
　　　　　かい側の木崎へ）

石田：（　）。
a. 木崎君、源商事の野口からお電話だよ
b. 木崎君、源商事の野口さんからお電話だよ
c. 木崎君、源商事の野口さんからお電話です
d. 木崎君、源商事の野口からお電話です

57　留学生の王（女性）が日本での留学を終えて中国に帰るとき、下宿先の家族の8歳の里佳子との会話。
里佳子：お姉ちゃん、また日本に（　）。
a. いらっしゃってください　b. いらしてください
c. 来てね　d. 来てください
王：うん、また来るわ。里佳子ちゃんが中国に来たら、かならず（　）。
a. 連絡してくれ　b. ご連絡ください　c. ご連絡ね　d. 連絡してね

58　高校生の鈴木と山田先生の会話
鈴木：山田先生、「本能寺の乱」について調べていますが、どんな本を読んだらよろしいでしょうか。
山田：中原先生に聞いてみたらどうかい。中原先生は、歴史学を研究（　）から。
a. している　b. しています　c. されている　d. されています

59　坂本が友人の田中の結婚披露宴でのスピーチ
司会：新郎のご友人の坂本様からの挨拶です。
坂本：田中君、ご結婚おめでとう。お二人の末永い幸せを心から祝福（　）……。
a. します　b. する　c. いたす　d. したい

60　社員の鈴木（女性、20代）課長（男性、30代）の会話
鈴木：課長、お仕事中申し訳ございません。この書類に印鑑をいただきたいんですが。
課長：うん、いいよ。

鈴木：はい、お願いします。
課長：はい、どうぞ。
鈴木：（　）。
a. サンキュー　　　　　　b. どうもありがとう
c. ありがとうございました　d. どうも

61　取引先との販売会議で先輩の島田と後輩の井口との会話。
井口：以上は、私の提案でした。皆さんのご意見をお伺いしたいと思います。
島田：井口さんのご提案に賛成しますが、ただし、具体的な実施方法についてどう考えて（　）。
井口：ありがとうございます。具体的な実施方法を述べさせていただきます…。
a. いるか　b. おるか　c. いらっしゃる　d. いらっしゃいますか

62　懇親会の司会の森下が親友の竹下に乾杯の音頭をとってもらったときの会話
森下：今日、お忙しいところ、お集まりいただきましてありがとうございます。では、宴会を始めたいと思いますが、森下さんに乾杯の音頭をお願いしたいと思います。（森下に向かって）では、森下さん、（　）。
竹下：はい。
a. 頼むよ　b. 頼むぞ　c. お願い　d. お願いします

63　寮のルームメート（女性同士）の会話
柳：来週からは、期末試験だよね。
秦：いや（　）。だって最近全然勉強してないもん。
a. です　b. だ　c. でございます　d. ×

64　仕事に失敗したときの場面（社員の王，女性，20代／課長，男性，30代）
王：課長、この資料に目を通していただけますか。

課長：あっ、王さん、両面コピー、ちょっと間違えたんじゃないの。
王：あっ、そうですか。（　）。
a. ごめんね　b. 悪かった　c. ごめんなさい　d. 申し訳ございません

65　平社員の王と課長の石田の会話
王：課長、東洋エレベータ上海駐在員の田中さんご存知ですか。
石田：（　）。
a. はい、ご存知です。　b. はい、知ります
c. いいえ、知っていません　d. いや、知らない

66　留学生の李のアルバイトについての問い合わせ
店長：毎度ありがとうございます。ローソン駅前店です。
李：すみません。アルバイト（　）。
店長：はい、ただいま募集しております。
a. 募集なさっていますか　b. 募集しているか
c. 募集していますか　d. 募集やっていますか

67　留学生の王が寮の隣室の加藤をほめる会話
加藤：王さんの出身は中国のどこ？
王：西安というところだけど。
加藤：昔の長安だね。
王：うん。そうだよ。（　）。
a. よく知っているね　b. よく知っていらっしゃっていますね
c. よくご存知ですね　d. よく知っていますね

68　大学のレストランでの友達同士（女性）の会話
王：趙さん、（　）、お箸とってくれる。
趙：はい、どうぞ。
王：ありがとう。
a. 申し訳ありません　b. すみませんが
c. 悪かったですが　d. すまないけど

【附录12】 语体选择教材

文体（1）

次の問題を考えながら会話を勉強しましょう。
①文体とは何か
②丁寧体（です・ます体）と普通体（だ体）
③対人関係

〔会話1〕
人物：李（男）王（女）（クラスメート）
李：明日の運動会に出る？
王：ええ、出る。李君も出るの？
李：もちろん出るよ。

〔会話2〕
人物：劉（男，先輩）張（男，後輩）
劉：今晩の映画を見る？
張：ううん。見ない。劉さんは？
劉：僕も見ないよ。

〔会話3〕
人物：林（男性，大学生）周（女性，林の高校時代の友達）
周：いつも朝，起床のベルが鳴るね。日曜日もなるの？
林：いや、鳴らない。
周：やはり一斉に起きるの？

【附录12】 语体选择教材

林：ううん、ほとんどの人が寝坊をする。
周：みんな朝ご飯は食べるの？
林：僕は時々食べない。

〔会話4〕
人物：女子学生同士
趙：朱さんは家によく手紙を書きますか。
朱：はい、毎週書きます。
趙：電話もかけますか。
朱：はい、つきに2回かけます。両親もとても喜びます。

〔会話5〕
人物：女子学生同士
蔡：王さん、この新聞を読みますか。
王：いいえ、読みません。私は雑誌を借ります。
蔡：あ、雑誌は今日貸しませんよ。
王：そう。それではもう帰ります。蔡さんはまだ帰りませんね。
蔡：ええ。まだ帰りません。もうしばらく新聞を読みます。

〔会話6〕
人物：李（大学生）徐（李の友人）
徐：日曜日、何をしますか。
李：はい、大抵午前中は勉強します。時には昼も夜も勉強します。
徐：いつも寮の部屋でしますか。
李：寮の部屋は落ち着きません。大抵図書館でします。
徐：朗読の練習は？
李：大抵庭でします。雨の日は教室でします。

〔会話7〕
人物：大学生同士

陳：今日の新聞は届きましたか。
丁：はい、さっき届きました。私が受け取って、机の上に置きました。
陳：ありがとう。朱さんは？
丁：もう家へ帰りました。

〔会話8〕
人物：友達同士　夏（女性）　周（男性）
夏：周君は夕べ、約束の場所にこなかったね。
周：ごめん。間に合わなかった。
夏：会場に直接行ったの？
周：うん。ちょっと遅れた。

〔会話9〕
人物：馬（学生）　羅（先生）
馬：こんにちは。
羅：ようこそいらっしゃい。バスは込みましたか。
馬：いいえ、込みませんでした。
羅：そうですか。道は間違えませんでしたか。
馬：ええ、間違えませんでした。

〔会話10〕
人物：友達同士
丁：ここはどこ？
徐：もう僕の家のそばだよ。
丁：君の家のそば？すると，秦君の家はどっち？
徐：彼の家はそっちの方向だ。

〔会話11〕
人物：田中（留学生）　王（学生）
田中：ここは交歓会の会場ですね。失礼ですが，留学生ですか。

王：いいえ、私は日本語学部の学生です。
田中：初めまして。日本人留学生の田中です。どうぞよろしく。
王：王と言います。こちらこそよろしく。どうぞこちらへ。お国は日本のどちらですか。
田中：長崎です。あの、どの方が学長ですか。
王：壇上のあの方が学長です。
田中：ああ、そうですか。まだ誰が誰だか何も分かりません。

文体（２）

次のことを考えながら勉強しましょう。
1. 対人関係（特に親疎関係）と文体の選択
2. 男性用語・女性用語
3. 文末助詞

〔会話1〕
人物：アパートの隣人同士
柳：以前に比べて随分車が増えましたね。
彭：今でも増えていますよ。
柳：環状４号線はもうできましたか。
彭：いいえ、まだできていません。

〔会話2〕
人物：森（留学生）陳（学生）
森：道路工事をずっとやっているね。いつ完成するの？
陳：国慶節にはもう完成するよ。
森：去年の秋にはあちこちで街路樹を切っていたね。緑がすっかりなくなったなあ。
陳：道路完成後にまたすぐ植えるよ。

〔会話3〕

人物：女子学生同士

劉：どこに行っていたの？部屋にかぎが掛かっていなかったわ。

徐：ちょっと隣の部屋の人と明日の会の相談をしているの。

劉：汚れているね。いつも何で掃除をしているの？

徐：ほうきで掃いている。

劉：掃除機は使っていないの？

徐：いま壊れているの。

〔会話4〕

人物：同じ授業を履修している学生同士

張：ここに万年筆がありませんでしたか。

李：ええ、ありましたよ。王さんが持ち主を探していました。

張：そうですか。では、王さんに聞きます。ありがとうございます。

〔会話5〕

人物：クラスメート　劉（男）柳（女）

劉：徐君は部屋にいる？

柳：いない。机の上にかばんと自転車のかぎがあるけど。

劉：どこに行ったかな。さっきもいなかった。いつもいなくて困るな。

〔会話6〕

人物：客（李）店員（A，B）

李：ちょっと、すみませんが。ここの売り場の人はいませんか。

店員A：あ、あそこにいますよ。

李：スニーカーはありますか。

店員B：はい、あります。サイズは？

李：23センチ。

店員B：すみません。22センチと24センチはありますが、23センチはありません。

〔会話7〕
人物：客（趙）店員
趙：東京の地図は他にありませんか。これはあまり詳しくありませんね。
店員：こっちのほうがそれより詳しいですよ。
趙：これは少し厚くて、値段もちょっと高いですね。
店員：では、これはいかがですか。あっちより詳しくて、値段はそれよりお安いです。
趙：じゃ、それにします。

〔会話8〕
人物：学生同士
杜：前の問題集はわりあい安かったね。これはどう？
陳：これは前の問題集より難しいよ。分量は前のものほど多くないが。
杜：陳君はえらいな。もうやったの。
陳：うん、かなり苦しかったよ。

〔会話9〕
人物：若い夫婦　姜（妻）丁（夫）
姜：今日のお料理はどうだった？
丁：いつもより辛かったけど、おいしかったよ。
姜：さっきのお茶は少しぬるくなかったの？
丁：うん、少しぬるかった。
姜：ごめんね。

〔会話10〕
人物：会社の同僚
呂：これはささやかなものですが、蘇州のお土産です。
方：この刺しゅうは見事ですね。本当に素晴らしいですね。どうもありがとうございます。
呂：どういたしまして。

〔会話11〕

人物：学生同士

銭：誰が黒板をふいた？とてもきれいだね。

尚：張君だ。彼が力をいれて丁寧にふいていた。

銭：彼は何事も誠実にやるね。それに、誰にでも親切だ。

尚：うん、それは一見簡単だが、実行は難しい。立派だよ。

〔会話12〕

人物：会社の同僚

杜：この店は品物が豊富ですよ。

胡：本当に豊富ですね。この生地は私に少し派手ですか。

杜：いいえ、色は鮮やかですが、柄が細かくて決して派手ではありませんよ。

胡：やはりどうも気に入りません。これは実用的ではありませんね。

杜：そうですね。これはどうですか。

胡：ああ、それは派手でもなく地味でもなく、いいですね。それに決めます。

〔会話13〕

人物：クラスメート（女性）

馬：どうしたの、眠いの？

余：いえ。まぶしいの。

馬：日差しが強いわね。

余：ええ、帽子が欲しいわ。

〔会話14〕

人物：クラスメート（男性）

馬：勝って嬉しいね。この間は負けて悔しかった。

王：今日はあっちが悔しがっているよ。

馬：そうだな。今日、むこうのチームは本調子じゃなかった。

王：後半でミスが多くなったね。こんな試合はつまらないな。

【附录12】 语体选择教材

〔会話15〕
人物：ルームメート
周：一人でさびしくなかった？
丁：いいえ、音楽を聴いて、お茶を飲んで、楽しかった。
周：それはよかったわ。小鳥はどうしている？
丁：夕、涼しくなって、少し元気になったわ。でも、昼間は静かだった。
周：ああ、えさを欲しがって鳴いているわ。

〔会話16〕
人物：山田（観光客）丁（ガイド）
山田：何か中国の芸能を見たいと思いますが。
丁：そうですか。曲芸と演劇と音楽のどれがいいですか。
山田：演劇がいいですが。
丁：演劇は新劇と京劇とどちらが見たいですか。
山田：ああ、京劇のほうが見たいですね。
丁：では、京劇の手配をします。その後どこかへ行きたいですか。
山田：いいえ、その後はどこへも行きたくありません。ホテルに帰って休みたいです。

〔会話17〕
人物：泉（留学生）沈（学生）
泉：日本人の中学生が、中国人と文通をしたがっているが、誰か希望者はいないかな。
沈：大学生はあまり中学生とは文通をしたがらないと思うよ。
泉：いや、知り合いの中学生か誰かいないか？
沈：ああ、そうか。後輩の一人が外国人と文通をしたがっていた。よし、紹介するよ。

〔会話18〕

人物：主婦同士

張：母が、「昔は、女の子は手芸を習いたがった」と言っていたわ。

馬：私たちの子供のころは誰も習いたがらなかったわね。

張：今の子供もほとんど習いたがらないわ。

馬：今の子供は手先より頭を使いたがるわよ。

張：そうね。時代の変化と共にやりたいものも変わるわ。

【附录13】 语体转换测试

Q1：下線部を普通体に書き直しなさい。

メアリ：日本は<u>どうでしたか</u>。　　　　　→1＿＿＿＿＿
たくや：<u>よかったですよ</u>。今年の夏は涼しくて。　→2＿＿＿＿＿
メアリ：へえ。
たくや：あ、これ、<u>日本のお土産ですけど</u>、　→3＿＿＿＿＿
　　　　家族のみんなで<u>食べてください</u>。　　→4＿＿＿＿＿
メアリ：あ、どうもありがとう。
たくや：あのう、あたしの晩は<u>暇ですか</u>。　　→5＿＿＿＿＿
メアリ：<u>はい</u>、特に予定は　　　　　　　　→6＿＿＿＿＿
　　　　<u>ありませんけど</u>。　　　　　　　　→7＿＿＿＿＿
たくや：じゃあ、映画を<u>見に行きませんか</u>。　→8＿＿＿＿＿
メアリ：<u>いいですね</u>。　　　　　　　　　　→9＿＿＿＿＿
たくや：じゃあ、あした6時に伊勢丹の前で。
メアリ：<u>わかりました</u>。　　　　　　　　　→10＿＿＿＿＿

Q2：次の各々の場面ではどのような文体が使われているのかに注目して穴を埋めなさい。

Scene 1：（成田空港）
修二：絵里、じゃあ、ここで、先生のことは、大切に＿＿＿＿＿＿（する）。
絵里：うん。
修二：絶対に離してはだめだぞ。
絵里：＿＿＿＿＿＿（はい）。さよなら。
修二：さよなら。

Scene 2：（タクシーの中）

修二：今日が勝負だからな。絶対に引き下がる_____（否定）。

社員：わかって_____（いる）。うちの会社の将来にかかってる大仕事ですから。

社員：あ、_____（運転手）、そこでけっこうです。おつり、いい_____（から）。

絵里：ありがとうございました。

社員：社長。

修二：あ。

Scene 3：（吉本がタクシーを呼ぶ場面）

修二：_____（吉本）、ちょっと先にもどっていて_____（くれる）。

吉本：はい。

修二：何かあったら携帯に電話_____（よこす）。

吉本：わかりました。

（絵里のアパート近く）

絵里：行って_____（いて）。

友人：え？でも……

絵里：_____（いい）から。

修二：_____（だれ）？

絵里：うん……

修二：どういうことなんだよ。_____（先生）と一緒だったんじゃないのか。

絵里：先生とは、別れた。

修二：別れた？

絵里：もう終わった_____（の）。いろいろあったけど、もう大丈夫だから、だから何も聞かないで。

Scene 4：（修二が絵里のタクシーに乗り込む場面）

修二：いい_____（疑問）。

絵里：_____（どちら）まで。

修二：え？適当に走ってください。

絵里：そんなの困るん_____（です）。

修二：じゃあ、早稲田まで。

絵里：この時間だと電車で行くほうが早いと思い_____（ます）。

修二：いいです。行ってください。

修二：いつからこの仕事を_____（始ある）？

絵里：皆さん聞き取れるん_____（です）。

修二：方向未詳な人でもこの仕事できるん_____（疑問）。

絵里：これがありますから。

修二：ひどい_____（人）がいましてね、2年前に外国に行ったきり、何の連絡もよこさないん_____（です）。

絵里：いいじゃないんですか。そんな薄情なやつ、放っておけば。

修二：そういうわけにはいかないんです。

絵里：どうして？

修二：そいつにだけは幸せになってほしいから。そう思って2年前に別れたから。（しばらくの沈黙後）運転手さん、海へ行って_____。（命令）

（二人が海岸でタクシーを降りた場面）

絵里：ひさしぶり、海見た_____（の）。

修二：_____（私も）。

絵里：何から話せばいいか、よく分からない。あの時、修ちゃんと別れて、あたし、先生を待ってた。でも、先生は来なかった。いつまで待っても。ひどいことが起きてたの。

修二：そうか。

絵里：あたし、日本に戻ってきて、すぐに病院に行ったの。けど、先生に見えなかった、あたりまえ_____（だ）。私は先生の家族（でもないし）、先生の奥さんは医者さんだし、ずっと付ききりで先生の看病。私、何度も訪ねてあげたんだけど、でも会えなかった。修ちゃんにあんなに励ましてくれた_____（のに）。

Q3：日本語のスピーチスタイルについてどんなことを知っていますか。知っていることをできるだけ多く、この用紙に書いてみてください。

_____
_____
_____
_____
_____

【附录14】 语体转换教材

会話一

場　　面：上海事務所を視察するため、東京本社の社長が上海に来る。北京支社の支社長である加藤さん、社員の森さんは空港へ迎えに行く。事務所の場所を決めた陳さんは用事のため北京を離れることができなかった。
登場人物：社長、加藤支社長、森さん

（加藤经理和森到机场接到总经理，他们走向出租车车站）
加藤：お食事はもうお済みになりましたか。
社長：うん、飛行機の中で食べてきたよ。
加藤：では、まずホテルにチェックインなさいますか。それとも、先に事務所をご覧になりますか。
社長：そうだな。事務所へ直行しようか。早く見てみたいからな。
（到了上海事务所）
森：こちらのドアからお入りください。
（一进门就看到正面墙壁上挂着很大的一幅画）
社長：広く明るいね。（注意到那幅画）あの絵は？
加藤：ああ、あれは日中商事の社長がくださった絵です。
社長：あっ、そう。なかなかいいじゃないか。
加藤：はい。ところで、社長がおっしゃっていたスタッフの件ですが、李さんに上海に来てもらおうと思うんですが……
（当天晚上，森给在北京的老陈打电话）
森：いい事務所だって、社長が褒めていらっしゃいましたよ。
陳：そうですか。よかったです。気に入ってくださって。それで、社長はこち

らにもお 寄りになるのかしら？
森：いいえ、そちらへは寄らずに、明日の朝の便で、東京に戻られる予定です。

会話二

登場人物　小室先生　男性　56歳　日本東陽大学の先生
　　　　　王　健　男性　21歳　東陽大学の留学生
場　所　講義の終わった後の教室で
王　健：先生、最近『世界遺産が消えてゆく』という本を見つけたのですが、この本は は普通の世界遺産の本とは違った視点で世界遺産の将来について書かれました。
小室先生：ああ、中村俊介さんの新書のことですか。私もちょうど今読んでいるところです。かなり厳しい口調で世界遺産の現状について書いていますね。
王　健：本の中で世界遺産のことを「風前の灯火」と言っているところがものすごく印象深かったです。
小室先生：人々の生活が便利になっていけば、世界遺産に悪い影響を与えることも多いからね。
王　健：近年、世界遺産の登録活動が盛んになっていますが、世界遺産に登録さえできれば、経済効果をもたらすと考えている国も少なくありません。
小室先生：経済効果ばかりが強調され、遺産を守って後世に伝えるという本来の目的が忘れられつつあるようですね。
王　健：中村さんは本の中で、「世界遺産を守るということは、市民社会の理解と協力があってこそ成り立つのだ」と主張していますが、私も大賛成です。
小室先生：我々は世界遺産の価値だけでなく、保存や修復などについても、十分な知識を持って、遺産の保護に協力していかなければいけませんね。
王　健：まずはできることからでいいので、世界遺産にとってよい環境を作るための努力をしなければならないということですね。

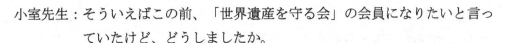

小室先生:そういえばこの前、「世界遺産を守る会」の会員になりたいと言っていたけど、どうしましたか。
王　　健:そうなんです。会員募集のポスターを見たので、さっそく申し込んでみようと思っています。
小室先生:頑張ってください。

会話三

登場人物　趙　女性　20歳　中国人留学生
　　　　　木下　女性　20代　日本人学生
場　　所　大学のカフェテリアで

木下:趙さんが日本に来てから二ヶ月が立ちましたけど、日本はどうですか。
趙:とてもいい国だと思います。さすが先進国だけあって国民の生活がとても豊かなようですね。
木下:それは表面だけで、実際はそうでもないですよ。日本は格差社会になってきたと言われているし、金融危機の影響で国民の生活はそんなに楽ではないですよ。かえって中国のほうが活気があるのではないですか。
趙:政府の内需拡大政策のおかげで景気はだんだんよくなってきましたが、輸出に頼っている産業は回復までにもう少し時間がかかりそうです。
木下:でもGDPでいうと、中国はもうすぐ日本を抜いて世界で二番目の経済大国ということだし、きっと明るい未来が待っていると思いますよ。
趙:確かに中国の未来は明るいと思いますが、GDPだけを見て豊かになったと考えるのは危険だと思います。物質的に豊かになっても、心が貧しかったら、本当の幸せとは言えないでしょう。
木下:そうですね。私もそう思います。日本もかつて経済優先主義の下でやっていたけど、結局、問題は山積みですからね。
趙:ところで、中国では最近「公共マナー」についてマスコミに取り上げられることが増えてきましたね。たとえば、切符を買うときに列に割り込むとか、道路に平気でゴミを捨てるとか、交通ルールを守らないとか。自分さえよければいい、という考え方の人がまだまだ多いと思います。
木下:中国の公共マナーに関する問題は、最近始まったことではないでしょ

う。数年前、高校生の時に初めて中国に行ったんですけど、交通ルールを守らない人が多くてびっくりしました。

趙：恥ずかしいなあ。

木下：でも、北京オリンピックなどの後、少しずつ公共マナーがよくなってきたんじゃないですか。最近になって公共マナーが問題になっているということは、逆にマナーの問題を意識し、指摘する人が増えたと考えることもできますしね。だんだんいい方向に向かっているんじゃないですか。

趙：なるほど、そうとも言えますね。これから中国がもっと住みやすい国になっていくためには、個人個人がもっと公共マナーを意識する必要がありますね。

会話四

登場人物　王　女性　20歳　中国人留学生
　　　　　渡辺　女性　23歳　日本人大学院生
場　　所　大学のカフェテリアで

王：最近、「エコ」という言葉をよく耳にしますけど、どういう意味ですか。

渡辺：「エコ」というのは「エコロジー」の略語で、自然環境の保護を目指す考え方です。日本では今、エコに力を入れていて、排気ガスをあまり出さないエコカーの販売やエコハウスの建築などが進められています。

王：私たち学生とも関係があるんですか。

渡辺：ええ、学生でも、環境のことを考えられますよ。今、地球の自然環境は年々悪くなる一方で、このままでは将来、人類がこの地球上に生きていけなくなるかもしれません。だから、私たち一人一人がエコを意識して生活することが大切ですよね。

王：具体的にどうすれば、私も「エコ」に参加できますか。

渡辺：難しく考える必要はないと思います。やる気になれば簡単にできますよ。たとえばゴミの分別とか、電気のスイッチをこまめに切るとか、エコバッグで買い物をするとか、まずはこういった身近なことから実践していけばいいと思います。

王：日本人は本当に環境を守る意識が高いですね。どうしてこんなに意識が高

いんですか。

渡辺:そうですね、日本は過去に環境汚染でさんざん悩まされた経験がありますから。

王:日本にもそんなことがあったのですか。

渡辺:そうです。工場からの煙や汚水が原因で公害病が発生し、社会問題になりました。今でもたくさんの人が後遺症に苦しんでいますよ。

王:そうですか。中国は日本と同じ失敗を繰り返さないためにも、しっかりした対策を考えなければなりませんね。

渡辺:そのとおりですね。

王:私も先ほど聞いたエコ活動を実践してみようと思います。どれも簡単にできそうな ので。

渡辺:簡単そうに見えるかもしれませんが、そえを継続することはけっこう大変ですよ。

王:そうですね。わたしは三日坊主ですから、やはり一番簡単なことから始めたほうがいいですね。何から始めたらいいと思いますか。

渡辺:テレビを見るのをやめたらどうですか。

王:えっ!困ります!

渡辺:冗談、冗談。今、ゼミでエコ日記をつけているんだけど、王さんもつけてみたら?

王:エコ日記ですか。そういえば、渡辺さんのゼミって環境保護研究室ですよね。エコ日記って、何を書くんですか。

渡辺:簡単ですよ。エコに関することで毎日気づいたことや実行したことを書き留めてお くだけです。それだけでも、けっこうエコを意識できるものなんですよ。

王:エコ日記ですね、日本語を書く練習にもなるし、やってみようかな。

渡辺:三日坊主にならないようにね。

会話五

登場人物　劉　虹　女性　中国人留学生　動物好き
　　　　　河合理恵　女性　日本人大学一年生　犬を飼っている
場　所　河合さんの家で

劉：こんにちは。

河合：こんにちは。さあ、どうぞ、お入りください。

劉：お邪魔します。

河合：どうぞ、楽にしてくださいね。

劉：すごい！犬の写真やぬいぐるみがたくさんありますね。

河合：ええ、私、犬が大好きなんです。劉さんはどんな動物が好きですか。

劉：猫です。

河合：家で飼っていますか。

劉：飼いたかったんですが、母は「あなたが学校に行っている間、誰が猫の世話をするの」って、許してくれませんでした。

河合：そうですか、それは残念ですね。私は犬を飼って、ペットの世話がどれだけたいへんなのか初めてわかりました。毎日掃除したり、餌をやったり、散歩に連れていったりして、とにかく忙しいですよ。

劉：そうですか。

河合：でも、毎日大変ですけど、気持ちが和らぐから楽しいです。それに家族ともよくペットの話をするので、家族で会話をする回数も以前よりずっと増えました。

劉：ペットって本当に家族の一員のような存在ですね。

河合：ええ、そうですね。私は犬を散歩に連れていくのが一日のうちで一番楽しい時間です。ほかの犬の飼い主と話をすることもよくあります。それで友達になった人も何人かいますよ。

劉：へー！いいですね。

＜犬のところから「ビービービー」という音が聞こえた。そして……＞

河合：今から散歩に行きませんか。ちょうど犬が散歩したいと言っていますから。

劉：ええ！どうしてわかったんですか。

河合：この「犬語翻訳機」が教えてくれるんですよ。

劉：「犬語翻訳機」って、犬の気持ちを翻訳して文字で表すっていう機械ですか。ちょっと見せてくれませんか。本当だ！日本語の文字が出てる！

河合：これは父が東京に出張したときに買ってきてくれたお土産です。ここのパネルを見てください。「散歩に行きたい！連れて行って！」という文

字が出ているでしょう。飼い主に気持ちを伝えるブザー音も自分で自由に決められるんですよ。

劉：面白いですね。でも、これ、本当に信用できるんですか。

河合：当たるときもありますし、当たらない時もあるでしょうね。やはり愛情がなければ、本当の気持ちはわかりませんね。

劉：そうですね。そうじゃないと、この世は機械に頼るばかりで、つまらない世界になってしまいますよね。

河合：さあ、行きましょうか。

劉：はい。

会話六

登場人物　　小室先生　男性　56歳　日本東陽大学の先生
　　　　　　王　健　　男性　21歳　東陽大学の留学生
場　　所　　小室先生の研究室で

王　健：小室先生は今までどれぐらい世界遺産を見れ回られたのですか。

小室先生：そうですね。アジアだけでも30箇所は行ったかな。

王　健：そんなに多いのですか。先生はこの夏、中国に訪問されたそうですが、世界遺産には行かれたのですか。

小室先生：もちろん。万里の長城、故宮、麗江などに行ったけど、秦の始皇帝陵が一番印象に残っているなあ。王さんは日本の世界遺産に行ったことがありますか。

王　健：まだ行ったことがありません。でも、富士山には行ってみたいと思います。

小室先生：富士山？富士山は確か世界遺産に入っていないですよ。

王　健：えっ、そうなんですか。でも、外国人にとって、日本と言えば富士山の印象が強いですが。

小室先生：富士山は日本を代表するものの一つだけど、あいにく世界遺産には入っていないんだ。自然保護への登録を目指していた2003年ごろ、富士山にたくさんのゴミが捨てられ、環境が汚れていたからね。

王　健：あんなに美しいのに。

小室先生：今度は文化遺産としての登録を目指して取り組んでいるらしいよ。

王　　　健：じゃあ、日本の世界遺産にはどんなものがあるのですか。
小室先生：法隆寺、屋久島、日光などがよく知られているんじゃないかな。
王　　　健：どこかお勧めのところはありませんか。
小室先生：やっぱり行くなら京都がいいと思うな。京都には世界遺産になっている建築物がたくさんあるし、昔の都だった場所だから一見の価値はあると思うよ。
王　　　健：では、今度の冬休み、さっそく行ってみたいと思います。
小室先生：行く前に京都について予習しておくと、もっと興味深い観光になると思うよ。そうだ、この本を貸してあげよう。
王　　　健：あっ、去年先生が書かれた御本ですね。『世界遺産の旅』。
小室先生：よし、君に一冊プレゼントしよう。
王　　　健：いいんですか。すごくうれしいです。ぜひサインもお願いします。

会話七

登場人物　小室先生　男性　56歳　日本東陽大学の先生
　　　　　王　　健　男性　21歳　東陽大学の留学生
場　　所　講義の終わった後の教室で

王　　　健：今日の授業は大変勉強になりました。世界遺産はこれまでの文化を理解するのに必要なものですが、戒めの意味で登録されている負の遺産についてもよくわかりました。
小室先生：危機遺産についてはまだ話していなかったね。文字通り危機にさらされている遺産のことなんだけど。
王　　　健：天災、環境汚染などが原因で、痛みが激しい遺産のことですか。
小室先生：そう。環境汚染の深刻化に伴い、一部の世界遺産はこの地球上から消える可能性もあるだろうなあ。
王　　　健：本当に深刻な問題ですね。
小室先生：環境汚染だけではなく、人工的な開発や紛争による被害から守るためにも危機遺産に登録されることがあるんだ。
王　　　健：開発と紛争ですか。
小室先生：たとえば、ギザのピラミッドが危機遺産に登録されたことで、ピラミッドの近くに道路を通す計画が取りやめになったり、

ダム建設計画があったイグアスの滝でも計画は中止されたんだよ。
王　　健：効果があるんですか。
小室先生：世界遺産条約の前文には、世界遺産は「人類全体の遺産として保護する必要がある」とあるからね。世界遺産はその国だけのものではないということだね。
王　　健：世界遺産になったら、観光客が増えて、破壊が進む可能性もあると思っていたんですが。
小室先生：世界遺産に登録することによって遺跡の入場料が値上がりしたり、現地の人々の開発が制限されたりすることもあるけど、世界中の人々がお互いの文化を認めて団結することに世界遺産の意味があるんだね。
王　　健：お話を伺って、世界遺産について、もっと調べてみたくなりました。先生のお部屋にある『世界遺産シリーズ』をお借りできますか。
小室先生：ああ、それは図書館にはまだないからね、いいですよ。
王　　健：1冊ずつお借りして、読んだらすぐにお返しするようにします。
小室先生：あ、今から会議なので……
王　　健：すみません、今すぐでなくてもいいんです。先生のお部屋にお伺いする時は、そのまえにメールでご連絡いたします。
小室先生：では。

会話八

登場人物　王小華　女性　20歳　中国人留学生
　　　　　キ　ム　男性　30歳　韓国人留学生
　　　　　陳　敏　女性　25歳　オーストリア人留学生
場　　所　日本語学校のロビーで
陳　敏：このところ雨が続いているわね。
キ　ム：これは「梅雨」といって、東アジアあたりでは毎年この時期にあるあたり前の現象なんです。しかたがないですよ。
王小華：「梅雨」ってオーストリアにはないんですか。

キ　ム：ないみたいですよ。中国長江下流の流域や日本、韓国といったところで起こる現象のようです。
王小華：あ、そうなんですか。
陳　敏：去年の今頃もそうだったけど、どうも「梅雨」にはなれないわ。
キ　ム：「梅雨」が好きなんて人はいないでしょう。韓国人のぼくだって梅雨期は憂鬱でなりませんよ。中国人だってそうですよね、王さん。
王小華：でも、日本の「梅雨」には紫陽花の花が付きものじゃないですか。わたしは紫陽花を見るのが楽しみなんです。
キ　ム：毎日雨だと遊びにいきようもないし…やっぱり僕は「梅雨」は嫌いだなぁ。それに加えて勉強も集中できないし…
陳　敏：あら、勉強に集中できないのは「梅雨」のせいじゃないでしょ。
キ　ム：また、嫌いだなぁ…苛めないでくださいよ。
王&陳：はははははは…。

后　记

　　本书是笔者主持的国家社科基金项目"基于话语礼貌理论的日语敬语教学方略研究"（11BYY118）的成果。本书所言的敬语，并不局限于由"尊他语、自谦语、礼貌语"构成的狭义敬语，而是包括待遇表现、礼貌策略等在内的广义敬语。目前，国内日语学界针对敬语语法的研究很多，但针对敬语习得、敬语教学法（非教学方法）的研究却寥寥无几。我想，综合了敬语习得和敬语教学法的本书可能是国内该领域的前沿专著。

　　记得多年前刚到日本留学时，就有学长建议我们，最好不要研究日语敬语和助词，因为这两项对中国人来说实在是太难了，搞不好就毕不了业。但阴差阳错，本来准备研究日本文学的我，偏偏选了敬语教学法作为研究课题。算起来，从1997年4月在兵库教育大学上硕士课程开始，到现在也有二十多年了。实际上，这么多年来，笔者一直在思考，如何才能找到一个较好的教学法，让中国学生能快速、高效地掌握敬语。硕士阶段，笔者主要做了调查问卷，考察了国内广泛使用的6种教科书，找到了学生的问题所在及教科书编写中的不足；博士阶段，笔者接触了B&L的礼貌策略理论，从理论高度明晰了中国学生敬语习得的问题所在，而后又将该理论引入课堂教学，进行了初步的教学实践，取得了较好的效果；博士后阶段，笔者的合作导师是日本知名学者宇佐美まゆみ教授，也是DP理论的提出者，笔者因而得以从"人际交往理论"这一更加宽广的角度动态审视日语敬语。留学回国，成为日语教师之后，笔者在西安外国语大学开设了一系列跟敬语有关的课程。先是在日文学院开设了"日语敬语与待遇表现""礼仪与跨文化交际"等选修课，后来又面向全校学生开设了通识课"礼貌现象的跨文化阐释"，这些课程使笔者得以将多年来所学的理论知识转化为教学实践，收获颇丰。本书所言的教学方略就是笔者在教学实践中摸索出来的教学法。我想，对日语学习者和日语教师应该是有参考价值的。

　　相较目前国内已有的敬语参考书，笔者窃以为本书有以下几个特点：
　　首先，本书是一部真正意义上探讨教学法的学术专著。本书通过理论研究

及3次教学实践，确立了适合中国日语学习者敬语学习的教学法。书中提出了针对中国学生的具体教学法，也就是交际教学法（コミュニカティブ・アプローチ）。书后附录添加了3次实践所使用的教材、练习题、测试题等；在课堂活动中也充分使用了该教学法所提倡的"设置信息差""问题解决型练习"等练习方式。这些教学方略与传统的日语教学方略有着本质的不同，填补了敬语教学方略研究的空白。

其次，本书为日语敬语教学引入了新素材。日语狭义敬语学习的难点之一是繁琐的语法、句型。但无论是在中国还是日本，传统上人们讲授敬语，一般都以讲解狭义敬语语法为主，将重点放在如何区分使用"尊他语、自谦语、礼貌语"上，而较少涉及狭义敬语以外的素材。本书的一个鲜明特点在于引入了新素材，也就是B&L（1987）提出的以5种超级礼貌策略为中心的礼貌策略理论和宇佐美まゆみ（2002等）提出的以"基本态""*De*值"等为核心概念的话语礼貌理论。这些新素材，在很大程度上可以代替狭义敬语，能让学生不使用狭义敬语也取得相同的语用效果。这也是笔者所提倡的"脱离狭义敬语"学习法。

最后，本书的主旨在于探索适合中国日语学习者的敬语教学方略。围绕这一中心，笔者首先从对比研究、习得研究、教学法研究三个维度对近40年来以敬语为中心的待遇表现、礼貌现象研究进行了综述。结果显示，论文水平良莠不齐，多数研究缺乏数据支撑，仅停留在以研究者本人的直觉推测为主的问题提起阶段，缺少客观、深入的研究。为此，本书大量使用了通径分析等数理统计手法，厘清了中国学生的问题所在及敬语习得的影响因素，在此基础上，有针对性地进行了3次教学实践。故本书结论客观性较强，可信度较高。

研究过程中，日本名古屋大学玉冈贺津雄教授、广岛经济大学官冈弥生教授提供了通径分析素材及模型；笔者指导的研究生李瑶提供了语体转换指导所需的部分教材；西安外国语大学杨晶晶老师参加了书稿校正工作。衷心感谢以上同行、学生的无私帮助。

学术专著的撰写是一项十分严肃的工作，需要较高的学术敏感性及韧性，本书是笔者20多年学术生涯的一大总结，限于水平，瑕疵、谬误等不足之处肯定不少，敬请广大读者批评指正。

毋育新

2018年盛夏于秦岭鳌山脚下